The Politics of the Divided Diet:

Government's Anticipated Reactions to the House of Councillors

分裂議会の政治学
―参議院に対する閣法提出者の予測的対応―

松 浦 淳 介

木 鐸 社

要旨

　本書は，現代日本が経験した「分裂議会（divided Diet）」を対象として，その発生が内閣提出法律案（閣法）の立法過程にどのような影響をおよぼすのかを包括的に把握しようと試みた．そのために，本書では，(1) 分析の視点を閣法提出者としての内閣および各省庁の側におき，(2) 国会内過程だけでなく，閣法が国会へ提出される以前の国会前過程をも射程に入れて，分裂議会の発生が閣法提出者の立法行動にどのような変化をもたらしているのかを観察した．具体的には，閣法提出者による①閣法の選別，②閣法の根回し，③閣法の国会提出にそれぞれ焦点をあて，与党が両議院の多数を占める「一致議会（unified Diet）」との比較を通じて，閣法提出者が分裂議会において抑制的な立法準備を余儀なくされていることを明らかにした．

　第一に，閣法の選別については，閣法をその重要度と緊急度とに応じて，優先重要法案，劣後重要法案，優先一般法案，劣後一般法案の四つに類型化したうえで，実際に内閣および各省庁が常会の召集前に準備した法案を，内閣官房内閣総務官室によって編集されている「法案提出時期調」にもとづいて分類した．それを一致議会と分裂議会とで比較した結果，分裂議会においては重要法案の準備件数が選択的に絞り込まれていることが示された．

　第二に，閣法の根回しについては，特許庁が主管する産業財産権四法を対象とし，一致議会下の2006年常会に提出された意匠法等改正法案と，分裂議会下の2008年常会に提出された特許法等改正法案の立法過程において，官僚の議員に対する根回しにどのような差異があるのかを，特許庁が保管する一次資料をもとに検証した．その結果，官僚は一致議会では法案の国会提出前から与党の議員に対して根回しを行う一方で，野党の議員に対してはその国会提出後に根回しをはじめていたのが，分裂議会においては野党議員に対しても与党議員と同様に国会提出前から根回しを行っていたことが明らかになった．

　第三に，閣法の国会提出については，内閣および各省庁が国会召集前にどのような法案を準備していたのかを「法案提出時期調」によって網羅的に把握し，その国会提出状況を一致議会と分裂議会とで比較した．その結果，一致議会と比較して，分裂議会においては事前に準備されていたとしても最終的に国会への提出を見送られる法案の割合が増えることが明らかになった．

　以上の分析結果は，いずれも分裂議会において閣法提出者の立法行動が抑制的になっていることを示すものであり，法案が国会に提出されてからの国会内過程だけに射程を限定した分析では捉えることのできない「非決定（non-decision）」の一端を明らかにしている．

目次

第1章　問題の所在……………………………………………………… 13
1　現代日本の統治ルールと参議院………………………………… 15
2　実証研究における方法論的課題………………………………… 19
　2.1　分裂議会における閣法の国会審議 ……………………… 19
　2.2　閣法提出者の戦略的行動 ………………………………… 25
3　先行研究の検討…………………………………………………… 27
4　本書の分析視角…………………………………………………… 30
5　本書の構成………………………………………………………… 33

第2章　分析枠組み……………………………………………………… 37
1　分析の対象………………………………………………………… 37
　1.1　日本国憲法下の分裂議会 ………………………………… 37
　1.2　分裂議会の分類 …………………………………………… 41
　1.3　各分裂議会における国会政治 …………………………… 48
　1.4　分析対象期間 ……………………………………………… 53
2　理論的検討………………………………………………………… 54
　2.1　日本の立法過程と拒否点 ………………………………… 54
　2.2　分裂議会における拒否点と拒否権プレイヤー ………… 58
　2.3　本書の仮説 ………………………………………………… 60
3　本書の仮定………………………………………………………… 62

第3章　分裂議会における閣法の選別………………………………… 65
1　閣法の類型化……………………………………………………… 66
2　仮説とその検証方法……………………………………………… 69
　2.1　本章の仮説 ………………………………………………… 69
　2.2　閣法の分類方法 …………………………………………… 70
3　分裂議会における重要法案の準備状況………………………… 75
4　重要法案の立法的帰結…………………………………………… 84
　4.1　法案別の国会審議結果 …………………………………… 84
　4.2　衆議院の再可決権と優先重要法案 ……………………… 87

6

| 5 | 本章の知見 | 90 |

第4章　分裂議会における閣法の根回し……………………………… 93
1　閣法の立法過程における官僚の役割……………………………… 94
2　事例の選択………………………………………………………… 95
3　仮説と分析手法…………………………………………………… 100
　3.1　本章の仮説 …………………………………………………… 100
　3.2　操作化の方法 ………………………………………………… 102
4　仮説の検証………………………………………………………… 103
　4.1　根回しの対象者数 …………………………………………… 103
　4.2　根回しの時期 ………………………………………………… 105
5　本章の知見………………………………………………………… 107
補論　政権交代と官僚行動…………………………………………… 108
1　衆議院における多数派交代と官僚行動………………………… 108
2　事例の選択………………………………………………………… 109
3　仮説と分析手法…………………………………………………… 111
4　仮説の検証………………………………………………………… 114
5　補論の知見………………………………………………………… 119

第5章　分裂議会における閣法の国会提出………………………… 121
1　国会提出法案の取捨選択………………………………………… 122
2　理論的検討………………………………………………………… 123
　2.1　本章の仮説 …………………………………………………… 123
　2.2　ゲームによる検討 …………………………………………… 124
3　事前準備法案の国会提出………………………………………… 127
4　特定秘密保護法案の立法過程…………………………………… 130
5　本章の知見………………………………………………………… 135
補論　一致議会からの継続法案の行方……………………………… 136

第6章　分裂議会における重要法案の成立過程…………………… 143
1　民主党政権下における分裂議会の特質………………………… 144
2　分析対象法案をめぐる与野党の戦略的行動…………………… 145

2.1	社会保障・税一体改革関連法案の位置づけ	145
2.2	原子力規制関連法案の位置づけ	148
2.3	ゲームによる検討	150

3 立法的帰結 152
| 3.1 | 社会保障・税一体改革関連法案の立法的帰結 | 152 |
| 3.2 | 原子力規制関連法案の立法的帰結 | 155 |

4 本章の知見と含意 159

補論 東日本大震災の発生と与野党関係 160
1 補論の目的 160
2 分析枠組み 162
2.1	与野党の戦略的行動	162
2.2	分析の対象	164
2.3	作業仮説とデータ	166

3 実証分析 168
4 補論の知見 172

第7章 本書の結論 173
1 本書の知見と含意 173
1.1	本書の知見	173
1.2	本書の含意	176
1.3	本書の応用可能性	177

2 残された課題 178
3 分裂議会の評価 179

参考資料 183
1 両議院における閣法審議結果 183-187
2 重要法案一覧 188-197
3 衆議院における再可決法案一覧 198-199
参考文献 200
あとがき 209
Summary 212-222
索引 223

図表一覧

表1-1　2000年以降の常会における閣法審議結果　20
表1-2　閣法の国会通過日数　22
表1-3　閣法に対する野党態度　23
表1-4　政党別の閣法反対件数　24

表2-1　日本国憲法下の国会状況　38
表2-2　分裂議会における与党議席　39
表2-3　分裂議会における参議院の会派構成　44-46
表2-4　現代日本における分裂議会の分類　47
表2-5　一致議会と分裂議会における閣法の成立状況　49

表3-1　「法案提出時期調」の形式　73
表3-2　一致議会と分裂議会における閣法の準備状況　76
表3-3　優先重要法案の具体例　79-80
表3-4　主管省庁別重要法案件数　81
表3-5　重要法案の政策別分類　83
表3-6　重要法案と一般法案の成立状況　85
表3-7　分裂議会における優先重要法案の国会審議結果　87-88

表4-1　意匠法等改正法案と特許法等改正法案の位置づけ　97
表4-2　意匠法等改正法案と特許法等改正法案の国会審議経過　99
表4-3　根回しの対象者数　104
表4-4　根回しの時期　106
表4-5　独禁法改正法案の国会審議経過　111
表4-6　独禁法改正法案に対する与野党の態度　111
表4-7　独禁法改正法案の根回し対象者数　114
表4-8　独禁法改正法案の役職別根回し件数　116
表4-9　独禁法改正法案の根回し先　116
表4-10　独禁法改正法案の根回し時期　117
表4-11　独禁法改正法案成立時における挨拶対象者数　118

表5-1　一致議会と分裂議会における事前準備法案の国会提出状況　127
表5-2　一致議会と分裂議会における法案別国会提出状況　130
表5-3　特定秘密保護法案の国会審議経過　131
表5-4　特定秘密保護法案に対する与野党の態度　132

表5-5　特定秘密保護法案の準備過程　133
表5-6　特定秘密保護法案の位置づけ　134
表5-7　一致議会における継続法案の国会審議結果　137
表5-8　分裂議会における継続法案の国会審議結果　138-139

表6-1　社会保障・税一体改革関連法案の位置づけ　148
表6-2　原子力規制関連法案の位置づけ　149
表6-3　社会保障・税一体改革関連法案の成立過程　154
表6-4　原子力規制関連法案の成立過程　155
表6-5　政府案と自公案の比較　157
表6-6　予算に対する野党態度　163
表6-7　民主党政権下における閣法の国会審議結果　164
表6-8　衆議院予算委員会の役員構成　169
表6-9　予算委員会における異議申し立て　169
表6-10　野党の異議申し立て時における答弁者とテーマ　171

図1-1　本書の分析視角　31
図2-1　日本の立法過程における拒否点と拒否権プレイヤー　58
図3-1　閣法の四類型　68
図5-1　国会提出法案の取捨選択過程　123
図5-2　展開形ゲームによる表現　125

分裂議会の政治学

―参議院に対する閣法提出者の予測的対応―

第1章

問題の所在

　本書は，現代日本の「分裂議会(divided Diet)」を対象として，その発生が閣法の立法過程にどのような影響をおよぼすのかを理論的，実証的に検証し，分裂議会において閣法提出者としての内閣および各省庁の立法行動が構造的に抑制されていることを明らかにする．

　分裂議会とは，衆議院において過半数の議席をもつ与党が参議院においては少数となっている国会状況を指し[1]，1989年7月の参議院選挙において，長らく両議院の多数を確保していた自民党が参議院の過半数の議席を失って以降，日本ではその発生が繰り返されるようになった．分裂議会については，一般に「ねじれ国会」とも呼ばれ，しばしば「決められない政治」の原因であるとも考えられている．すなわち，分裂議会においては内閣と対立的な関係にある野党が参議院の多数を占めているため，内閣の提出する法案が国会を通過せず，国政は麻痺状態に陥るというのである[2]．しかし，本章においてのちに詳しくみるように，与党が両議院の多数を占める「一致議会(unified Diet)」と比較して，分裂議会における閣法の成立率が低いとは必ずしもいえず，参議院が閣法の成立を直接的に阻むこともまれである．また，PKO協力法案(1992年6月成立)や消費税率の引き上げを柱とする社会保障・税一体改革関連法案(2012年8月成立)のような重要法案も分裂議会に

1　本書において用いる「分裂議会」以外の呼称として，たとえば竹中はアメリカにおける「分裂(分割)政府(divided government)」，すなわち大統領の所属政党と上下両院の少なくともひとつの多数を占める政党とが異なる政治状況を念頭に，それを「日本型分割政府」と呼んでいる(竹中 2005a: 101).
2　たとえば，読売新聞政治部(2008)を参照.

おいて成立をみている.

このように，分裂議会の発生がただちに国政の停滞をもたらすとはいえないにもかかわらず，分裂議会に対しては一般に否定的なイメージが根強く，マスメディアにおいては経験的な根拠を伴わない印象論や規範論が散見される．また，学術的にも公法学的な観点からの研究は数多いものの，分裂議会のもとで実際に各アクターがどのような行動をとり，それらの相互作用を通じて，どのような政治的帰結がもたらされるのかという政治学的な観点からの実証論に関しては十分な蓄積があるとはいいがたい．それに加えて，数少ない実証研究についても，そのほとんどがきわめて大きな方法論的問題を抱えていると思われる.

その一方で，分裂議会の発生は今後の日本政治において不可避的である．まず，近年の参議院選挙はときの政権に対する業績評価としての側面が強くなっており，政権に対して不満をもつ有権者は野党に投票することによってそれに制裁を加えようとする(今井・日野 2011)．また，近年は衆議院の多数派交代にもとづく政権交代が連続しているが，それは分裂議会と密接不可分の関係にある．つまり，政権交代とは通常，野党が衆議院の多数を獲得することによって実現するものであるため，政権交代の直前が分裂議会である場合は，政権交代とともに分裂議会は解消するが，それとは逆に，一致議会の場合は政権交代が分裂議会を発生させることになる．したがって，大きな議席変動をもたらす現行の選挙制度を前提とするかぎり，今後も日本政治は分裂議会を経験することになると予想され，それゆえに，分裂議会に関する理論的，実証的な知見の蓄積は現代日本政治についての理解を深めるうえできわめて重要な意味をもつ．こうした実践的な動機にも根差しつつ本書は執筆されている.

以下，第1節では現代日本の統治ルールにおける参議院の位置づけを踏まえたうえで，分裂議会の発生が内閣の政権運営にどのような問題をもたらすのかを明らかにする．第2節では参議院の強い制度的権力が逆説的ではあるが，その影響力を経験的に観察することを防げることを，分裂議会における閣法の国会審議を振り返ることで確認し，その発生が閣法の立法過程におよぼす影響を包括的に把握するには，閣法提出者の戦略的な立法行動を考慮することが不可欠であることを指摘する．第3節では分裂議会に関する先行研究を紹介し，それが抱える方法論的な問題について検討する．第4節では先

第 1 章　問題の所在　15

行研究から導かれる課題を踏まえたうえで，本書の基本的な分析視角を提示する．第 5 節では各章の概要をまとめ，本書の全体像を明らかにする．

1　現代日本の統治ルールと参議院

　日本国憲法は国会を国家統治のかなめに位置づけている．すなわち，国会は首相を指名して内閣を形成するとともに，それが政策を遂行するにあたって欠かすことのできない予算と法案に対する議決権を握ることによって，内閣をコントロールしている[3].

　ただし，国会を構成する衆議院と参議院では内閣との関係において大きな差異があることに留意が必要となる．憲法は予算の議決(60条 2 項)と条約締結の承認(61条)のほかに，首相の指名に関して，参議院が衆議院と異なる議決を行った場合，一定期間内に両院協議会においても意見の一致をみなければ，衆議院の議決を国会の議決とみなすと規定している(67条 2 項).また，内閣に対して法的効果のある不信任決議を行うことができるのは衆議院に限定されている(69条)．それに対して，内閣は衆議院を解散することができるが，参議院に対しては解散権を行使することができない．したがって，内閣と衆議院とは直接の信任にもとづく融合的な関係にある一方で，参議院とは分立的な関係にあるといえる(高橋 2006).

　しかし，参議院は内閣に対して，衆議院と同程度の影響力をおよぼすことが制度的に可能になっている．すなわち，憲法は法律の制定にはあくまでも両議院における可決が原則であるとし(59条 1 項)，かりに衆議院の可決した法案を参議院が否決した場合，衆議院の再可決によってそれを成立させるには，出席議員の三分の二以上の特別多数を求めている(59条 2 項).このことは，逆に捉えるならば，衆議院においてその多数派が形成されないかぎり，参議院が立法上の「拒否権(veto)」をもつことを意味する．

　実際の問題として，その多数を確保するのは容易なことではなく，現行憲

3　高橋(1994; 2006)は現代国家においては議会が決定し，内閣がそれを執行するという「決定－執行」イメージよりも，むしろ内閣が政策を立案し，議会の同意を得て執行するという「統治－コントロール」イメージの方が現実を正確に反映していると主張する．

16

法のもとで単独で衆議院の三分の二以上の議席を有した政党はこれまでに存在しない．また，三分の二以上の多数派が形成されたところで，衆議院における再可決の行使に何の制約もないわけではない．つまり，参議院は成立を望まない法案について，その議決を最大60日にわたって引き延ばすことができるため（59条4項），会期を比較的短く区切っている日本の国会において再可決権を行使するには大きな時間的コストが伴う．また，再可決権の行使は有権者に「多数の横暴」という負のイメージを与えることになりかねず，多数派としても次期選挙のことを考えれば，それを連続して用いることには抑制的にならざるを得ない．このように，衆議院における再可決の要件は一般に考えられている以上に厳しいものであり，参議院は衆議院において三分の二以上の多数が形成されているとしても，拒否権に近い立法上の権限を有していると考えられる．

　ここまでの考察によって，参議院と内閣との非対称的な関係が明らかになるであろう．すなわち，参議院は内閣の存立を直接左右する制度的な権能を有さないが，逆に内閣によって解散されることもなく，議員の身分は6年の任期中，つねに保障されている．しかし一方で，参議院は強い立法権限を行使することによって，内閣がその命運をかけるほどに重視する法案の成立を阻むことができ，政治的に内閣を窮地に追い込むことが可能となっている（高橋 2006: 100-101）．

　いうまでもなく，そうした参議院の強い権限は国会状況にかかわりなく憲法によって制度的に付与されており，それに由来する参議院の影響力は一致議会においても随所に垣間みることができる．たとえば，近年，まれにみる長期政権を率いた小泉純一郎首相は，派閥人事や閣法の与党審査など，それまでの自民党長期政権のもとにおいて制度化された慣行をときに無視してリーダーシップを発揮した一方，一致議会であったにもかかわらず，参議院，とくにその院内会派である参議院自民党に対しては一貫して配慮を示した（竹中 2006)4．なかでも，その領袖であった青木幹雄，片山虎之助両参議院議員とはつねに良好な関係を保とうとし，彼らもまた小泉首相と協調する

4　たとえば，閣僚人事に関して，参議院議員を2名程度，閣僚として起用するという「参議院枠」は，小泉内閣においても例外なく維持された．

ことを通じて特異な影響力をもつことができたといえる5. ただし, 小泉内閣の命運がかかった郵政民営化関連法案は2005年8月, 参議院自民党の執行部による懸命の説得にもかかわらず, 党内から多くの造反者が出たことによって, 参議院本会議において否決されるに至った.

　周知の通り, これを受けて小泉首相はただちに衆議院の解散に踏み切り, 同年9月に実施された総選挙において圧倒的な勝利をおさめることに成功し, その直後に召集された特別会(第163回国会)で本法案を成立させることができた6. しかし, 郵政民営化をめぐる一連の政治過程は, 一致議会において与党が参議院の多数を占めていたがゆえに潜在化していたその影響力を改めて認識させるものであった.

　ただし, 参議院の力を誰の目にも明らかにしたのは, 2007年7月の参議院選挙以降, 日本において連続して発生した分裂議会にほかならない. 分裂議会においては, 野党が参議院の多数派として, その議事運営の主導権を握ることになるため(増山 2003; 川人 2005), 閣法を成立させるには, 内閣は衆議院の多数を占める与党に加えて, 野党からも法案に対する支持を取りつけることが不可欠となる. このことは, 衆議院において三分の二以上の多数派が形成されないかぎり, 野党が法案を成立させるうえで同意を得なければならない拒否権者となることを意味するが, 野党は与党の対抗勢力として, 内閣を批判する立場にあるため, 野党から同意を得ることの立法コストは与党の場合とは比較にならないほど大きい. ここに参議院の強い立法権限は顕在化し, 参議院は内閣の立法にとって大きな障害として立ちはだかることになる7.

5　参議院自民党の影響力に注目した研究として, 竹中(2006:第6章; 2010)や大山(2011:第4章)がある. また, 『日本経済新聞』1999年4月30日付朝刊から連載がはじまった「参院の研究」(上・中・下), ならびに『読売新聞』2007年1月18日付朝刊から連載がはじまった「参院の力」(全20回)もその力の源泉に迫ろうとするものである.

6　郵政民営化の政治過程については, 山脇(2005), 大嶽(2006:第2章), 竹中(2006:第7章)などが詳しい.

7　曽根・岩井(1987)は日本の立法過程を「障害物競争モデル」によって捉えている. そこでは, ①官僚制, ②自民党(与党), ③国会の各段階において(①および②は法案が国会に提出される以前の国会前段階であり, ③は法案が提出されて以降の国会内段階である), それぞれ障害物が想定されているが(160-162), 国会に関しては, 各議院の党派構成によってその障害の程度には大きな差異がある

18

　こうした政治状況のもとで，2007年以降，ほぼ一年おきに首相が交代するという事態が起きたが，そのことは単に「首相の資質」といった個人的な問題を超え，分裂議会という構造的な問題と無縁ではないように思われる．すなわち，2007年7月の参議院選挙に敗北し，分裂議会の発生を招いた安倍晋三首相はその動揺も冷めやらない同年9月に辞任を表明するに至った．その直接的な原因は自身の健康問題であったにしても，安倍首相が「職を賭して」というまでに重要視していた補給支援特別措置法案（インド洋において海上自衛隊がアフガニスタンでのテロ掃討作戦に従事する艦船に対して給油などを行うための法案）の国会通過が野党の反対によって不透明になっていたことも首相を大いに悩ませていた[8]．そのあとにつづく福田康夫首相も一年を待たずに2008年9月，麻生太郎首相と交代したが，それには翌年に任期が迫る衆議院の総選挙を意識した面がたしかにある．しかし，福田首相が民主党の小沢一郎代表との党首討論において，分裂議会のために「かわいそうなくらい苦労している」と吐露したほど，それに苦しめられたこともまた無視し得ない事実である[9]．

　また，2009年9月の総選挙に大勝して，歴史的な政権交代を果たし，かつそれによって2007年7月から継続していた分裂議会を終結させた民主党であったが，鳩山由紀夫首相は自身の「政治とカネ」にまつわる問題やアメリカ軍普天間飛行場の移設問題などによって支持率の急落に直面し，2010年7月の参議院選挙において民主党の大敗が予想されると，それを前に突如として職を辞した[10]．そのあとを受けた菅直人首相は政権の発足当初こそ，高い支持率に恵まれたが，消費税率の引き上げに関する自身の唐突な発言なども影響して，参議院選挙において大きな敗北を喫した．これによって，分裂議会

ことに留意が必要となる．

8　安倍首相は辞任の理由として，「自らがけじめをつけることで，局面を打開しなければいけない」と述べたと伝えられている（『朝日新聞』2007年9月23日付朝刊）．

9　「第169回国会国家基本政策委員会合同審査会会議録」第1号，4頁．

10　参議院選挙をまえに辞任を余儀なくされた首相には，ほかにも森喜朗首相がいる．自民党は2001年9月に予定されていた党総裁選を前倒しして同年4月に実施し，小泉純一郎を総裁に選出した．森首相の辞任をめぐる自民党内の動きについては，『朝日新聞』2001年3月11日付朝刊が詳しい．

第 1 章 問題の所在　19

がふたたびその姿をあらわすこととなり，菅首相もまたそのもとで厳しい国政運営を強いられ，2011年の常会（第177回国会）において，特例公債法案や再生可能エネルギー特別措置法案などを成立させたのち，退陣することを余儀なくされた[11].

　このように，分裂議会は内閣がその政策を遂行するうえで大きな障害となったのみならず，その存立にも重大な影響をおよぼしたということができる[12]. しかし，分裂議会の発生が閣法の立法過程にどのような変化をもたらしたのかを経験的に観察することは実は容易なことでない. そのことを理解するには，国会に法案を提出し，その成立をはかろうとするアクターの戦略的な行動を考慮する必要があるが，まずは本書で試みる実証研究にどのような困難が伴うのかを，節を改めて確認しておこう.

2　実証研究における方法論的課題

2.1　分裂議会における閣法の国会審議

　分裂議会の発生が国政の停滞を招くという一般に広く抱かれているイメー

11　民主党に関する実証的な研究としては，上神・堤編（2011），飯尾編（2013），
　上川（2013），前田・堤編（2015）などを参照.

12　大臣に対する参議院の問責決議は法的効果を伴うものではないが，その政治
　的効果は小さくない. すなわち，それは参議院として当該大臣の罷免または辞職
　を求める意思表示であり（参議院総務委員会調査室編 2009: 320），野党がそれ
　を理由として当該大臣の参議院出席を拒むならば，国会は空転し法案審議などに
　大きな影響がおよぶからである. いうまでもなく，問責決議案の可決と大臣の辞
　任との間に因果関係が存在するかについては，緻密な検証が不可欠となるが，問
　責決議案が可決されたことをきっかけに大臣が辞任した先例とされているのが，
　1998年11月の額賀福志郎防衛庁長官の辞任である（問責決議案の可決は同年10
　月）. なお，2007年7月に発生した分裂議会においては，2008年6月に福田首
　相，2009年7月に麻生首相に対する問責決議案がそれぞれ可決されている. ま
　た，2010年7月に発生した分裂議会においては，2010年11月に仙谷由人官房
　長官と馬淵澄夫国土交通大臣，2011年12月に一川保夫防衛大臣と山岡賢次国家
　公安委員長，2012年4月に前田武志国土交通大臣と田中直紀防衛大臣，同年8
　月には野田佳彦首相に対する問責決議案がそれぞれ可決されている.

ジは，分裂議会では内閣の提出する法案が参議院の反対によって国会を通過しないのではないかという考えに起因すると思われる．ここではそのことを検証するためにも，近年の分裂議会における①閣法の国会審議結果，②閣法の国会通過日数，③閣法に対する野党の態度をみる．ただし，②と③に関しては，いずれも国会を通過して成立した閣法に分析の対象を絞らざるを得ず，不成立となった閣法についてはその対象外となることに留意する必要があるが，分裂議会の発生が成立法案の国会審議にどのような変化をもたらしているのかを知ることにも少なからず意味はある．

　まず，①について，表1-1は近年の両議院における閣法審議結果を一致議会と分裂議会とに分けて報告しており，そこからはつぎの二つの特徴を見出すことができる．

　第一に，一致議会から分裂議会に代わったとしても，閣法が国会を通過

表1-1　2000年以降の常会における閣法審議結果

常会(回次)		新規提出	成立	成立率%	衆議院				参議院			
					修正	継続	否決	未了	修正	継続	否決	未了
一致	2000(147)	97	90	92.8	5	0	0	7	0	0	0	0
	2001(151)	99	92	92.9	11	7	0	0	2	0	0	0
	2002(154)	104	88	84.6	4	12	0	0	1	4	0	0
	2003(156)	121	118	97.5	13	3	0	0	1	0	0	0
	2004(159)	127	120	94.5	9	7	0	0	0	0	0	0
	2005(162)	89	75	84.3	12	0	0	6	0	0	6	2
	2006(164)	91	82	90.1	2	9	0	0	1	0	0	0
	2007(166)	97	89	91.8	1	8	0	0	2	0	0	0
分裂	2008(169)	80	63	78.8	13	15	0	0	0	0	1	2
	2009(171)	69	62	89.9	17	0	0	6	0	0	8	1
一致	2010(174)	64	35	54.7	6	17	0	1	1	0	0	10
分裂	2011(177)	90	72	80.0	13	13	0	2	1	1	0	0
	2012(180)	83	55	66.3	21	20	0	2	2	0	0	4
	2013(183)	75	63	84.0	13	8	0	0	3	0	0	4
一致	2014(186)	81	79	97.5	8	0	0	1	0	1	0	0
	2015(189)	75	66	88.0	5	6	0	0	4	3	0	0
	2016(190)	56	50	89.3	5	5	0	0	2	0	0	0

注1：審議結果は新規提出法案のみを対象とし，継続法案は含めていない．
注2：新規提出法案のうち，内閣によって撤回された法案が，2010年常会に1件，2011年常会に2件，2012年常会に2件それぞれ存在する．
注3：2008年常会と2009年常会において，参議院が否決した法案(計9件)はいずれも衆議院の再可決によって最終的には成立している．
出典：参議院議事部議案課「議案審議表」(2000年常会～2016年常会)をもとに筆者作成．

しにくくなるとは必ずしもいえないことである．たしかに，2007 年 7 月の参議院選挙によって発生した分裂議会のもと，2008 年常会における閣法の成立率は 78.8%であり，一致議会であった前年の常会の 91.8%と比較して，10 ポイント以上低い結果に終わっている．しかも，2007 年 7 月に発生した分裂議会においては，与党が衆議院において三分の二以上の議席を有しており，衆議院の再可決権を行使することが可能であったことを考慮するならば 13，それは相対的に高い成立率とはいえない．しかし，翌年の 2009 年常会において，閣法の成立率は 89.9%になっており，2007 年 7 月に分裂議会が発生する以前の水準に戻っている．また，2009 年 8 月の総選挙によって政権交代を果たした民主党の鳩山内閣にとって，はじめての常会となった 2010 年常会の閣法成立率は，一致議会の状況にあったにもかかわらず，54.7%となっている一方で，2010 年 7 月の参議院選挙によって発生した分裂議会のもとにおける 2011 年常会ではそれが 80.0%まで上昇している．つづく 2012 年常会においては逆に 15 ポイント近く低下して 66.3%となるが 14，それでも 2010 年常会よりは高い成立率である．加えて，ふたたび自公政権となって召集された 2013 年常会では分裂議会であっても閣法の成立率は 8 割を超えて 84.0%となっている．

　第二に，衆議院の方が参議院よりも多くの閣法を修正し，また継続としていることであり，しかも重要であるのは国会が一致議会から分裂議会に代わったとしても，その状況に変化はみられないということである．まず，2007 年 7 月に発生した分裂議会について，参議院において継続とされた法案および修正された法案は皆無であり，未了となった法案も 2008 年常会において 2 件，2009 年常会において 1 件をかぞえるのみである．参議院において否決された法案は 2008 年常会において 1 件，2009 年常会において 8 件確認されるが，それらはいずれも衆議院の再可決によって最終的には成立している．また，2010 年 7 月に発生した分裂議会については，参議院が否

13　実際に自公政権は，2008 年常会において 6 件，2009 年常会において 8 件の法案をそれぞれ再可決によって成立させている．具体的には，巻末の参考資料 3 を参照．

14　2012 年常会において成立率が低下した原因としては，野田内閣がその最重要課題とした社会保障と税の一体改革関連法案の成立のために費やされた政治的コストを考慮する必要がある．

決した法案は皆無であり，修正件数についても一致議会のときと比較して増加しているとはいえない．

つぎに，②について，閣法が両議院を通過するのにどれだけの日数を要したのかを確認する．表1-2は閣法が国会へ提出されてから委員会に付託されるまでにかかった日数（後議院の場合は，先議院から送付されてから委員会に付託されるまでに要した日数）と，委員会に付託されてから委員会審査を経て本会議で議決されるまでにかかった日数とを衆議院，参議院別に集計している[15]．まず，自公政権下に関しては，一致議会の常会において法案が国会へ提出されてから国会を通過するまでに平均78.0日を要していたのが，分裂議会の常会においては84.1日となり，一週間近く法案の通過が遅くなっていることが確認される．また，そのほかの国会についても27.4日から35.6日へと同様に法案通過に時間がかかるようになっている．しかし，民主党政権下においては，一致議会の常会において60.4日を要していたのが，分裂議会の常会では56.1日となり，むしろ早く国会を通過するようになっている．そのほかの国会についても，法案通過が遅くなっているとはいえない．

また，閣法の国会通過日数を衆参別にみるならば，おおむね衆議院の方が参議院よりも通過に2倍以上の日数を要していることが確認される．例外

表1-2　閣法の国会通過日数

政権	国会 （回次）	国会 種類	衆議院			参議院			計
			付託日数	議決日数	小計	付託日数	議決日数	小計	
自公	一致 （163-166）	常会	36.2	16.2	52.4	14.4	11.2	25.6	78.0
		他	7.8	11.2	19.0	2.8	5.6	8.4	27.4
	分裂 （167-171）	常会	46.0	13.7	59.7	14.4	10.0	24.4	84.1
		他	8.2	7.3	15.5	5.4	14.7	20.1	35.6
民主	一致 （172-174）	常会	33.7	13.1	46.8	4.3	9.3	13.6	60.4
		他	22.8	6.5	29.3	0.0	4.5	4.5	33.8
	分裂 （175-179）	常会	30.8	11.9	42.7	8.1	5.3	13.4	56.1
		他	18.5	8.4	26.9	4.0	3.9	7.9	34.8

注：新規提出法案のうち，国会を通過した法案を対象としている．
出典：参議院議事部議案課「議案審議表」（第163回国会～第179回国会）をもとに筆者作成．

15　ここで常会とそのほかの国会（臨時会および特別会）とを区別しているのは，会期日数の違いもさることながら，何よりも予算審議の有無が，法案の議事日程に無視することのできない影響をおよぼすからである（増山 2003: 90）．

第1章　問題の所在　23

表1-3　閣法に対する野党態度

| | 自公政権 | | | | 民主党政権 | | | |
| | 一致(163-166) | | 分裂(167-171) | | 一致(172-174) | | 分裂(175-179) | |
	件数	割合%	件数	割合%	件数	割合%	件数	割合%
反対なし	84	39.4	91	58.0	21	45.7	60	55.0
1党反対	27	12.7	25	15.9	13	28.3	25	22.9
2党反対	38	17.8	20	12.7	5	10.9	11	10.1
3党反対	12	5.6	5	3.2	2	4.3	13	11.9
全野党反対	52	24.4	16	10.2	5	10.9	0	0.0
計(成立法案数)	213		157		46		109	

注：野党の態度は衆議院本会議における賛否にもとづいて確定しており，%は成立法案に占めるそれぞ
　　れの割合を示している.
出典：衆議院事務局『衆議院公報』（第163回国会～第179回国会），および参議院事務局『参議院公
　　報』（第163回国会～第179回国会）をもとに筆者作成.

的に自公政権下の分裂議会における常会以外の国会については，衆議院通
過日数が15.5日であるのに対して，参議院通過日数は20.1日となっている
が，常会に関しては両者の差は一致議会のそれよりも大きくなっている．し
たがって，分裂議会の発生によって，閣法がたちまち国会を通過しにくくな
るとはいえず，野党が多数を占める参議院よりも衆議院の方が基本的に通過
に日数がかかることに変わりはない.

　最後に，③について，分裂議会の発生によって，閣法に対する野党の態度
にどのような変化が生じているのかを確認する．表1-3は一致議会と分裂議
会とを区別したうえで，閣法に反対した野党数をその数ごとに集計してい
る16．そこに示されているのは，分裂議会においてはより多くの閣法が野党
の支持も得て国会を通過しているということである．具体的に，まず自公
政権下においては，一致議会の場合，すべての野党が賛成し全会一致で成立
する閣法の割合は39.4%であり，一方，すべての野党が反対するなか，与
党の支持のみで成立する閣法も全体の約24.4%を占めていた．それが，分

16　ここでは，衆議院本会議において反対票を投じるだけでなく，本会議を欠席
　した場合も法案に反対したものとみなしているが，本来は賛成であるにもかかわ
　らず，審議拒否の最中である場合や，おなじ本会議において採決に付される法案
　のなかに反対する法案がある場合も本会議を欠席することになるため，一方の参
　議院本会議において賛成票を投じているときには，法案に賛成したものとみなし
　ている.

表1-4 政党別の閣法反対件数

| | 自公政権 | | | | 民主党政権 | | | |
| | 一致(163-166) | | 分裂(167-171) | | 一致(172-174) | | 分裂(175-179) | |
	件数	割合%	件数	割合%	件数	割合%	件数	割合%
自民	—	—	—	—	12	26.1	7	6.4
公明	—	—	—	—	6	13.0	0	0.0
みんな	—	—	—	—	13	28.3	19	17.4
民主	65	30.5	17	10.8	—	—	—	—
国民	57	26.8	22	14.0	—	—	—	—
社民	108	50.7	42	26.8	—	—	15	13.8
共産	117	54.9	63	40.1	19	41.3	44	40.4
成立法案数	213		157		46		109	

注1：与党については基本的に閣法を支持する立場にあるため集計を行っていない.
注2：野党の態度は衆議院本会議における賛否にもとづいて確定しており，％は成立法案に占める反対法案の割合を示している.
出典：衆議院事務局『衆議院公報』（第163回国会〜第179回国会），および参議院事務局『参議院公報』（第163回国会〜第179回国会）をもとに筆者作成.

裂議会となると，全会一致が20ポイント近く上昇して58.0％になり，他方で，与党のみの賛成によって成立する法案は10.2％となった．また，民主党政権下においても，一致議会から分裂議会となって，全会一致で成立する法案の割合が10ポイント近く増加する一方で，すべての野党が反対するなかで成立する法案は皆無となった．

つぎに，政党別に反対した閣法の件数を集計したのが表1-4である．一致議会と分裂議会との比較において特徴的であるのが，野党第一党の対応である．まず，自公政権のもとにおける野党第一党は民主党であり，それは一致議会において国会を通過した閣法の30.5％に反対していた．それが分裂議会になると，20ポイント近く減少して10.8％になり，民主党は野党のなかでもっとも多くの閣法に賛成した．そこで民主党が反対した閣法はすべて衆議院によって再可決されることになる法案であったがゆえに，多くの注目を集め，分裂議会では与野党対立が激化して国会が動かないという印象を一般に与えることになったが，逆にいえば，そのほかの9割にあたる閣法は民主党も賛成して国会を通過しているのであった．

同様に，民主党政権のもとにおける最大野党の自民党は一致議会において，成立法案の約四分の一にあたる26.1％の法案に反対していたが，分裂議会になると，それが20ポイントほど減少して成立法案の6.4％に反対した

に過ぎなくなった[17]. つまり，自民党もまた野党でありながら，成立した閣法のほとんどに賛成していたのである. また，公明党に関しては分裂議会において国会を通過した閣法すべてに賛成している. 衆議院において与党の議席がその三分の二に満たず，衆議院の再可決権を行使することができない民主党政権が，野党第一党の自民党からの支持なしに法案を成立させることができたのは，公明党の支持を得ていたからこそであった.

ただし，さきに指摘したとおり，ここで確認した閣法に対する野党の態度はあくまでも国会を通過した法案にかぎってのことであり，不成立となった法案については分析の対象外となっている点に留意が必要であるが，一致議会から分裂議会となって，野党，とりわけその第一党の支持も得て国会を通過する閣法が多くなったことはたしかである. 増山（2003）は1989年7月の参議院選挙によって発生した分裂議会において，野党がより多くの閣法を支持するようになったことを野党の「与党化」と表現しているが（197-198），それは2000年代以降の分裂議会においても観察される現象であった.

2.2　閣法提出者の戦略的行動

以上のように，一般にイメージされていることとは異なり，分裂議会においても国会，とりわけ野党を多数派とする参議院が直接的に閣法の成立を妨げることはまれであることを理解するには，国会において閣法の成立をはかろうとする閣法提出者としての内閣および各省庁の戦略的な行動を考慮することが不可欠となる（増山 1999; 2003）[18]. 閣法提出者は法案を成立させるには衆議院だけでなく，参議院からも同意を得る必要があることを認識しており，どのような法案であれば，参議院の多数派たる野党からも支持を得ることができるのかを事前に忖度して，法案を作成し，国会提

---

[17]　ほかにも自民党は第177回国会において防衛省設置法等の一部を改正する法律案に反対しているが，それは公明党の賛成を得て衆議院を通過したのち，参議院において継続審査となった.

[18]　本書では，しばしば内閣および各省庁を閣法提出者として一括的に論じることがある. 閣法提出者という分析概念のなかに，憲法によって国会に法案を提出することが認められているとされる内閣だけでなく，各省庁をも含めるのは，内閣がすべての閣法の立案や根回しに直接関与しているわけではなく，主管の省庁がそれらを実質的に担当しているからである.

出の是非やその時期などを判断していると考えられる[19]. そうした閣法提出者の「予測的対応(anticipated reaction)」の結果[20], 分裂議会下の国会へ提出される法案は野党の利害と大きく矛盾しないものや, その政策選好をあらかじめ反映したものになりやすく, 逆に, 野党の意向に反する法案はそもそも国会へ提出されにくくなる[21]. こうした観点に立脚することによってはじめて, 一致議会から分裂議会に代わっても, なぜ野党が多数を占める参議院において, 閣法が修正されたり否決されたりすることがそれほどないのかを理解することができる.

しかし, その一方において, 閣法提出者の戦略的な行動は分裂議会の発生が閣法の立法過程におよぼす影響を経験的に観察することを困難にする. その一例として, 内閣による戦略的な法案提出を考えよう. いまここに, 内閣が国会提出に向けて準備した法案が10件あるとする. ただし, それらはい

19 閣法提出者がいかに戦略的な行動をとっているかについては, 長い国対経験を有し, 1989年7月の参議院選挙によって発生した分裂議会においては, 参議院自民党の幹事長として国会運営にあたった斎藤十朗の証言が参考になる. すなわち, 斎藤はその当時を回顧して,「国会運営としては, 内閣提出法案も, 提案する前から野党が飲みやすいようにする. (中略)野党の意向を汲むと言っても, 野党は法案が出来る前には何も言えないでしょう. 多分野党はこう反応するだろうと, 与党自らが斟酌して法案を作成することが大事です」と述べている(斎藤・増山 2008: 4-5). また, 斎藤は「全野党反対の法案は, もう最初から出さないと. 少なくとも, 公明・民社が賛成してくれるような法案, もしくは, 当初反対でも, 国会のなかで修正することによって, 賛成してもらえるような法案に限られたと言っていいのではないかと思います. 衆議院の段階というか, 政府として, それを念頭に置いて, 法案提出していくことになっていく」とも証言している(斎藤 2004: 209).

20 Friedrich (1963)は予測的対応を「BがAの欲求や意図についての明示的なメッセージをAまたはAの代理人から受けることなく, Aの願望を推量し, それに沿って自分の行動をかたちづくる」ことと定義する(201-202). また, ラムザイヤーらは予測的対応を基礎的概念に据え,「本人・代理人モデル(principal-agent model)」を用いて, 日本の政官関係や政治と司法との関係を実証的に分析している(Ramseyer and Rosenbluth 1993; 1995; Ramseyer and Rasmusen 1997).

21 決定の場にすらあがることのない決定のレベル, すなわち「非決定(non-decision)」については, Bachrach and Baratz (1962; 1963; 1970)およびその批判的研究であるLukes (1974)を参照. また, 非決定権力に関する実証的な研究の嚆矢として, Crenson (1971)や大嶽(1979)がある.

ずれも野党の激しい抵抗が予想される論争的な法案である．一致議会の場合，内閣は野党が反対の立場を貫いたとしても，与党の賛成多数によってそれらを成立させることが可能であると考え，10件の法案をすべて国会に提出する．国会では，やはり野党からの激しい抵抗を受け，8件については成立をみたが，残りの2件については会期末までに成立せず，成立率は80%になったとしよう．他方，分裂議会の場合，法案の成立にはそれに対する野党の支持が欠かせないため，内閣は優先的に成立させる必要がある法案を5件選別して国会に提出し，残りの5件については提出そのものを断念する．国会では，5件のうち4件が成立し，成立率は80%になったとする．

　このとき，国会に提出された法案だけに注目すると，一致議会と分裂議会における法案の成立率はおなじ値をとっているが，分裂議会においてはそもそも国会に提出されていない法案が5件存在している．それらを含めて考えると，分裂議会における法案の成立率は40%となるにもかかわらず，内閣の戦略的な法案提出によって，それは80%に上昇する．このことは，これまでの国会研究において国会の影響力を推論する指標として，しばしば採用されてきた国会での法案の成立率や否決率，修正率などがその影響力を過小にあらわしうることを示唆している[22]．それゆえ，分裂議会の発生が閣法の立法過程におよぼす影響を包括的に捉えるには，とくに法案が国会に提出される以前の国会前過程における閣法提出者の戦略的行動を考慮することが不可欠となるが，国会に提出されることなく，その前段階に潜在化している法案については通常，それを観察対象とすることが難しい．ここに，実証的な国会研究が直面する方法論的な問題があるといえるのである．

3　先行研究の検討

　日本の国会研究は，公法学の分野によって先行されてきたといえるが，近年，分裂議会の発生などを受けて，社会的にも国会に対する関心が高まるなか，政治学の分野においても理論的，実証的な研究が発表されるようになっ

22　増山(2003)は，法案の否決や修正など，「見える形」において国会が影響力を行使した事例にもとづく国会評価を「観察主義」と呼び，その方法論的な問題を指摘している(第2章)．

てきた[23]．しかし，そのほとんどが閣法提出者の戦略的な立法行動について
どれだけ意識的であるのか疑わしく，そのことは先行研究における分析の射
程に象徴されている．たとえば，河(2000)は国会における法案審議過程に
議員がどのように関与しているのかを検証するため，衆議院の委員会審査に
おける各アクターの発言比重や閣法の修正率を分析した結果，55年体制が
成立した頃を境として，委員会審査のパターンが「議員の積極的な参加型か
ら官僚による管理型の討論へ」と変化しており，また審査活動も閣法の修正
率が低下していることを根拠に，「積極的」なものから「非常に形式的なも
の」へと変化したと主張する(134-137)．

　また，参議院を対象とする本格的な実証研究のひとつである福元(2007)
は，両議院における法案審議に着目して量的な比較分析を行った結果，両議
院の審議過程は相互補完よりも重複が圧倒的に多いことを示して，現状の国
会は二院制である必要はないと強調する(第2章)．さらに，近年の日本の分
裂議会を直接の対象とするThies and Yanai (2013; 2014)は，1989年7月以
降に発生した分裂議会について，一致議会との比較を行い，分裂議会では国
会に提出される閣法が減少するとともに，提出された閣法が国会において修
正を受けたり，廃案にされたりすることが多くなることを量的に示し，分裂
議会の発生が閣法の立法過程に変化をもたらしたと主張する[24]．

　これらの先行研究に共通することは，いずれも分析の射程が国会における
法案の審議段階に限定されており，その前段階についてはブラックボックス
となっていることである．前節でも指摘したとおり，国会の影響力を包括的
に捉えるには，閣法提出者の戦略的な立法行動を考慮することが不可欠であ
り，そのためには国会内過程だけでなく，法案が国会に提出される以前の国
会前過程まで分析の射程を拡張する必要がある．これと同様の問題意識をも
ち，参議院の影響力を観察しようとする研究に竹中(2005a; 2008; 2010)が
ある．竹中(2008; 2010)は首相と参議院の関係に焦点をあて，歴代の首相
がいかに参議院から閣法に対する支持を取りつけるのに腐心してきたのかを

---

[23]　近年の日本における国会研究の動向については，増山(1999)，待鳥(2001a)，
川人他(2002)，福元(2011a)，久保田(2016)などを参照．

[24]　そのほかに，濱本(2016)も分裂議会における閣法の国会審議結果に着目して
その影響を論じている．

叙述し，それに失敗した場合，閣法の成立の安定性が損なわれることを示して参議院が閣法の立法過程に大きな影響をおよぼしていると主張する．しかし，竹中の研究にも以下の二つの点において問題が残されている．

第一に，竹中は「実質的に内閣を代表して法案の成立に責任を負っている」との理由から（竹中 2010: 17），首相の参議院対策と閣法成立の安定性との関係を分析しているが，首相がすべての閣法について，実質的な関与を行っているわけではない．もっとも，竹中（2010）は全閣法を対象とするような量的研究ではないが，閣法の立法過程においては，その原案を作成するとともに，関係アクターとの利害調整をも担当する各省庁の役割もまた重要であり，参議院が閣法の立法過程におよぼす影響力を包括的に分析するにあたっては，首相だけでなく各省庁の立法準備をも観察の対象に含めることが求められる．

第二に，竹中は参議院の潜在的な影響力について意識的でありながら（竹中 2010: 11-13），結局のところ，参議院の強さの根拠として，それが実際に閣法の成立を阻止したり，あるいは内閣に原案を修正させたりした事例を列挙しているに過ぎない．それらは参議院が内閣に対して「明示的影響力（manifest influence）」を行使した事例ではあるが，参議院の「黙示的影響力（implicit influence）」を捉えたものとはいえない[25]．すなわち，参議院の強い立法権限に由来する黙示的な影響力とは，参議院が閣法提出者に対して明確な意思表示をしなくとも，閣法提出者の側にその意向を忖度した対応をとらせることであり，参議院が望まない法案については，そもそも国会に提出させない権力であるということができる．

以上のように，先行研究の方法論的な問題を整理するならば，本書の中心的課題は，分裂議会の発生が閣法提出者の立法行動をどのように変化させるのかを観察することによって，野党を多数派とする参議院が閣法の立法過程

25　Dahl（1991）は，影響力を明示的影響力と黙示的影響力とに分けて論じる（44-45）．曽根（1984）は，前者を「Aが結果Xを欲する場合で，AはBがXを行なうように意図して行為し，Aの行為の結果として，BがXをしようとする時に，AはBに明示的影響力を及ぼした」，後者を「Aが結果Xを欲する場合で，BがXを行なうように意図して行為したわけではないが，AのXについての要求が，BがXをしようという原因となる時，AはBに黙示的な影響力を行使した」とそれぞれ定義する（144-145）．

30

におよぼす黙示的な影響力の実態を明らかにすることに求められる．具体的には，閣法提出者としての内閣および各省庁が分裂議会の発生によって参議院多数派となった野党の意向をいかに忖度し，その立法行動を変えるのかを捕捉することであるが，それを通じてはじめて，分裂議会の発生が閣法の立法過程におよぼす構造的な影響を明らかにすることが可能となる．

4　本書の分析視角

　本書においては，分裂議会における参議院の明示的な影響力だけでなく，それが法案の作成者や提出者の行動におよぼす黙示的な影響力をも把握するため，①分析の視点を閣法提出者としての内閣および各省庁の側におき，②閣法が国会へ提出される以前の国会前過程にまで分析の射程を拡張することによって，一致議会と分裂議会とにおける閣法提出者の立法行動の差異を析出する．

　ここで問題となるのは，具体的に閣法提出者のどの場面における行動に着目するかということであるが，内閣や各省庁にとって，とくに重要な意味をもつのが国会前過程における立法準備である．なぜなら，日本の国会制度は内閣が国会の議事運営に直接関与することをほとんど認めていないため，ひとたび法案を国会へ提出したのちはそれを自在に修正（内閣修正）したり，撤回したりすることも内閣には許されておらず[26]，閣法をめぐる野党との折衝はあくまで与党に依存せざるを得ないからである（成田 1988; 高安 2009; 大山 2011）．

　そこで，本書においては，図1-1に示したように，閣法提出者の立法準備のなかでも，①閣法の選別，②閣法の根回し，③閣法の国会提出にそれぞれ焦点をあて，それらが一致議会から分裂議会に代わることで，あるいは逆に分裂議会から一致議会に代わることで，閣法提出者の予測的対応を通じて，どのように変化するのかを観察する．

　まず，閣法の選別については内閣，および所管に応じて閣法の原案を作成

---

[26] 国会法は，内閣が本会議または委員会のいずれかにおいて議題となった議案を撤回または修正しようとするときは議院の承諾を得なければならないと規定している（59条）．詳しくは，参議院総務委員会調査室編（2009: 298-299）を参照．

図1-1 本書の分析視角

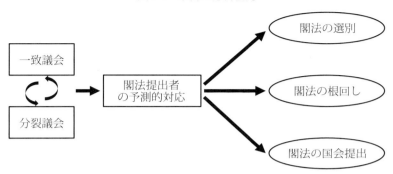

する各省庁のレベルから検証を行う．さきにも触れたように，日本の国会はそもそも時間的な制約が大きいうえに，分裂議会においては閣法の成立に与党だけでなく，野党の同意も必要となる．閣法提出者としては本来，事前に準備したすべての法案の国会通過を望むであろうが，分裂議会においては一致議会と比較して，立法コストが高くなっているため，一致議会の場合とおなじ量，質の法案を準備し，国会に提出すれば，より多くの法案が不成立に終わる可能性が高まる．そのことは閣法提出者の側も深く認識しているはずであり，そうであれば，閣法提出者は事前に閣法を以下のような基準で選別するものと考えられる．

第一は，法案の重要度にもとづく選別である．本書では閣法提出者がその政策選好や利害にもとづいて相対的に重要度を高く設定する法案を「重要法案」と呼ぶ（逆に，重要度の低い法案を「一般法案」と呼ぶ）．ここで留意すべきは，その重要法案はマスメディアや研究者などの第三者によって事後的に重要であると判断された法案ではなく，閣法提出者それ自身が重要とみなす法案であるということである．ただし，閣法提出者によって選別された重要法案がすべて国政運営のうえで，優先的に成立させる必要のある法案とはかぎらない．そこで，第二として法案の緊急度にもとづく選別がある．とりわけ，内閣および各省庁が重要法案のなかでも早期の成立を望み，相対的に緊急度を高く設定する法案を「優先重要法案」と呼ぶ（逆に，緊急度の低い重要法案を「劣後重要法案」と呼ぶ．同様に，一般法案についても緊急度の高い「優先一般法案」と緊急度の低い「劣後一般法案」とに区分する）．

本書では，内閣および各省庁によって事前に準備された法案のなかから，優先重要法案を特定したうえで，重要法案の準備状況を一致議会と分裂議会とで比較する．そこで焦点となるのは，閣法提出者が分裂議会において優先重要法案の成立を確実なものにするために，それに該当しない重要法案の準備件数を減らすのかどうかということである．また，かりに重要法案を量的に絞り込むのであれば，どのような性格の重要法案が絞り込みの対象となるのかを明らかにする必要がある．

つぎに，閣法の根回しについては，そのおもな実施主体としての各省庁のレベルから検証を行う．ここでいう根回しとは，閣法の国会審議に影響をおよぼしうる関係アクターに対して，法案の趣旨やその内容などを説明し，それに対する同意を取りつけるための説得行為を指す．そうした根回しは何も中央政府だけでなく，地方政府や民間団体などにおいても，議案の提案者などによって一般に広く行われているものであるが，とりわけ中央省庁による閣法の根回しは日常的かつ組織的に実施されている（関 1984; 真渕 2010; 中島 2014）．本書では分裂議会の発生が官僚の根回しにどのような変化をもたらすのかを検証するが，そこでの焦点は根回しにおける野党の位置づけである．具体的には，分裂議会において，参議院多数派たる野党の議員に対して，官僚がどれだけの頻度で，またどのタイミングで接触をもつのかを観察する．

最後に，閣法の国会提出については，事前に準備された法案が内閣によって実際にどれだけ国会へ提出されたのかを検証する．閣法提出者は両議院における多数派の意向や政治状況などを考慮して法案を準備していると考えられるが，その予測的対応はつねに適切なものであるとはかぎらない．つまり，国会をとりまく政治状況は流動的であり，またそれゆえに各アクターは戦略的に行動を変化させる．そのため，事前に入念な法案準備が行われていたとしても，内閣は国会が召集され，実際に法案を提出する段階において，準備法案の提出の是非をめぐって，与党とともに最終的な判断を行うことになる．とりわけ，分裂議会において論争的な法案を無理に国会へ提出したことで，野党の激しい反発を招き，国会審議が中断されるようなことになれば，優先重要法案として国会へ提出した法案の成立まで覚束なくなるため，内閣は分裂議会においてより慎重な法案提出を余儀なくされると予想しうる．いずれにしても，国会提出に向けて実際に準備されていたにもかかわら

ず，最終的に国会への提出が見送られ，国会前過程に潜在化する法案の存在を確認することは，通常，経験的に観察することが難しいとされる非決定の一端を明らかにすることになる．

　以上のように，本書の分析視角は野党が多数を占める参議院による黙示的な影響力行使の実態を知るうえで不可欠の枠組みであると同時に，現代日本政治における重要な論点に関して貴重な含意を引き出す可能性を有している．とりわけ，日本の政官関係については，長らく「官僚主導論」と「政治主導論」との間で対立がみられたが，本書を通じて得られる知見は日本の官僚制が分裂議会の発生，すなわち参議院における多数派交代という政治部門における構造変化にどれほどの応答性をもっているのかを示唆するものである．また，それは政官関係の実相に迫るだけにとどまらず，議会制民主主義を採用する現代日本において，主権者たる国民の選挙を通じた選択が国会を媒介として，どれだけ官僚制に民主的統制を加えうるのかを検証することにも寄与するであろう．

5　本書の構成

　本書の構成は以下のとおりである．本章では，分裂議会の発生が閣法の立法過程にどのような影響をおよぼすのかという本書の研究課題に取り組むにあたって，留意すべき方法論的な問題を指摘するとともに，本書の基本的な分析視角を提示した．具体的には，参議院が制度的に内閣と権力分立的な関係にある一方で，衆議院において三分の二以上の多数派が形成されないかぎり，閣法に対して拒否権をもつことを確認し，閣法提出者の側もまたそのことを踏まえて戦略的な立法行動をとることを指摘した．一般にイメージされていることとは異なり，分裂議会においても参議院が閣法の成立を直接的に拒むことがまれであるのはその証左であるが，これまでの国会研究は閣法提出者の戦略的行動を十分考慮に入れたものとはいえず，それゆえにほとんどの研究が分析の射程を閣法が国会に提出されて以降の国会過程に限定していた．それに対して，本書では分裂議会において参議院が閣法に対して明示的な影響力を行使した事例だけでなく，閣法の作成者や提出者の行動にも黙示的な影響力を行使していることを明らかにするため，①分析の視点を閣法提出者としての内閣および各省庁の側におき，②閣法が国会へ提出される以前

の国会前過程まで分析の射程を拡張する．そのうえで，分裂議会の発生が閣法提出者の立法行動を構造的に抑制していることを明らかにする．

本章につづく第2章においては，分裂議会に関する理論的な考察を通じて，本書の仮説を提示する．まず，戦後日本が過去に経験した分裂議会を振り返ったうえで，おなじ分裂議会であっても，それにはヴァリエーションがあることを指摘し，本書において分析の対象とする分裂議会を定める．つぎに，分裂議会の発生が閣法提出者にとって何を意味するのかを拒否権に関する理論モデルを参考に考察したうえで，分裂議会における閣法提出者の立法行動に関する仮説を提示する．最後に，第3章以降の章において仮説の検証を行うにあたって前提となる仮定を設ける．

第3章から第5章にかけては，分裂議会における閣法提出者の立法行動，すなわち，①閣法の選別，②閣法の根回し，③閣法の国会提出にそれぞれ着目して本書の仮説を検証していく．

第3章では，分裂議会の発生が内閣および各省庁による閣法の選別にどのような影響をおよぼすのかを検証する．この章では，閣法をその重要度と緊急度とに応じて四つに類型化し，とくに閣法提出者が相対的に重要度を高く設定する重要法案に焦点をあてる．そのうえで，内閣官房内閣総務官室が毎年，常会の召集に先立って編集している一次資料などを用いて，各省庁が事前に準備する閣法のなかから重要法案を抽出し，一致議会と分裂議会とでその準備状況にどのような差異があるのかを観察する．その結果，分裂議会においては，重要法案のなかでも緊急性を伴う優先重要法案以外の重要法案の件数が選択的に絞り込まれていることが明らかになる．

第4章では，分裂議会の発生が官僚の根回しにどのような影響をおよぼすのかを検証する．まず，事例選択の方法を明らかにし，特許庁が所管する産業財産権四法(特許法，実用新案法，意匠法，商標法)改正の立法過程を事例としてあげる．そのうえで，特許庁に保管されている法案根回しに関する一次資料を紹介し，①根回しの頻度，②根回しの担当者，③根回しの時期という観点から，一致議会と分裂議会とにおける官僚の根回しにどのような差異があるのかを観察する．その結果，官僚は一致議会から分裂議会になると，与党の議員だけでなく，野党の議員に対しても法案が国会に提出される以前の段階で根回しを行うようになることが示される．また，第4章の補論では，参議院における多数派交代とともに，近年の日本において連続している

衆議院の多数派交代，そしてそれに伴う政権交代が官僚の根回しにどのような変化をもたらすのかを検証する．この補論では，公正取引委員会が所管する独禁法改正法案の立法過程を事例として選択し，官僚がここでも多数派を重視した根回しを行っていることを明らかにする．

第5章では，分裂議会の発生が内閣の法案提出にどのような影響をおよぼすのかを検証する．この章では，まず分裂議会において世論の反発や与野党対立を引き起こす論争的な法案の国会提出が見送られる傾向が強くなることをゲームによって演繹的に明らかにする．そのうえで，分裂議会においては事前に準備されていたとしても，最終的には国会への提出が見送られる法案が一致議会と比較して増加することを量的に把握する．また，2013年12月に野党の激しい抵抗を受けながらも成立した特定秘密保護法案の立法過程を事例として選択し，それが分裂議会のもとで準備されていたにもかかわらず，2年近くにわたって国会に提出されることなく国会前過程に潜在化していたことを示し，非決定の一端に光をあてる．

第6章では，分裂議会においても重要法案が少なからず国会を通過していることを指摘したうえで，それが成立に至る過程を理論的，実証的に分析し，分裂議会における重要法案の成立条件について示唆を得る．具体的には，民主党政権下の分裂議会において成立した社会保障・税一体改革関連法案と原子力規制関連法案をそれぞれ対象として，両法案をめぐる与野党の戦略的な行動をゲームによって演繹的に考察し，与野党合意に至るメカニズムを明らかにする．それを踏まえて，両法案が成立に至るまでの過程をそれぞれ追跡し，その立法的帰結として，いずれも野党の政策選好が強く成立法案に反映されていることを示す．また，第6章の補論では，分裂議会のもとで2011年3月に発生した東日本大震災が国会における与野党関係にどのような変化をもたらしたのかを，国会審議の映像資料を用いて検証する．ここでは，与野党対立の深刻さを測る指標として，予算委員会における野党の異議申し立てを採用し，大震災の発生によって，与野党関係が一時的に対立的なものから協調的なものへと変化していることを示す．

第7章では，本書の分析によって得られた知見と，そこから導出し得る含意をまとめる．また，ここでの実証的な知見をもとに分裂議会を規範的に評価し，それが権力の抑制を実質的なものにしていることを主張する．

第 2 章

分析枠組み

　本章では，本書において分析の対象とする分裂議会を定めるとともに，理論的な検討を通じて本書の仮説を導出する．第 1 節では現代日本が過去に経験した分裂議会を振り返ったうえで，おなじく分裂議会の状況であっても，それにはヴァリエーションがあることを確認し，本書において分析の対象とする期間を確定する．第 2 節では分裂議会の発生が閣法提出者にとって何を意味するのかを拒否権に関する理論モデルをもとに検討する．具体的には，まず日本の立法過程において，拒否権が行使される段階としての拒否点がどこに存在し，またそこにおいて拒否権を行使する拒否権プレイヤーがどのアクターであるのかを確認する．つぎに，分裂議会の発生が閣法の立法過程に拒否権プレイヤーを追加し，参議院を実質的な拒否点に変えることを示したうえで，そのことが閣法提出者の立法行動にどのような変化をもたらすのかを検討し，本書の仮説を提示する．第 3 節では次章以降において実際に仮説の検証を行ううえで前提となる三つの仮定を設ける．

1　分析の対象

1.1　日本国憲法下の分裂議会

　分裂議会が現代の日本において例外的な国会状況とはいえないことは，戦後の国会史を振り返るならば明らかである．表2-1と表2-2は現行憲法下における国会状況と，分裂議会における与党議席をそれぞれまとめており，そこからは1947年5月に日本国憲法の施行によって参議院が開設されると同

時に分裂議会がその姿をあらわしていることが確認される．具体的には，第1回国会（特別会）において日本社会党の片山哲委員長を首班とする内閣が成立することになったが，それを支える与党は衆議院において過半数を大きく上回る307議席を擁する一方で，参議院においてはその過半数に遠くおよばない89議席を占めるに過ぎなかった（第1次分裂議会）．そのとき，参議院において92議席を占め，その最大会派となったのは保守系無所属の議員によって結成された緑風会であった．緑風会は所属議員の院内行動に党議拘束をかけず，各自が独自の判断で行動することを「党是」としていたことなどから，「良識の府」としての参議院の象徴とみなされることもあるが，その勢力は第1回国会を頂点として，衰退の一途を辿ることになる[1].

それにもかかわらず，与党による参議院の過半数確保は容易ではなく，第1次の分裂議会は10年近くにわたって継続する．片山，芦田両内閣のあとを受けて1948年10月にふたたび内閣を率いた吉田茂首相は，そこから1954年12月までの長期にわたって政権を担うことになったが，度重なる試みにもかかわらず，最後まで参議院の多数を確保することはできなかった（竹中 2010: 第1章）．与党による参議院の多数確保は，結局のところ，1955年11月の保守合同による自民党の結党を待たなければならなかったのである．

表2-1　日本国憲法下の国会状況

年月	国会(回次)	首相
1947.5-	分裂(1-25)	片山，芦田，吉田，鳩山
1956.11-	一致(26-114)	石橋，岸，池田，佐藤，田中，三木，福田，大平，鈴木，中曽根，竹下，宇野
1989.7-	分裂(115-126)	海部，宮澤
1993.8-	一致(127-142)	細川，羽田，村山，橋本
1998.7-	分裂(143-145)	小渕
1999.10-	一致(146-166)	小渕，森，小泉，安倍
2007.7-	分裂(167-171)	安倍，福田，麻生
2009.9-	一致(172-174)	鳩山，菅
2010.7-	分裂(175-183)	菅，野田，安倍
2013.7-	一致(184-)	安倍

出典：筆者作成．

1　緑風会については，野島編（1971）を参照．また，待鳥（2000）は合理的選択制度論の観点から，緑風会がなぜ衰退の一途を辿ることになったのかを分析している．

第2章 分析枠組み 39

表2-2 分裂議会における与党議席

分裂議会	内閣	与党	衆議院(%)	参議院(%)
第1次	片山	日本社会, 民主, 国民共同	307 (65.9)	89 (35.6)
	芦田	民主, 日本社会, 国民共同	277 (59.4)	90 (36.0)
	第2次吉田	民主自由	151 (32.4)	46 (18.4)
	第3次吉田	民主自由	269 (57.7)	92 (36.8)
	第4次吉田	自由, 民主クラブ	242 (51.9)	96 (38.4)
	第5次吉田	自由	202 (43.3)	102 (40.8)
	第1次鳩山	日本民主	120 (25.7)	20 (8.0)
	第2次鳩山	日本民主	185 (39.6)	23 (9.2)
	第3次鳩山	自民	299 (64.0)	118 (47.2)
第2次	第1次海部	自民	295 (57.6)	109 (43.3)
	第2次海部	自民	286 (55.9)	109 (43.3)
	宮澤	自民	279 (54.5)	115 (45.6)
第3次	小渕	自民	263 (52.6)	105 (41.7)
第4次	第1次安倍	自民, 公明	337 (70.2)	104 (43.0)
	福田	自民, 公明	336 (70.0)	105 (43.4)
	麻生	自民, 公明	334 (69.6)	104 (43.0)
第5次	菅	民主, 国民新	311 (64.8)	109 (45.0)
	野田	民主, 国民新	306 (63.8)	109 (45.0)
	第2次安倍	自民, 公明	325 (67.7)	102 (42.1)

注：内閣の発足時に一致議会であっても，つぎの内閣に代わるまでの間に分裂議会が発生した場合は，その
　　発生直後に召集された国会の召集日における与党議席を示している．
出典：衆議院事務局『衆議院公報』ならびに参議院事務局『参議院公報』をもとに筆者作成．

　自民党はその結党時から参議院の過半数を確保していたわけではなかった
が，1956年11月の参議院補欠選挙に勝利することによって，ついにその多
数を制するに至った．それ以降，参議院の多数は1989年7月まで自民党に
よって占められ，一致議会が30年以上にわたって継続することになる[2]．周
知のように，自民党による長期単独政権は1993年8月の細川内閣の成立に
よって終わりを迎えるが，それに先立つ1989年7月の参議院選挙において

────────────

2　もっとも，自民党がその期間，つねに野党に対して議席の優位を保ったわけで
　はなく，1970年代には参議院においても与野党の議席が伯仲する，いわゆる「保
　革伯仲」の時期が存在した．すなわち，自民党は1971年6月に実施された参議
　院選挙から議席数が低迷し，1974年7月の参議院選挙の直後に召集された第73
　国会(臨時会)においてはかろうじて過半数を確保するまでになった．そうした状
　況は，1980年6月の衆参同日選挙において自民党が党勢を回復させるまでつづ
　くことになる．

自民党が大敗し，参議院における「一党優位」が崩れたこともきわめて画期的な意味をもつ．すなわち，それ以降，2016年7月の参議院選挙後に自民党が参議院の過半数を獲得するまで単独でそのことに成功した政党は存在せず，日本において分裂議会の発生が日常化することになったからである．

　そのため，1989年以降は分裂議会と一致議会とがめまぐるしく入れ代わることになる．すなわち，1989年の参議院選挙によって発生した分裂議会（第2次分裂議会）は1993年7月の総選挙の結果，自民党が下野し，自民党および共産党以外の政党から組織される細川連立政権が成立したことで，それまで参議院の多数を占めていた野党が一転与党となって終結をみた．細川，それにつづく羽田両内閣は短命に終わり，自民党が1年足らずで政権に復帰したが，社会党との連立によって参議院の多数は維持された．しかし，村山内閣のあとの橋本内閣のもとで実施された1998年7月の参議院選挙において自民党は44議席を得るにとどまって参議院の過半数を大きく割り，ふたたび分裂議会がその姿をあらわした（第3次分裂議会）．

　その責任をとって辞任した橋本龍太郎首相のあとを受けた小渕恵三首相は，他党と連立することによって分裂議会を克服しようと努めた．すなわち，自民党は1999年1月に自由党，そして同年10月には公明党と連立を組むことによって参議院の多数を確保したのである[3]．自由党に関しては2000年4月に政権から離脱するが，自公連携はそれ以降，2009年，2012年の二度にわたる政権交代を経てもなお維持される．ただし，自公政権もまた分裂議会を回避することはできなかった．第1次安倍内閣のもとで実施された2007年7月の参議院選挙において自民党は37議席，公明党は9議席をそれぞれ得るにとどまり，自公を合わせても野党民主党が獲得した60議席に遠くおよばず，国会はまたもや分裂議会となった（第4次分裂議会）．

　自公政権はその分裂議会を克服することができないままに2009年9月の政権交代を迎え，それとともに分裂議会も終結した．民主党は一致議会のもとでその連立政権をスタートさせたが，アメリカ軍普天間飛行場の移設問題

3　竹中（2010）はこれを参議院が政権の枠組みに影響をおよぼした事例として重視する．また，2009年9月に民主党が新政権を発足させるにあたって，社民党，国民新党と連立を組んだのも，参議院における過半数議席の確保が主たる目的であった．

や「政治とカネ」をめぐる問題などによって支持率の低下を招き，2010年
7月の参議院選挙において有権者から厳しい評価を受けた．この選挙の結
果，民主党は非改選と合わせて，参議院における第一会派の座はかろうじて
守ることができたものの，その過半数を占めることができずに分裂議会の発
生を招いた（第5次分裂議会前期）．この分裂議会は2012年12月の総選挙
で民主党が惨敗し，ふたたび政権が自民，公明両党の手に戻ったのちも両
党議席が参議院の過半数に満たなかったために継続した（第5次分裂議会後
期）．ただし，自公政権は政権交代の勢いを維持したまま，2013年7月の参
議院選挙において勝利をおさめ，両議院の多数を確保して分裂議会を終わら
せた．

1.2 分裂議会の分類

　以上のように，日本は参議院の開設以降，5回にわたって分裂議会を経験
しているが，おなじ分裂議会であっても，それにはヴァリエーションがあ
り，また，そうであるがゆえに，閣法提出者が法案を成立させるうえでの難
度にも差異がある．その分裂議会のヴァリエーションは，おもに以下の二つ
の政治環境によって規定される．

　第一は，衆議院における与党の占有議席数である．その画期となるのが法
案の再可決を可能にする三分の二の議席であるが，それは参議院が法案の成
立に対して拒否権をもつのか否かということと同義である．そして，参議院
の拒否権の有無は閣法提出者の立法戦略に大きな影響をおよぼす．たとえ
ば，与党が衆議院において三分の二以上の多数を確保している場合，内閣は
参議院の多数を占める野党の反対が予想される法案であっても，その優先度
が高ければ，再可決によって成立させることを見込んで，国会に提出するこ
とを躊躇しないはずである．事実，与党が衆議院において三分の二以上の議
席を有していた第4次分裂議会においては，17件の閣法が参議院の反対に
もかかわらず，衆議院の再可決によって成立している．しかも，野党が毎年
の常会において，政府予算と並んで強く反対する特例公債法案に関し，内閣
はその同意を得るべく法案に野党の主張を盛り込んだり，その内容を修正し
たりするなどの譲歩を行うこともなく，一致議会の場合と同様に，すべての
野党が反対するなか，それを原案のとおり再可決によって成立させている．

　したがって，分裂議会における閣法提出者の立法行動を考えるうえで，衆

議院における与党議席数はつねに念頭におかれるべき変数といえるが，前章でも指摘したとおり，再可決権の行使には大きな制約があることに留意が必要である．すなわち，日本の国会は会期が比較的短く区切られているために，再可決権の行使には時間的な制約があり，またその行使は有権者に「多数の横暴」という負のイメージを与える可能性があるため，次期選挙のことを考えれば，それを連続して用いることは合理的でない．そのため，たとえ衆議院において与党が三分の二以上の議席を確保していたとしても，参議院は拒否権に近い立法権限を有していると考える必要がある．

そこで，より重要な意味をもつのが，第二の連立可能政党数である．待鳥(2009a)はアメリカの分裂政府において，大統領と議会多数派との対立を規定する要因として，①政党システムと②政党内部組織とを指摘する．すなわち，二大政党制のように，有効政党数が小さく，かつ内部組織の一体性が強い場合は，大統領と議会の部門間対立が先鋭化しやすくなり，逆に多党制のように，有効政党数が大きく，かつ内部組織の一体性が弱い場合は，それが先鋭化しにくくなるというのである(144-146)．このことを分裂議会における閣法提出者と参議院との関係に援用して考えるならば，参議院において野党会派の数が少なければ少ないほど，また野党会派内の一体性が強ければ強いほど，閣法提出者は参議院において多数派を形成するのが難しくなるということになる．

まず，野党会派の数について，それが少ないということは，多数を確保するために交渉しうる相手が限定されることを意味する．とくに，二大政党制においては，政権の座をめぐって激しく対立しているライバルとの交渉となり，その支持を得るためのコストはきわめて高い．つぎに，野党会派内の一体性については，所属議員の政策選好に関する凝集性のほかにも，執行部の集権性などによって規定される政党規律が問題となる(建林・曽我・待鳥2008)．政党規律が強いということは，党の機関決定にその所属議員が忠実に従うことを意味し，ある閣法に反対の立場をとることを決定した野党に所属する議員を閣法提出者が個別に説得して賛成にまわらせようとしても，それが成功する可能性は低い．

このように，政党システムと政党内部組織はともに分裂議会において閣法提出者が参議院の多数を確保するうえでの難度を強く規定する．ただし，日本においては一般的に党議拘束が強く，少なくとも国会内における各会派の

議員行動には一体性がある一方で，政党システムについては，とくに1990年代に実施された衆議院の選挙制度改革に伴って，大きな変化が生じたことが広く指摘されている（河野2002; 待鳥2012; 2015）．すなわち，1994年に小選挙区比例代表並立制が導入されるまで，長らく衆議院の選挙制度として採用されてきた中選挙区制は，小政党の議席獲得を相対的に容易にし，多党化を促進した4．具体的には，1955年10月に左右に分裂していた社会党が統一され，同年11月に保守合同によって自民党が結党されるまでは保革ともに複数の政党が存在し，それらの離合集散が常態化していた．また，55年体制のもとで自民党による一党優位が長期にわたってつづくとはいえ，自民党政権を保守勢力の恒常的な連立政権とみなすことも可能であり，一方において，野党の側は1960年1月に社会党がふたたび分裂して，民主社会党（1969年11月に民社党へと党名変更）が結党されるなど，1960年代には社会党が衰退するとともに多党化が進行した（待鳥2012: 第1章）．

そのような状況で，1994年に小選挙区制が導入されると，野党の再編が進行し，とくに2003年9月に民主党が自由党を吸収するかたちで行われた民由合併において野党勢力の統合は決定的なものとなった5．ここに自民党と民主党という二大政党が政権をめぐって激しく競争する政党システムが成立し，2009年と2012年には総選挙の結果，両政党間で政権交代が起きた．しかし，2012年の政権交代において政権を失った民主党の凋落は著しく，その議席は総選挙公示前の230から57まで大きく減少した．このことから，民主党はもはや二大政党の一翼を担っているとはいえず，自民党による一党優位が復活したとも考えられているが，2016年3月には民主党が維

4　奈良岡（2009）は1925年の衆議院議員選挙法改正によって中選挙区制が導入された背景を分析し，それが諸政治勢力の妥協と駆け引きによって，きわめて折衷的な制度になったことを指摘する．また，1947年に中選挙区制がふたたび導入された背景については，福永（1986）を参照．

5　2007年7月に分裂議会が発生した直後に召集された国会（第167回国会）において，自民党と民主党は衆議院において，480議席中419議席（87.3%）を，参議院において，242議席中196議席（81.0%）をそれぞれ占めており，また，2010年7月に分裂議会が発生した直後に召集された国会（第175回国会）において，両党は衆議院において480議席中423議席（88.1%）を，参議院において242議席中189議席（78.1%）をそれぞれ占めている．

44

新の党を吸収して民進党となるなど，野党の再統合に向けた動きが進んでいることは小選挙区制の制度的な圧力が依然として強く作用していることを物語っている．

このように，2000年代に顕在化した日本の政党システムの変化は参議院の会派構成からも確認することができる．表2-3は第1次から第5次の分裂議会における参議院の会派構成をまとめているが，そこで注目すべきは閣法提出者が参議院において多数を確保するうえで交渉しうる野党会派がどれだけ存在するのかという点である．

まず，第1次分裂議会（過半数は126議席以上）について，そのほとんどの期間，政権を担当した吉田内閣に関してみると，第2次吉田内閣が発足した第3回国会（臨時会）において与党の民主自由党は参議院の46議席を占めるに過ぎず，その過半数に遠くおよばないものの，77議席をもつ緑風会と45議席をもつ民主党という二つの保守勢力の協力を得ることができれば，対立関係にあった社会党のそれがなくとも参議院の多数を確保することができる．また，自民党政権下の第2次分裂議会と第3次分裂議会（いずれも過半数は127議席以上）において，自民党は参議院の過半数を失っているとは

表2-3　分裂議会における参議院の会派構成

分裂議会	内閣	国会回次	与党会派（議席）	野党会派（議席）
第1次	片山	1	日本社会党(47)，民主党(42)	緑風会(92)，新政倶楽部(44)，無所属懇談会(20)，日本共産党(4)
	芦田	2	日本社会党(46)，民主党(44)	緑風会(90)，日本自由党(43)，無所属懇談会(14)，日本共産党(4)
	第2次吉田	3-4	民主自由党(46)	緑風会(77)，民主党(45)，日本社会党(41)，無所属懇談会(19)，新政クラブ(7)，日本共産党(4)
	第3次吉田	5-14	民主自由党(48)	緑風会(77)，民主党(44)，日本社会党(40)，無所属懇談会(18)，新政クラブ(7)，日本共産党(5)
	第4次吉田	15	自由党(80)，民主クラブ(16)	緑風会(57)，日本社会党(第四控室)(31)，日本社会党(第二控室)(31)，改進党(16)，第一クラブ(5)，労働者農民党(4)，日本共産党(4)
	第5次吉田	16-20	自由党(95)	緑風会(48)，日本社会党(第四控室)(43)，日本社会党(第二控室)(26)，改進党(16)，無所属クラブ(5)，純無所属クラブ(4)
	第1次鳩山	20-21	日本民主党(20)	自由党(91)，緑風会(49)，日本社会党(第四控室)(44)，日本社会党(第二控室)(26)，無所属クラブ(11)，純無所属クラブ(3)

第 2 章 分析枠組み 45

表2-3 分裂議会における参議院の会派構成（続き）

分裂議会	内閣	国会回次	与党会派（議席）	野党会派（議席）
第1次	第2次鳩山	22	日本民主党(23)	自由党(90)，緑風会(48)，日本社会党(第四控室)(44)，日本社会党(第二控室)(25)，無所属クラブ(10)，第十七控室(4)
	第3次鳩山	23-25	自由民主党(118)	日本社会党(68)，緑風会(47)，無所属クラブ(9)，第十七控室(4)
第2次	第1次海部	115-117	自由民主党(109)	日本社会党・護憲共同(72)，公明党・国民会議(21)，日本共産党(14)，連合参議院(12)，民社党・スポーツ・国民連合(10)，院内クラブ(5)，税金党平和の会(4)
	第2次海部	118-121	自由民主党(109)	日本社会党・護憲共同(73)，公明党・国民会議(21)，日本共産党(14)，連合参議院(12)，民社党・スポーツ・国民連合(10)，参院クラブ(4)，税金党平和の会(3)
	宮澤	122-126	自由民主党(115)	日本社会党・護憲共同(73)，公明党・国民会議(20)，日本共産党(14)，連合参議院(12)，民社党・スポーツ・国民連合(10)，参院クラブ(4)
第3次	小渕	143-145	自由民主党(105)	民主党・新緑風会(54)，公明(24)，日本共産党(23)，社会民主党・護憲連合(14)，自由党(12)，二院クラブ・自由連合(4)，新党さきがけ(3)，改革クラブ(3)
第4次	第1次安倍	167-168	自由民主党(84)，公明党(20)	民主党・新緑風会(112)，日本共産党(7)，社会民主党・護憲連合(5)，国民新党(4)
	福田	168-169	自由民主党・無所属の会(84)，公明党(21)	民主党・新緑風会・日本(115)，日本共産党(7)，社会民主党・護憲連合(5)，国民新党(4)
	麻生	170-171	自由民主党(83)，公明党(21)	民主党・新緑風会・国民新・日本(118)，日本共産党(7)，社会民主党・護憲連合(5)，改革クラブ(4)
第5次	菅	175-177	民主党・新緑風会(106)，国民新党(3)	自由民主党(83)，公明党(19)，みんなの党(11)，日本共産党(6)，たちあがれ日本・新党改革(5)，社会民主党・護憲連合(4)
	野田	178-181	民主党・新緑風会(106)，国民新党(3)	自由民主党・無所属の会(83)，公明党(19)，みんなの党(11)，日本共産党(6)，たちあがれ日本・新党改革(5)，社会民主党・護憲連合(4)
	第2次安倍	182-183	自由民主党・無所属の会(83)，公明党(19)	民主党・新緑風会(87)，みんなの党(11)，日本未来の党(8)，日本共産党(6)，社会民主党・護憲連合(4)，みどりの風(4)，国民新党(3)，日本維新の会(3)，新党改革(2)，新党大地(2)

注1：会派構成は内閣が成立した国会の召集日時点のものであり，無所属および欠員については記載していない．

注2：内閣が発足したときは一致議会であっても，つぎの内閣に代わるまでの間に分裂議会が発生した場合は，その発生直後に召集された国会の召集日における与党議席を示している．

注3：日本社会党(第四控室)とは社会党左派を，日本社会党(第二控室)とは社会党右派をそれぞれ意味する．

出典：衆議院事務局『衆議院公報』，参議院事務局『参議院公報』をもとに筆者作成．

いえ，依然として100議席以上を擁する参議院の第一会派であり，第2次分裂議会においては最大野党である社会党が協力せずとも，また第3次分裂議会においては最大野党である民主党が協力せずとも，いずれも公明党の支持さえとりつけることができれば，参議院の多数を確保することができる．

　それに対して，第4次分裂議会（過半数は122議席以上）においては，野党の民主党が110議席を超えて第一会派となっており，自公政権は民主党以外のすべての野党の協力を得られたとしても参議院の過半数を確保することができない．また，民主党政権下の第5次分裂議会前期（過半数は122議席以上）においては，与党の民主党が最大勢力を維持している点において，第4次分裂議会とは違いがあるものの，自民党以外の野党との連携は難しい状況におかれていたと考えられる．まず，2009年9月の政権交代によって自民党とともに野党に転じた公明党の協力を得ることができれば，参議院の過半数を確保することができるが，長期におよぶ選挙協力を通じて，自民党との関係を深めていた公明党が民主党との提携に大きく舵を切るとは考えにくかった6．つぎに，みんなの党に加えて，たちあがれ日本もしくは社民党の協力を得ることができれば，参議院の過半数に届くが，各政党の政策的な立ち位置を考慮するならば，その実現性は乏しかった．

　2012年12月以降は政権交代によって自公政権下の第5次分裂議会後期となるが，そこでは野党となった民主党が参議院における最大勢力であり，その支持を得ることができないとすると，政策的に距離の近いみんなの党と日本維新の会に加えて，日本未来の党の協力を得るか，もしくは社民党，みどりの風，国民新党のなかから二党以上の協力を得るかしなければ参議院の過半数を確保することはできない．しかし，これも各政党の政策的な立ち位置

―――――――――――――――――

6　ただし，前章でも触れたように，民主党政権下の第5次分裂議会前期において，公明党は国会を通過した閣法のすべてに賛成しており，それに反対の立場をとることもあった自民党とは異なる投票行動をみせている．

やそれまでの政治的な対立などを考えると，民主党の協力なしに参議院の支持を安定的に確保することは難しかった．

　以上の分裂議会のヴァリエーションを規定する二つの政治環境を軸として，日本が1947年以降に経験した5度の分裂議会を分類したのが表2-4である．まず，第1次から第3次までの分裂議会に関しては，与党が衆議院において三分の二以上の議席を有しておらず，再可決権を行使できる状況になかったが7，参議院において野党勢力が分散していたために，その多数を確保することは比較的容易であった．つぎに，第4次以降の分裂議会に関して，第4次分裂議会と自公政権下の第5次分裂議会後期については，与党勢力が衆議院の三分の二を超えており，再可決権の行使が可能であったのに対して，民主党政権下の第5次分裂議会前期ではそれが行使できないという違いはあるものの，いずれの分裂議会においても参議院において野党勢力が統合されていたために，その多数を確保することは困難であった．

　また，このような分類を行うことによって，閣法提出者が立法を進めるうえでの難度についても明らかになる．すなわち，もっともその難度が高い分裂議会は参議院において多数を確保することが困難なうえに衆議院の再可決権を行使することができない第5次分裂議会前期である．それにつづくのが，第4次分裂議会および第5次分裂議会後期であり，第1次から第3次までの分裂議会は相対的に難度が低い．前者の方が後者よりも難度が高いのは，前述したように，衆議院による再可決権の行使には大きな制約があり，

表2-4　現代日本における分裂議会の分類

		衆議院における再可決権の行使	
		可	不可
連立可能政党	多	該当なし	第1次分裂議会(1947-56) 第2次分裂議会(1989-93) 第3次分裂議会(1998-99)
	少	第4次分裂議会(2007-09) 第5次分裂議会後期(2012-13)	第5次分裂議会前期(2010-12)

出典：筆者作成．

7　ただし，第1次分裂議会においては14件の閣法が一部の野党の支持を受けて衆議院の再可決によって成立している．具体的には，巻末の参考資料を参照．

48

それによって解決をはかることができる案件は限定的であるのに対して，参議院における多数派形成はより構造的な問題であるといえるからである．

1.3　各分裂議会における国会政治

　それでは，それぞれの分裂議会において実際にどのような国会政治が展開されたのであろうか．前項で検討した分裂議会の類型を念頭におきつつ，閣法提出者の視点から第1次から第5次までの分裂議会をそれぞれ叙述しておこう．

　まず，第1次分裂議会のもとで長期にわたって国政を担当したのは吉田内閣である．吉田首相は参議院の支持を安定的に確保する恒常的な連立政権を樹立することはできなかったものの，民主党（1947-50年）や国民民主党（1950-52年），改進党（1952-54年）などとの連携を模索し，一定の成果をあげた．すなわち，1950年2月に民主党の連立派が民主自由党に合流し（同年3月に民主自由党は党名を自由党に変更），1952年2月には国民民主党を中心に改進党が結党されるにあたって，自由党との連携に積極的な国民民主党の参議院議員が民主クラブを結成し，参議院における吉田内閣の与党会派となった（竹中 2010: 第1章）．また，第1回国会において92名の議員を擁した緑風会は，その勢力の衰退に歯止めをかけることができなかったが，保守合同がなる以前においては，参議院において一定の勢力を保持しており[8]，しかも，その大部分が保守系の議員によって構成されていたために，吉田首相は緑風会所属の参議院議員を閣僚に起用するなどして，緑風会の支持を取りつけようと努めた[9]．

8　緑風会は自民党が結党される直前の1955年3月に召集された第22回国会（特別会）においても，第一会派の自由党（90議席）に次いで48議席を保持していた（召集日時点）．

9　ただし，竹中（2010）は吉田首相の各方面に対するさまざまな「与党化工作」にもかかわらず，結局のところ，参議院における安定的な多数確保は成功せず，たとえば，1951年12月に召集された1952年常会（第13回国会）においては，暴力主義的な破壊活動を行った団体を規制するための破壊活動防止法案の修正を余儀なくされ，また，人事院を廃止し，総理府の外局として国家人事委員会を設置するための国家公務員法の一部を改正する法律案については，審議未了で廃案に追い込まれるなど，吉田首相が参議院において重要法案を成立させるのに苦労したことを強調する（64-67）．

第2章　分析枠組み　49

表2-5　一致議会と分裂議会における閣法の成立状況

国会	年(国会回次)	新規提出	成立	成立率%
分裂(第1次)	1947-56（1-25）	2,386	2,057	86.2
一致	1956-89（26-114）	4,456	3,644	81.8
分裂(第2次)	1989-93（115-126）	368	335	91.0
一致	1993-98（127-142）	573	537	93.7
分裂(第3次)	1998-99（143-145）	140	123	87.9
一致	1999-07（146-166）	1,081	1,005	93.0
分裂(第4次)	2007-09（167-171）	174	145	83.3
一致	2009-10（172-174）	76	45	59.2
分裂(第5次前期)	2010-12（175-181）	219	153	69.9
分裂(第5次後期)	2012-13（182-183）	75	63	84.0
一致	2013-16（184-192）	285	254	89.1
	1947-2016（1-192）	9,833	8,361	85.0

注：審議結果は新規提出法案のみを対象とし，継続法案は含めていない.
出典：参議院議事部議案課「議案審議表」（第1回国会〜第192回国会）をもとに筆者作成.

　ここで第1次分裂議会における閣法の成立率をみるために，表2-5は1947年以降の閣法の成立状況を一致議会と分裂議会とに分けて報告している．それによると，第1次分裂議会における閣法の成立率は86.2%となっており，それは第1次分裂議会が終結したのちの自民党長期政権下における一致議会の成立率よりも高い．このことは，分裂議会の発生が表面的には必ずしも立法生産性を低下させるとはいえないことを示すものであり，また吉田内閣が参議院において多数派を形成することにある程度，成功していたことを示唆している．

　つぎに，第2次分裂議会は自民党長期政権のもとで1989年7月に実施された参議院選挙によって発生し，その選挙において議席を大きく伸ばした社会党は，同年9月に召集された第116回国会（臨時会）において，そのほかの野党と共同でその年の4月に導入された消費税を廃止するための関連法案を参議院に提出し，自民党政権に揺さぶりをかけた（本法案は参議院において可決されるが，衆議院では審議未了により廃案となった）．しかし，先述したように，自民党はその参議院選挙によって，過半数には届かなかったものの，依然として109の議席を擁する参議院の最大勢力であることに変わりなく，一定程度の議席をもつ野党と連携するならば，社会党の支持を得られなくとも，その多数を確保することはそれほど困難ではなかった．

　そのなかで，自民党政権が連携のパートナーとして重視したのが，公明

50

党および民社党であった．自民党は両党と連立政権を発足させたわけではなかったが，おもに両党の支持を得ることで法案を成立させた．たとえば，参議院選挙の敗北を受けて総辞職した宇野内閣のあとを受けた海部内閣は，1990年8月のイラクによるクウェート侵攻をきっかけにはじまった湾岸戦争への日本の対応として，多国籍軍に対して資金協力を行うための法案（湾岸地域における平和回復活動を支援するため平成2年度において緊急に講ずべき財政上の措置に必要な財源の確保に係る臨時措置に関する法律案）を同年12月に召集された1991年常会（第120回国会）に提出しているが，公明党と民社党との間で法案の修正協議を行い，両党の要求を受け入れることでそれを成立させている（竹中 2010: 172-174）．また，1991年8月に召集された第121回国会（臨時会）に海部内閣が提出したPKO協力法案の国会審議においても，自民，公明，民社による三党協議の枠組みが重視された．その修正協議は自衛隊派遣の国会承認などをめぐって難航し，PKO協力法案はその国会だけでなく，つづく第122回国会（臨時会）においても継続審査となった．しかし，三党協議は断続的ながらも継続され，海部内閣のあとを受けた宮澤内閣のもと，1992年1月に召集された1992年常会（第123回国会）において自民党が公明，民社両党の要求を受け入れ，大きく譲歩したことによって決着し，法案は成立をみた（竹中 2010: 174-176）10．

　こうした三党合意の形成は，第2次分裂議会において自民党政権が閣法を成立させるための基本的な戦略といえ，国会において成立した法案の95%以上が自民，公明，民社の三党の賛成によって成立しており（竹中 2010: 168-169），法案成立率も9割を超えて第2次分裂議会が発生する以前の一致議会のそれよりも10ポイント近く高くなっている．もっとも，この時期においては，すべての野党が反対するなかで自民党だけが賛成して成立する法案は皆無で，共産党をのぞく主要な野党はほぼすべての閣法を支持するようになっており，最大野党の社会党に関しても閣法に反対する確率は3%に過ぎないことが報告されている（増山 2003: 188）．

10　武藤（1996）は1989年7月の参議院選挙から1992年7月の参議院選挙までの参議院における主要6政党（自民党，社会党，公明党，共産党，民社党，連合社会党）の影響力を，投票力指数（シャープレイ・シュービック指数）を用いて算出した結果，公明党や民社党などの中道政党が議席数の割に大きな影響力をもったと主張する（693）．

つづく第3次分裂議会においても，やはり与党自民党が参議院の最大勢力であることに変わりなく，自民党政権は最大野党の民主党よりも，自由党と公明党との連携によって参議院の多数を確保しようとした．その契機となったといわれるのが，分裂議会発生直後の1998年7月に召集され，「金融国会」とも呼ばれる第143回国会（臨時会）において小渕内閣が提出した金融再生関連法案の修正をめぐる与野党協議である．そこで，小渕内閣は政府案ではなく，民主党などの野党が国会に提出した野党案をもとに修正協議を行わざるを得なかったうえ，野党の要求をほぼ「丸のみ」させられるなど，法案成立のために大きな譲歩を強いられた．その苦い経験から，小渕首相は参議院における多数を連立によって安定的に確保しておく必要性を痛感したといわれる（竹中 2010: 196-201）．小渕首相はまず自由党との連立交渉に入り，1999年常会（第145回国会）の召集に先立って，同年1月に自自連立政権を発足させた．しかし，参議院における与党議席は自由党を合わせても116議席であり，なお過半数に届かないため，多数の確保には公明党との連立が不可欠であった．自民党政権は公明党との連立を想定し，1999年常会において，前年の常会から継続審査とされてきたガイドライン関連法案や住民基本台帳法改正などを公明党の要求に沿うかたちで修正し，自民，自由，公明の三党の賛成によって成立させた（竹中 2010: 205-207）．こうした三党間の協力関係を背景として，公明党は1999年7月の党大会において連立政権への参加を正式に決定し，同年10月の内閣改造によって自自公連立政権が成立した[11]．

このように，第1次から第3次までの分裂議会においては，参議院における野党勢力が分散し，また第2次および第3次の分裂議会においては与党自民党が議席上の優位性を維持していたため，閣法提出者は必ずしも最大野党を相手にしなくとも，中道的な政党と連携する，あるいは恒常的な連立を組むことによって参議院の多数を確保し，閣法を成立させることができた．それに対して，第4次以降の分裂議会では二大政党制の進展とともに野党勢力が統合され，参議院の多数を確保するそれまでの手法が通用しなくなっ

11　自自公連立政権の発足にいたる経緯については，斎藤（2004）や御厨・牧原編（2012）が詳しい．

た12. 第4次分裂議会においては，野党民主党が参議院の最大勢力となっており，衆議院の再可決権を行使しないかぎり，法案の成立にはその同意を得ることが不可欠であった．しかし，自民党と民主党は政権の座をめぐって激しい競争を繰り広げるライバル同士であり，事実，民主党は首相や閣僚に対する問責決議や，日銀総裁などを対象とする国会同意人事など13，参議院のあらゆる権能を用いて自公政権を追い込み，衆議院の解散，総選挙につなげようとした．そのため，両党間における合意形成は容易でなく，特例公債法案に代表される，毎年の国政運営に不可欠であるが，与野党が鋭く対立する法案については，衆議院の再可決権によって成立がはかられた．

第5次分裂議会前期においては，攻守が入れ代わり，野党となった自民党が民主党政権を厳しく追及した．そこでは，第4次分裂議会とは異なり，衆議院において再可決権を行使することができる環境になかったため，自民党は民主党政権に対して特例公債法案の成立を認める代わりに，衆議院の解散を執拗に求めた．その一方で，民主，自民，公明による三党合意を形成することが法案を成立させるうえでの基本的な枠組みとなり，2012年1月に召集された2012年常会（第180回国会）においては消費税率の引き上げを柱とする社会保障・税一体改革関連法案や，原子力規制行政を改編する原子力規制関連法案などの重要法案が成立をみた．第5次分裂議会後期においては，与党が衆議院の三分の二以上を確保して，ふたたび再可決権を行使すること

---

12 たとえば，第4次分裂議会の発生以降，しばしば大連立に向けた動きがあったにもかかわらず，結局のところ，それらはいずれも実現には至らなかった．2007年11月の福田首相と民主党の小沢代表との党首会談によって表面化した大連立構想については，読売新聞政治部（2008）を参照．また，2011年3月に東日本大震災が発生したのを受けて，菅首相が自民党の谷垣禎一総裁に入閣を打診したことで表面化した大連立構想については，読売新聞政治部（2011）を参照．

13 日本銀行総裁も含めて，約40機関の250人以上が対象になるという国会同意人事は（『朝日新聞』2013年5月22日付朝刊），1947年4月に帝国議会において制定された会計検査院法のなかに検査官人事が盛り込まれたことにはじまる．当初，そのような個別法には「衆議院の同意をもって両議院の同意とする」という衆議院の優越規定が設けられていたが，1949年から次第に両議院の対等化が進み，1999年に参議院自民党の要請で会計検査院法が改正されたことによって，完全に両議院対等となった．詳しくは，参議院事務局（2002）や参議院総務委員会調査室編（2009）なども参照．

が可能な状況になったが，自公政権は2013年7月の参議院選挙を目前に控えて，できるかぎり慎重な国会運営に努めた．それを裏づけるかのように，その分裂議会において再可決権が行使されたのは，衆議院小選挙区における「一票の格差」を是正するために，選挙区の区割りの改定などを行う公職選挙法等改正に対する1件をかぞえるのみであった．

1.4 分析対象期間

日本が1947年5月以降に経験した分裂議会の分類と，それぞれの分裂議会における国会政治の叙述を通じて明らかになったのは，分裂議会において多数派を形成する手段の変化である．すなわち，第4次以降の分裂議会においては参議院の多数を中小規模の野党との連立によって恒常的に確保するという選択肢がなくなり，政権の座をめぐって相争う最大野党から支持を得ることが法案成立の基本的な条件となった．そうした変化は国会前過程における閣法提出者の立法行動にも影響をおよぼすことが予想される．

そこで，本書では第4次以降の分裂議会を対象として，その発生と終結が閣法提出者の立法行動にどのような変化をもたらすのかを観察する．具体的には，第4次分裂議会が発生する前後（1999年10月から2007年7月までの一致議会と2007年7月から2009年9月までの分裂議会），第5次分裂議会（前期）が発生する前後（2009年9月から2010年7月までの一致議会と2010年7月から2012年12月までの分裂議会），そして第5次分裂議会（後期）が終結する前後（2012年12月から2013年7月までの分裂議会と2013年7月から2016年6月までの一致議会）をそれぞれ比較分析する．

上記の期間を分析の対象とすることは，以下の三つの意味において重要である．第一に，そこには二つの異なる政権が直面した分裂議会が含まれている．すなわち，自公政権と民主党政権はともに一致議会から政権をスタートさせたが，その途中で参議院選挙に敗北して分裂議会の発生を招き，そのもとでの立法を余儀なくされた．本書は分裂議会の発生が閣法提出者の立法準備におよぼす影響を捉えようとするが，そこで観察される現象が両政権に共通するものであれば，分裂議会に関するより一般性の高い知見を得たことになる．第二に，対象期間には一致議会から分裂議会に代わるケースだけでなく，その逆のケースも含まれている．具体的には第5次分裂議会後期の終結がそれにあたるが，その前後を比較することによって，分裂議会が閣法提

54

出者の立法行動にどのような制約を課していたのかを事後的に推論すること
が可能になる．第三に，ここで対象とするタイプの分裂議会は現行の選挙制
度を前提とするかぎり，今後の日本にとって不可避的なものである．それゆ
え，本書の分析によって得られる知見は，現代日本政治に対する理解を深め
るうえで欠かすことのできないものとなる．

2 理論的検討

2.1 日本の立法過程と拒否点

　分裂議会の発生が閣法提出者の行動におよぼす黙示的な影響を観察しよう
とするうえで，まず確認しておく必要があるのは，それが閣法の立法過程を
どのように変質させるのかということである．このことを検討する際に有用
であるのが，拒否権に関する以下の理論研究である．

　すなわち，ツェベリスは「現状維持(status quo)」を変更するために同意を
得なければならない個人もしくは集団を「拒否権プレイヤー（veto player）」
と定義し(Tsebelis 1995; 2002)，インマーガットはそれが拒否権を行使する
段階を「拒否点(veto point)」と呼ぶ(Immergut 1990; 1992)．インマーガッ
トは政策過程に存在する拒否点の「数」と「場所」に注目し，それらが政策
的な帰結に影響をおよぼすと主張する．まず，拒否点の数については，政策
過程のなかに存在する拒否点が多ければ多いほど，現状を変更する政策の実
現は困難になるという．つぎに，拒否点の場所については，政策過程のどこ
に拒否点が存在するかによって，そこに接近することができるアクターが制
限されるという．具体的に，インマーガットはスイス，フランス，スウェー
デンにおける医療制度改革に関する比較分析のなかで，①行政領域，②立法
領域，③選挙領域にそれぞれ拒否点を見出しているが [14]，本書では日本の立
法過程に焦点を絞って，そこに存在する拒否点と，その拒否点において拒否

---

[14] 具体的には，まず，議会のメンバーが行政の決定を覆すことができるならば，
　そこは拒否点であるとされる．また，安定的な議会多数派が存在せず，政党規律
　が弱い場合も拒否点になるという．つぎに，有権者が議会の決定を覆すことがで
　きるならば，そこは拒否点であるとされる．また，浮動票が存在し，レファレン
　ダムがある場合も拒否点になるという(Immergut 1990: 397).

権を行使する拒否権プレイヤーとをそれぞれ確認し，分裂議会の発生がその構造にどのような変化をもたらすのかを検討する．

　拒否点については時期や政策的争点などによって，その数や場所に違いが生じうるが，一方で制度的な枠組みによって立法過程のなかに固定化されているものがある．日本の立法過程は法案が国会へ提出される以前の国会前過程と，それが国会に提出されて以降の国会(内)過程とに区分されるが，その固定的な拒否点は両過程にそれぞれ見出すことができる．まず，国会前過程においては，拒否点は大きく二つ存在すると考えられる．第一は，各省庁における閣法の原案作成段階である．閣法は基本的に政策分野ごとに主管の省庁によってその原案が作成されるが[15]，その過程において重要な意味をもつのが，主管省庁と法案に関係を有する関係省庁との折衝である．というのは，閣法の国会提出には閣議決定が必要とされるが，その意思決定は多数決ではなく，全会一致によるものとされている[16]．これは閣議決定に至るまでの段階において省庁間の調整が終了していなければならないことを意味し，原案の決定にはそれに対する関係省庁の同意が必要ということになる．それゆえに，関係省庁は閣法の原案作成段階において拒否権を行使する拒否権プレイヤーとして位置づけられる[17]．

　第二は与党審査段階である．与党による閣法の事前審査は自民党長期政権のもとで確立したとされるインフォーマルな制度的慣行であり，閣法は国会

15　各省庁による原案の作成プロセスについては，関(1984)，城山・鈴木・細野編(1999)，中島(2014)などが詳しい．

16　閣議決定の方法については憲法だけでなく，「憲法附属法」としての内閣法にも規定が存在せず，全会一致の原則はいわゆる「憲法的習律」と呼ばれるものに属する(高橋 2005)．また，全会一致について，首相は閣内にみずからの政治的決定に反対する閣僚がいたとしても，それを閣議決定前に罷免することによって全会一致の状況をつくり出すことができるが，議院内閣制のもとでは与党の支持をつなぎとめることがいかに重要であるかを考えたとき，そうした手段を頻繁に用いることには限界がある．

17　閣法に対しては，それが閣議に付されるまえに内閣法制局による審査が行われる．しかし，それは閣法の内容そのものについての妥当性を政治的な観点から審査するのではなく，憲法やほかの現行法制との関係や条文の表現などを立法技術的な観点から審査するものであるため，内閣法制局を拒否権プレイヤーとして位置づけることは適当でないと思われる．

提出に先立って与党たる自民党の審査に付され，政調部会，政調審議会，そして最終的には総務会の了承を得なければならないとされる[18]．これは与党の同意がなければ，閣法は国会に提出されないということにほかならず，その慣行のもとで内閣に参画しない与党議員にも拒否権プレイヤーたる与党の一員として，閣法の立法過程に直接的な影響力を行使しうる余地が生まれた（佐藤・松崎 1986；猪口・岩井 1987；山口 2007）[19]．なお，こうした与党による事前審査の定着には，日本の国会制度が大きく関係していると考えられている．大山（2011）は，①法案の議事日程の決定に対する内閣の関与が限定的であること，②内閣自身による法案の修正に大きな制限が設けられていること，③内閣に法案の成立を促す手段が与えられていないことを指摘し，内閣が国会の議事運営に直接関与する手段をほとんどもたないことを強調する[20]．そのため，内閣や各省庁としては国会運営の任にあたる与党を重視せざるを得ず，閣法の国会提出に先立って与党に根回しを行い，その同意をあらかじめ得ておくことがきわめて重要になるというのである．

つぎに，国会過程について，そこにも基本的に二つの拒否点が存在すると考えられる．その拒否点は「法律案は，この憲法に特別の定のある場合を除いては，両議院で可決したとき法律となる」という憲法の規定（59条1項）にもとづくものであり，衆議院において三分の二以上の多数が形成されないかぎり，衆議院だけでなく，参議院の同意も得ることが法案成立に不可欠な条件となる．したがって，衆議院段階と参議院段階はともに国会過程におけ

18　1962年2月23日に自民党総務会が赤城宗徳総務会長名で大平正芳官房長官に宛てた文書（いわゆる「赤城文書」）には「各法律案提出の場合は，閣議決定に先立って総務会に御連絡を願い度い．尚政府提出の各法案については総務会に於て修正することもあり得るにつき御了承を願い度い」とある．帝国議会の時代から事前審査制を史的に分析した研究として，奥・河野編（2015）がある．

19　民主党は自民党政権の政策決定が政府・与党の「二元体制」のもとで行われていると批判し，2009年9月の政権交代に際しては内閣のもとで一元的に政策決定を行うことを目的として，党政調（部門会議）を廃止した．しかし，それは2010年6月に菅首相があらたな民主党執行部を発足させるにあたって早くも復活しており，民主党の試みは所期の目的を達したとはいえないものとなった．

20　高安（2009）は内閣が国会運営にどれだけ関与できるのかに関して，ともに議院内閣制を採用する日英の比較を行っており，イギリスの内閣がもつ裁量の大きさを示している（8-11）．

る拒否点であるといえるが，問題となるのは両段階において拒否権を行使する拒否権プレイヤーである．これは誰が国会運営の主導権を握るのかという問題と同義であり，国会に関するこれまでの実証研究においても重要な論点とされてきた．

　たとえば，モチヅキは日本の国会に時間的な制約を課す制度として，①二院制，②委員会制，③会期制，④議事運営における全会一致の慣行があることを指摘したうえで，閣法が少なからず国会において不成立となるのは，法案の採決引き延ばしに代表される野党の抵抗がそうした制度によって有効なものになっているからであると主張する(Mochizuki 1982)[21]．その一方で，増山は国会における意思決定ルールは多数決が基本となっていることを指摘し[22]，国会における時間的制約がむしろ与党に会期内に成立させる法案とそれを断念する法案とを選別する，いわゆる「法案の生殺与奪権」を提供する結果になっていることを強調する(増山 2003)．

　本書でも国会における多数派の主導性を認めて議論を進めるとすると，国会過程における拒否権プレイヤーは両議院におけるそれぞれの多数派ということになる．なお，ここで衆議院段階と参議院段階とをいずれもひとつの拒否点とみなしているのも，各議院における多数派がその委員会および本会議における議事運営を主導していると考えるからである．

21　そのため，日本の国会はしばしば与野党による「日程闘争」の場とも評されており，その制度的な要因として，大山(2003)は国会の会期が比較的短いことに加えて，「会期中に議決に至らなかった案件は，後会に継続しない」(国会法68条)という「会期不継続の原則」があることを指摘している(56-65)．これが野党に閣法の成立阻止のために抵抗することができる余地を与え，立法過程において野党が一定の影響力をもつことを担保しているといえるが，それには継続審査(閉会中審査)という重大な例外があることを重視する立場もあり，福元(2004)は閣法の多くはそれが提出された国会において成立しなくとも，継続審査とされて最終的には後会において成立していると主張する．また，福元(2000)は，野党の抵抗には単に法案の審議を引き延ばす「議論しないことによる対抗」(粘着型審議様式)だけでなく，それを積み重ねる「議論することによる対抗」(討議型審議様式)もあることを明らかにしている．

22　川人もまた議院運営員会における全会一致の意思決定が「紳士協定」に過ぎないと指摘する(川人 2002; 2005)．

2.2 分裂議会における拒否点と拒否権プレイヤー

それでは，分裂議会の発生は閣法の立法過程に存在する拒否点と，そこで拒否権を行使する拒否権プレイヤーにどのような変化をもたらすのであろうか．まず，拒否権プレイヤーについては変化が明らかである．図2-1に示したように，一致議会においては与党が国会前過程の与党審査段階において拒否権を行使するのみならず，国会過程においても両議院の多数派として，両議院で拒否権を行使するが，分裂議会に代わると，参議院の多数派となった野党がそこで拒否権を行使する拒否権プレイヤーになる．したがって，分裂議会の発生は参議院段階における拒否権プレイヤーを与党から野党に代えることによって，閣法の立法過程に拒否権プレイヤーをひとつ追加することとして理解される．

図2-1 日本の立法過程における拒否点と拒否権プレイヤー

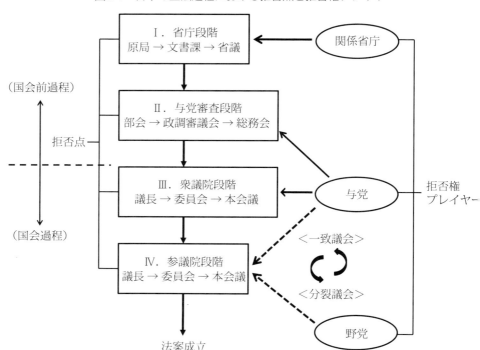

つぎに，参議院における拒否権プレイヤーの交代は拒否点のかぞえ方に違いを生む．これに関しては，ツェベリスによって提示された「吸収ルール（absorption rule）」が参考になる（Tsebelis 2002: 26-30）．ツェベリスは拒否権プレイヤーを憲法によって規定されている大統領や議会などの「制度的拒否権プレイヤー（institutional veto player）」と，議会における主要政党などの「党派的拒否権プレイヤー（partisan veto player）」とに区別しており（Tsebelis 2002: 2），政策過程に存在する制度的拒否権プレイヤーの数をカウントするにあたっては，プレイヤー間の政治的な距離を考慮している．すなわち，ツェベリスによれば，議会が二つの議院によって構成されている場合でも，両議院の多数をおなじ政党が占め，それぞれがおなじ行動をとるならば，両議院の意思は同一になるため，制度的拒否権プレイヤーの数は2ではなく1とかぞえられる．この観点から一致議会と分裂議会とにおける拒否点の数をそれぞれカウントするならば，それは以下のようになる．

一致議会においては，両議院の多数派はともに与党であるため，衆議院における与党会派（以下，「衆議院与党」という）と，参議院における与党会派（以下，「参議院与党」という）とが一体的に行動するかぎりにおいて，国会過程における拒否点の数は吸収ルールによって1となる．ただし，両者がつねに一体的であるとはかぎらない．たとえば，一致議会においても，1993年9月召集の第128回国会（臨時会）に提出された政治改革関連法案や，2005年1月召集の第162回国会（常会）に提出された郵政民営化関連法案の国会審議のように，少数ながらも，参議院与党から多くの造反者が出たことで衆議院の可決した法案を参議院が否決した事例がある．また，自民党の参議院内会派である参議院自民党に関しては，自民党の本部とは別に独自の会則や事務局をもつなど，組織的にも一定の自立性を有している．

しかし，他方において，参議院与党は院外の政党のもとに衆議院与党と融合している．すなわち，参議院与党の幹部は通常，党本部の執行部の一員として，党全体の運営にも深く関与している．また，そのほかの参議院議員についても，衆議院議員と分け隔てなく閣法の事前審査に参加できるなど，一定の影響力を行使する場を提供されている．さらに，与党の参議院議員のなかには衆議院議員とともに首相から大臣に任命されて，内閣の構成員となり，国政運営の責任を共有している議員も存在する．このように，参議院与党は院内会派として一定の自立性をもち，またそれを志向しているとして

も，基本的には政権を担う与党として衆議院与党と一体的な行動をとるものと考えられる．したがって，参議院という拒否点は一致議会においては政党による衆参の統合機能によって潜在化しているといえ，閣法の立法過程における拒否点の数は国会前過程におけるそれと合わせて3となる．

その一方で，分裂議会においては与党に代わって，野党が参議院の多数を占めている．与党と野党の行動原理はとくに内閣に対する態度において決定的に異なっており，参議院を衆議院と同一的な意思を示す主体として想定することはできなくなる．それどころか，本章でも確認したように，近年の分裂議会においては，野党は参議院のあらゆる権限を利用して内閣を窮地に追い込もうとした．ここにおいて，参議院の拒否点は顕在化し，分裂議会における拒否点の数は国会前過程と合わせて4となる．

以上をまとめると，分裂議会の発生は内閣に批判的な立場をとる野党を参議院における拒否権プレイヤーとすることによって，一致議会において潜在化していた参議院という拒否点を顕在化させ，その数を実質的に増やすという変化を閣法の立法過程にもたらすと考えられる．

2.3　本書の仮説

分裂議会の発生によって生じる閣法の立法過程の変質は，閣法提出者の立法行動に大きな影響をおよぼすと予想される．ここで本書の全体にかかわる仮説を提示するにあたって念頭におくべきであるのは，分裂議会の発生が閣法提出者にとって立法上のコストの増大を意味するということである．具体的には，それは閣法提出者の交渉コストの増加として捉えることができる．すなわち，一致議会においては事前に与党の同意を得ておくことが，両議院において法案の通過をはかるうえでの基本的な条件であるのに対して，分裂議会においては与党だけでなく，拒否権プレイヤーとして参議院において拒否権を行使する野党からも同意を得ることが不可欠となる．このことは分裂議会では同意を得るために交渉しなければならないアクターの数がひとつ増えることを意味し，単純に考えても交渉にかかる時間的なコストが大きくなる．しかし，閣法提出者にとってより深刻な問題であるのは交渉の難度である．これは閣法提出者としての内閣と与党との間の政策空間上の距離と，野党との間のそれとを比較すれば明らかであり，通常，後者の方が前者よりも隔たりが大きいために，内閣と野党の双方が受け入れることができる妥協点

を見出すことはそれが与党の場合よりもはるかに難しい．

このような分裂議会の発生に伴う交渉コストの増加は，そもそも時間的な制約のもとにある閣法提出者の立法をさらに窮屈で困難なものにする．それにもかかわらず，閣法提出者は国政の担当者として，国会状況にかかわりなく成立をはからなければならない法案を一定数抱えている．このように考えるならば，本書の中心的な仮説は以下のものになる．

　　仮説：分裂議会では一致議会と比較して，閣法提出者は抑制的な立法行
　　　　　動をとる．

本書においては，この仮説を，①閣法の選別，②閣法の根回し，③閣法の国会提出という三つの側面から検証していく．以下では，それぞれの行動に関する，より具体的な仮説についても簡単に触れておきたい．

第一は，内閣および各省庁による閣法の選別に関する仮説である．ここでとくに焦点をあてるのが，閣法提出者それ自身が重要度を高く設定する重要法案である．一致議会に比べて立法コストが相対的に高くなっている分裂議会においては，重要法案を一致議会の場合とおなじように準備して国会に提出しても，その共倒れを招く可能性が高まるため，閣法提出者は重要法案のなかでも優先的に成立をはかるべきもの以外については極力，その立法コストを減らしたいというインセンティブをもつ．それゆえ，分裂議会においては，内閣および各省庁は事前の段階において，国会に提出すべき重要法案を選別し，優先順位がそれほど高くないものについてはその件数を量的に絞り込むであろう．

第二は，各省庁の官僚による閣法の根回しに関する仮説である．各省庁の官僚は担当する閣法の国会審議に関係するアクターに対して，日常的かつ組織的に根回しを行っているが，ここで検証されるべきは根回しにおける与野党の位置づけである．すなわち，分裂議会においては，与党だけでなく，野党からも法案に対する支持を取りつける必要があるため，官僚は野党に対する根回しも与党と同様に重視せざるを得ない．それゆえ，一致議会において与党を特別視していた官僚も分裂議会においては野党にも十分配慮した根回しを行うようになるであろう．

第三は，内閣による閣法の国会提出に関する仮説である．これについて

も，分裂議会においては事前に重要法案の件数が選択的に絞り込まれるという仮説に従うならば，つぎのように考えることができる．すなわち，内閣は優先順位の高い重要法案の成立を第一に考えるため，その国会審議に支障をきたす恐れのある法案については，たとえ事前に準備を整えていたとしても，最終的にその法案の国会提出を断念することに躊躇しないであろう．それゆえ，分裂議会においては，国会に提出されることなく，国会前過程に潜在化する法案が一致議会と比較して増加するであろう．

3　本書の仮定

　本書ではここで提示した仮説の検証を行うにあたって，つぎの三つの仮定を分析の前提におく．

　第一は閣法提出者の一体性である．閣法提出者とは，本書における基本的な分析概念のひとつであり，具体的には閣法を国会に提出する内閣だけでなく，その原案を作成するとともに関係各所に対する根回しを担当する各省庁もそれに含める．いうまでもなく，両者はそれぞれ存立基盤が異なっているために，独自の政策選好をもち，相反する行動をとることがありうる．理念的な議院内閣制のもとでは，国会の多数を占める与党の支持のうえに内閣が成立し，内閣が行政各部を指揮監督して国政運営を行うという連鎖的な関係が想定されているが（飯尾 2007; 川人 2015），日本では基本的に内閣と与党とが政策決定において二元的な関係にあるだけでなく，内閣が必ずしも行政各部を意のままにコントロールできているとはかぎらない．また，そもそも両者を単一的なアクターとして捉えることにも注意が必要となる．とくに各省庁については，それぞれ異なる利害を有しており，閣法の準備においても省庁間の調整が必要となることはさきに確認したとおりである．

　しかし，内閣および各省庁は複雑な利害関係を内包しながらも，閣法の成立という共通の目標をもって，その国会審議に臨んでいる．それは閣法を批判的な立場で捉え，ときにその成立を妨げることによって利益を得る野党とは対照的である．それゆえに，本書では内閣と各省庁は閣法の国会通過のために一体的に行動するという仮定のもとに分析を進める．

　第二は与党・野党の一体性である．これは与党を構成する政党と，野党を構成する政党とはそれぞれ一体的に行動するという仮定である．1993年8

月に細川連立政権が発足したことによって，自民党の長期単独政権に終止符が打たれて以降，日本では基本的に複数の政党の連立によって政権が担われており，本書の分析対象期間においても与党は単一ではない．また，分裂議会において野党が参議院の多数を占めているというときでも，それは単一の野党による多数ではなく，複数の野党による多数を指す．そこで，議論の単純化のためにも与党・野党の一体性という仮定をおくが，各政党はそれぞれ独自の政策選好をもつとともに，基本的には有権者の支持獲得をめぐって競争関係にある．また，政党間には内閣が制度的に行政各部を統制しうるような権力関係も存在しない．

　しかし，与党はそれを構成するかぎり，基本的にはともに内閣を支える立場にあり，国会では閣法の成立をめざして野党との折衝にあたるのに対して，野党もまたそれが複数であっても，基本的にはともに内閣に対して批判的な立場をとる．そうした内閣に対する与野党の基本的なスタンスの違いに鑑みて，本書では与党と野党とはそれぞれ一体的に行動するとの仮定のもとで分析を進める．

　第三は多数派の主導性である．これは両議院の意思決定はそれぞれの多数を占める政党もしくは政党連合によって主導されるという仮定である．近年の議会研究では，与党によって多数主義的な議事運営が行われていることが主張されており（Cox and McCubbins 1993; 2005; Cox, Masuyama and McCubbins 2000; 増山 2003; 川人 2005），本書でもそれを仮定としておくことによって，国会の影響力とは何を意味するのかを明確にすることができる．すなわち，その影響力とは国会の権能を行使しうる多数派の影響力とみなすことができ，参議院についてもやはりその多数派が参議院の制度的な影響力を行使すると考える．次章以降の実証分析では，分裂議会において参議院が閣法提出者の行動に黙示的な影響をおよぼしていることを明らかにしていくが，この仮定に立てば，それはとりもなおさずその多数派たる野党が閣法提出者に対して黙示的な影響力を行使していることを意味する．

第3章

分裂議会における閣法の選別

　本章では，分裂議会の発生が内閣および各省庁による閣法の選別にどのような影響をおよぼすのかを検証する．前章において考察したように，分裂議会の発生が閣法提出者にとって立法的なコストの増大をもたらすとするならば，それは閣法提出者が分裂議会において成立をはかることのできる法案が一致議会と比較して量的，質的に制限されることを意味する．そこで重要な意味をもつのが国会において優先的に成立をはかるべき法案の選別である．

　そうした選別は分裂議会における閣法の立法的帰結を大きく左右すると考えられると同時に，分裂議会そのものに対する評価にも密接に関連する問題であるといえる．すなわち，分裂議会の発生が閣法の生産性にどのような影響をおよぼすのかというとき，しばしば注目されるのは閣法の国会への提出件数や成立件数などであるが，分裂議会を評価するうえで考慮されるべきはそうした集計的な側面よりも，むしろどのような法案の推進が分裂議会の発生によって影響を受けるのかという側面である．とりわけ，閣法提出者が閣法のなかでも相対的に重要度を高く設定する重要法案の生産性が分裂議会においても維持されるのかということは，その評価に直結する重要な問題である．したがって，本章では閣法提出者がどのような法案を重要法案として選別しているのかを把握したうえで，その準備状況を一致議会と分裂議会とで比較するとともに，分裂議会の発生が重要法案の推進にいかなる影響をおよぼすのかを明らかにする．

　以下，第1節では重要法案の位置づけを明確にするため，閣法をその重要度と緊急度とに応じて概念的に類型化する．第2節では閣法提出者が分裂議会において重要法案をどのように選別するのかに関する仮説を提示したうえ

で，その検証方法について述べる．第3節では分裂議会において閣法提出者が重要法案を選択的に絞り込んでいることを示したうえで，どのような重要法案が絞り込みの対象となったのかを明らかにする．第4節では閣法提出者によって選別された法案がいかなる立法的帰結を迎えたのかを確認し，分裂議会の発生が閣法の生産性におよぼす影響について考察する．第5節では本章の分析によって得られた知見をまとめる．

1 閣法の類型化

　分裂議会の発生が政治的な停滞をもたらすのかという問題は日本にかぎらず，分裂議会とおなじく権力分立的な政治状況である分裂政府を経験しているアメリカにおいても重要な研究課題とされてきた．アメリカではとくに1970年代以降，大統領の所属政党と上下両院の少なくともひとつの多数を占める政党とが異なる分裂政府が常態化するなかで，それに関する数多くの理論的，実証的な研究が発表されており，分裂政府の発生がどのような立法的帰結をもたらすのかについても活発な論争がつづいてきた[1]．たとえば，分裂政府が立法的な停滞を招来すると主張する研究に対して（Sundquist 1986; Coleman 1999），メイヒューは新聞記事などにもとづいて独自に重要法案を抽出し，その成立状況を，大統領の所属政党と上下両院の多数派を構成する政党とがおなじ「一致政府（unified government）」の議会期と比較したところ，成立率に有意な差は認められないことを示し，分裂政府の発生が必ずしも立法上の停滞をもたらすとはかぎらないと主張する（Mayhew 2005）．

　メイヒューの研究に対しては，後述するように重要法案の選定方法などに方法論的な問題があるといわざるを得ないものの，日本の分裂議会を評価しようというときでも，重要法案に焦点をあてることはきわめて重要である．なぜなら，おなじく内閣によって国会に提出される法案であっても，集団的自衛権の限定的な行使を可能にする安全保障関連法案（2015年常会）や，消費税率の引き上げを柱とする社会保障・税一体改革関連法案（2012年常会）など，国家のあり方や市民の日常生活に大きな影響をおよぼす法案がある一

1　アメリカの分裂政府に関する研究動向については，武田（1992）や廣瀬（2004：第7章）が詳しい．

方で，外務省によって所管され，ほぼ毎年の常会に提出される在外公館名称位置給与法案（在外公館の名称及び位置並びに在外公館に勤務する外務公務員の給与に関する法律案）のように，行政事務的な内容を規定するにとどまる法案も数多く存在するなど，法案によって社会におよぼすインパクトには大きな差異があるからである．それゆえ，閣法を無差別に観察するのではなく，適切な分類を施したうえで分析を行うことが，分裂議会の社会的な意味を考察するうえでも重要となる．

また，閣法の社会的な重要性が必ずしも閣法提出者にとっての重要性と等しいわけではないことに留意が必要であるが，閣法提出者としてもその政策選好や利害にもとづいて閣法の重要度に高低差を設けていると考えられる．とりわけ，閣法提出者にとって，自身が重視する法案をどれだけ国会において成立させることができるかは，単にその満足度を左右するだけでなく，法案の成立を通じて有権者の支持を獲得することができれば，政権の維持をはかるという観点からも重要になる．

そこで，本章では閣法のなかでもとくに重要法案を差別化し，閣法提出者が分裂議会においてどのような法案を重要法案として選別しているのかを把握するとともに，分裂議会の発生によって重要法案の生産性にいかなる変化が生じるのかを検証する．それにあたっては，まず閣法を概念的に類型化し，重要法案の位置づけを明確にしておく必要がある．ここでは，重要法案を閣法提出者それ自身が閣法のなかでも相対的に重要度を高く設定する法案として定義するが，閣法提出者の観点に立つならば，重要法案を一括りに捉えることには明らかに問題がある．それは閣法提出者にとって重要度が高いと思われる法案のなかにも，たとえば毎年の予算を編成するうえで不可欠となっている赤字国債を発行するための特例公債法案や2，毎年の税制改正の裏づけとなる税制関連法案など，国政の担当者として，ある期日までに成立さ

2　ただし，2012年11月に民主，自民，公明の三党合意によって，2012年度から2015年度までの各年度において，国会の議決を経た金額の範囲内で赤字国債を発行することができるとする法案（財政運営に必要な財源の確保を図るための公債の発行の特例に関する法律案）が成立したため，2013年から2015年までの常会に特例公債法案は提出されていない．また，2016年常会においてその改正法案が成立し，2016年度から2020年度までの各年度についても赤字国債を発行することが可能となった．

せなければならない法案が存在するからである．

したがって，閣法の類型化には，閣法の重要度だけでなく，その時間的な緊急度も同時に考慮する必要がある．図3-1は重要度と緊急度とをそれぞれ軸にとり，閣法を四つに類型化している．すなわち，閣法提出者にとって重要度が高い法案でも緊急度に応じて，「優先重要法案」と「劣後重要法案」とに区別する．前者は重要度，緊急度ともに高い法案を，後者は重要度は高いが，緊急度が低い法案をそれぞれ指す．さきに例としてあげた特例公債法案と安全保障関連法案とがいずれも重要法案であるとすれば，前者は優先重要法案に，後者は劣後重要法案にそれぞれ該当する．これと同様に，重要度が低い法案についても，その緊急度に応じて「優先一般法案」と「劣後一般法案」とに区別する．前者は重要度は低いが，緊急度が高い法案を，後者は重要度，緊急度ともに低い法案をそれぞれ指す．さきに例示した在外公館名称位置給与法案については，それが一般法案であるとしても，予算執行の裏づけとなる，いわゆる予算関連法案であり，特定の日までに成立しなけれ

図3-1　閣法の四類型

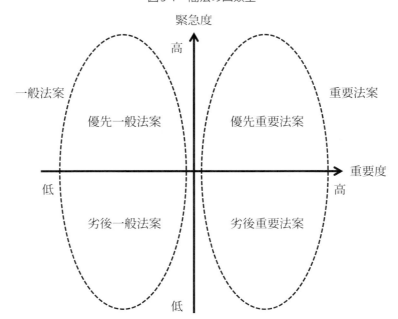

ば，行政運営上の支障が生じる法案であると考えられるため，優先一般法案に位置づけられる．

　本章では，内閣および各省庁が実際に国会提出に向けて準備した閣法を網羅的に把握したうえで，それを四つの類型に分類し，分裂議会の発生が閣法提出者による重要法案の選別にどのような影響をおよぼすのかを明らかにする．また，四つの分類に従って法案の国会審議結果を確認し，分裂議会の発生が閣法の生産性にどのような影響を与えるのかに関するより精確な理解を得る．

2　仮説とその検証方法

2.1　本章の仮説

　分裂議会の発生は閣法提出者としての内閣および各省庁による閣法の選別にどのような影響をおよぼすのであろうか．これを考えるうえで，振り返っておく必要があるのは，分裂議会の発生が閣法提出者の立法的なコストを増大させるということである．すなわち，分裂議会においては衆議院において三分の二以上の多数派が形成されないかぎり，参議院という拒否点において野党が拒否権を行使する拒否権プレイヤーになるため，閣法を成立させるには，与党に加えて野党からもそれに対する同意を得ることが不可欠になる．そもそも日本の国会が時間的な制約のもとにあることを考慮するならば，野党との合意に至るまでに要する交渉コストの追加は国会のスケジュールをさらに窮屈なものにする．このことは，一致議会の場合と比較して，分裂議会においては閣法提出者が国会において成立をはかることのできる法案が量的，質的に制限されることを意味する．

　その一方で，閣法提出者は一致議会か分裂議会かという国会状況にかかわりなく，国政の担当者として，毎年の国会において成立させなければならない法案を一定数抱えている．さきの類型でいえば，優先重要法案と優先一般法案とがそれに該当するが，分裂議会において閣法提出者はそれらの成立を確実なものにするため，そのほかの立法的な負担を極力少なくしたいというインセンティブをもつ．とくに重要法案のなかには与野党対立を引き起こす論争的な法案も少なからず存在すると考えられるため，閣法提出者がその思

いのままに重要法案を準備し国会へ提出するようなことをすれば，それらの共倒れを招く可能性が高まるばかりか，特定の日までに成立させなければならない法案の国会審議にも悪影響をおよぼしかねない．このように考えるならば，本章の仮説は以下のものになる．

　　　仮説：分裂議会では一致議会と比較して，閣法提出者は重要法案の準備件数を選択的に絞り込む．

　具体的には，分裂議会において絞り込みの対象となる重要法案は緊急度の低い劣後重要法案であり，一方で優先重要法案については分裂議会においても一致議会の時期と同程度の件数が国会提出に向けて準備されると予想される．また，この観点からは重要度の低い一般法案であっても，優先一般法案については優先重要法案と同様に，分裂議会においてもその件数が絞り込まれることはないと考えられる．

　分裂議会において，実際に上記の仮説のような閣法の選別が行われるとすれば，国会における重要法案の成立率はそれほど大きく低下しないことが予見される．しかし，それは閣法提出者としての内閣および各省庁が参議院の多数を占める野党の意向を忖度して，重要法案として選別する法案を絞り込んだ結果にほかならず，分裂議会が発生しても重要法案の生産性に影響はないとはいえないことに留意が必要である．しかも，分裂議会において絞り込みの対象となるのが，いずれの内閣においても国政の担当者として成立させることが求められる優先重要法案ではなく，劣後重要法案の方であるとすれば，分裂議会の発生は閣法提出者としての内閣および各省庁，あるいは与党が独自に追求する重要政策の実現に深刻な影響をおよぼすといわざるを得なくなる．

2.2　閣法の分類方法

　本章の仮説を検証するうえで何よりも重要であるのは，閣法提出者としての内閣および各省庁が事前に準備する法案の把握とその分類である．そのなかで，とくに難しい課題であるのが，閣法のなかでも閣法提出者が重要度を高く設定する重要法案をどのように特定するのかということである．先行研究においても，さまざまな手段で重要法案の抽出が試みられているが，その

ほとんどは新聞記事や国会事務局が作成した資料にもとづいて重要法案を特定するというものである．たとえば，福元は法案の重要度を衆議院・参議院編『議会制度百年史 国会史』（大蔵省印刷局，1990年）の記述に応じて，①「第1章概説」の「国会の活動」の欄において言及された法案を「重要法案」，②「法律案」の章において「主な法律案」として紹介された法案（上記の「重要法案」はのぞく）を「準重要法案」，③いずれにも該当しない法案を「非重要法案」としている（福元 2007: 190-191）[3].

しかし，その方法論的な問題は，論争的あるいは重要であったと観察者によって，しかも事後的に判断された法案を重要法案としているところにあり，そこに観察者の主観が入り込むことはいうまでもない．ここで重要なことは，閣法提出者それ自身がどの法案を重要法案と認識していたのかであるが，それを知るための一次資料が内閣官房の内閣総務官室によって編集されている．内閣総務官室は内閣の事務部局として，国会との連絡調整にあたり，内閣が国会に予算や法案を提出する際にはその窓口の役割を果たす．毎年の常会にあたっては，国会の召集をまえに内閣総務官室の長たる内閣官房内閣総務官の名において各省庁に対し国会に提出を予定する法案について照会を行い，その回答を省庁別にまとめている[4].それがここでの仮説検証に用いる「内閣提出予定法律案等」であり[5]，そのなかの「法案提出時期調」（以

3　竹中（2005）もまた福元の分類方法に依拠しつつ，「『朝日新聞』が各国会の会期末に成立した法案として紹介している法案」も重要法案のなかに加えている（114）.

4　各省庁に対する内閣総務官の法案照会は常会が召集される1ヵ月ほどまえに行われ，それに対する各省庁の回答は召集の半月ほどまえにあるのが通常である．その一例として，2006年1月20日に召集された常会（第164回国会）についてみると，内閣総務官は2005年12月16日に各省庁に対して法案の照会を行っており（内閣閣第201号），それに対して，たとえば財務省は大臣官房文書課長の名において翌年の1月4日に回答を寄せている（財文第367号）.

5　本資料は一般に公開されている資料ではないが，行政機関の保有する情報の公開に関する法律（平成11年5月14日法律第42号）にもとづき，内閣官房内閣総務官に対して資料の開示請求を行い，以下のとおり，開示の決定を受けた．自公政権のもとにおける2000年常会から2009年常会までの資料については，2011年3月31日請求受付，同年4月7日開示決定（閣総第305号）.民主党政権のもとにおける2010年常会と2011年常会の資料については，2011年5月16日

下、「時期調」という)には、法案ごとに予算関連法案か否かが明示されたうえで6、提出関係7、法案規模8、他省庁関係9、与党関係10、閣議決定希望日11、法制局審査希望時期、そして留意事項についての記載がある12。とりわけ、留意事項の欄には貴重な情報が記されており、たとえば、2001年の常会からは重要法案であるか否か、そして重要法案であるならば、その重要たる理由なども場合によっては具体的に記述されるようになった。また、年度内に成立しない場合、国民生活などに多大な影響があるとされる法案については「日切れ法案」、それに準じるとされる法案については「日切れ扱い法案」と

　　請求受付、同年5月24日開示決定(閣総第391号)、2012年常会については、2012年3月5日請求受付、同年3月19日開示決定(閣総第211号)。また、自公政権のもとにおける2013年常会および2014年常会については、2014年1月26日請求受付、同年1月31日開示決定(閣総第53号)、2015年常会については、2015年3月4日請求受付、同年3月6日開示決定(閣総第122号)、2016年常会については、2016年1月26日請求受付、同年2月23日開示決定(閣総第82号)。

6　予算関連法案とは、「それが制定されなければ予算及び予算参照書に掲げられた事項の実施が不可能であるもの」とされており、※印がつけられていることから「※印法案」(コメジルシ法案)とも呼ばれる。予算関連法案とそのほかの法案との区別については、昭和36年12月16日内閣閣甲第83号「予算関係法律案の区別等について」に詳しい。

7　当欄には、提出確定の法案については「A」(A法案)、提出予定の法案については「B」(B法案)、提出するかどうか検討中の法案については「C」(C法案)と、それぞれ記入するように指示されている。

8　当欄には、条文が50条以上であるなら「大」、49条以下20条以上であるなら「中」、20条未満であるなら「小」と記入するように指示されている。

9　当欄には、関係省庁名を記入したうえで、調整が容易なものは「易」、困難なものは「難」と記入するように指示されている。

10　当欄には、与党との調整が容易なものは「易」、困難なものは「難」と記入するようにされ、また与党要望の有無、常任委員会の決議等の有無についても記載するように指示されている。

11　希望日が特定できない場合でも、希望時期(○月上・中・下旬)を必ず記入するように指示されている。このことは、国会のスケジュール管理がいかに重要であり、内閣の側もそれに細心の注意を払っていることを示すものといえる。

12　福元(2007)では、閣法提出手続きの歴史的分析に本資料が活用されている(86-89)。

の記載がみられる13.

　表3-1は2005年常会に小泉内閣が提出した郵政民営化関連法案を例に
とって，それが「時期調」にどのように記されているのかをまとめたもので
ある．それによると，本法案は予算関連法案ではないが，国会への提出が確
定していることを意味する「A」の法案（A法案）とされ，留意事項の欄には
それが重要法案であることが明記されている．また，郵政民営化関連法案
は計6件（郵政民営化法案，日本郵政株式会社法案，郵便事業株式会社法案，
郵便局株式会社法案，独立行政法人郵便貯金・簡易生命保険管理機構法案，
郵政民営化法等の施行に伴う関係法律の整備等に関する法律案）の法案から
成っているため，法案規模は条文が50条以上あることを意味する「大」と
され，他省庁関係においても金融庁，総務省，財務省など，多くの省庁の所
管分野に関係している．ほかの省庁との調整については，それが容易である
ことを意味する「容」とされる一方で，与党との調整は郵政民営化をめぐる

表3-1　「法案提出時期調」の形式

予算関係	件名	提出関係	法案規模	他省庁関係	与党関係	閣議決定希望日	法制局審査希望時期	留意事項
	郵政民営化関連法律案（仮称）	A	大	金，総，財等各府省容	困	3月上旬	1月上旬	重要法案（郵政民営化関連法案であるため）一括審議要望（郵政民営化関連法案として一括して審議する必要があるため）

注：郵政民営化関連法案の主管省庁は内閣官房であり，記載内容には変更を加えていない.
出典：内閣官房「法案提出時期調」（2005年常会）より抜粋.

──────────────
13　より具体的には，日切れは「3月中に現行法が失効するもの」，日切れ扱いは
「法律案の性格上，3月末までに成立しないと実質的に支障を生ずるもの」とさ
れている．また，そのほかに期限切れ（法案）というものもあり，それについては
「4月以降（会期中）の特定の時期までに成立しないと支障を生ずるもの」とされ
ている.

74

小泉首相と一部の自民党議員との深刻な対立を踏まえて，与党関係の欄には調整が困難であることを指す「困」と記されている．

　ただし，このような「時期調」の形式は毎年おなじというわけでなく，とくに2009年9月の政権交代後に召集された2010年常会からは以下の二つの点において大きな変更がみられる．第一に，与党関係の欄が姿を消した．これは，自民党政権下における与党の事前審査制を強く批判してきた民主党が，政権を獲得したのちに小沢一郎幹事長の強い意向もあって，党政調（部門会議）を廃止したことに原因があるものと思われる14．第二に，法案の留意事項において，重要法案であることを直接的に示す記述がなくなった15．それまで申告制であるとはいえ，「時期調」において重要法案か否かの政治的な判断を各省庁が独自に行っていたことを考えると，これについても「官僚主導」から「政治主導」による政策立案を訴えた民主党政権の意向が反映しているといえるのかもしれない16．しかし，いずれにしても，本章では重要法案の特定が仮説を検証するうえできわめて重要な意味をもつため，このことは分析上の大きな障害となる．そこで，民主党政権以降については，常会またはそれに代わる特別会の冒頭において，首相が内閣の基本方針や政策などを述べる施政方針演説のなかで，直接的あるいは間接的に言及された法案を，閣法提出者それ自身が重要度を高く設定する重要法案とみなすことにする．ただし例外的に，2001年常から2009年常会までの「時期調」の留意事項の欄に「従来から重要法案として扱われている」と記載されるなど，毎年，重要法案に指定されている法案については，施政方針演説において触れられていなくても重要法案に含める．

14　さきにも指摘したように，民主党の政調は2010年6月に鳩山首相の後任となった菅首相があらたな民主党執行部を発足させるにあたって復活しているが，菅内閣において政調会長となった玄葉光一郎は内閣府特命担当大臣も兼ねて入閣している一方で，つづく野田内閣において政調会長となった前原誠司からは閣僚を兼務していない．なお，民主党政権のもとにおける政策決定の一元化の試みとその挫折については，飯尾（2013）が詳しい．

15　金融庁については唯一，民主党政権のもとにおいても留意事項の欄にどの法案が重要法案であるのかを明記したうえで，その理由についても詳細に記述していたが，2013年の常会以降は重要法案に関する言及を行っていない．

16　重要法案に関する記載については，2012年12月の政権交代によって自民・公明両党が政権に復帰したのちも確認されていない（2016年常会時点）．

以上のように，「時期調」の形式にはときに大きな変更が加えられることもあるが，内閣および各省庁が国会召集前の段階においてどのような法案を準備し，またそれぞれの法案についてどのような認識をもっていたのかを知るうえで，その一次資料としての価値はきわめて高いといえる．したがって，本章では「時期調」，およびそれに記載がない時期については首相演説にもとづいて重要法案を抽出したうえで，同時に「時期調」において日切れ，日切れ扱い，期限切れの法案として，成立期限が設けられているものを優先重要法案とみなして，それに関する記載のない劣後重要法案と区別する．また，重要法案に指定されていない一般法案に関しても，そうした成立期限が設けられている法案を優先一般法案とみなして，そのほかの劣後一般法案と区別する．

3　分裂議会における重要法案の準備状況

分裂議会の発生によって，実際に閣法提出者による重要法案の準備にはどのような変化が生じているのであろうか．表3-2は国会召集前における優先重要法案，劣後重要法案，優先一般法案，劣後一般法案の準備状況を一致議会と分裂議会とに分けて報告している．まず優先，劣後の区別なく重要法案の件数を集計的にみたとき，2007年7月に発生した分裂議会においては重要法案の件数がその直前の一致議会の時期と比較して少なくなっていることが確認される．具体的には，2001年から2007年までの一致議会においては基本的に20件以上の法案が重要法案として選別されているのに対して（平均値は24.7）[17]，分裂議会下での2008年常会ではそれが16件，さらに2009年常会では14件となっている．また，これを事前に準備された全法案に占める割合でみたときも，一致議会においては重要法案が概ね2割以上を占めているのに対して，分裂議会においては2008年常会，2009年常会でそれぞれ17.6%，17.5%となって比重が低下している．

17　2000年常会に関しては，1999年10月に分裂議会が終結して一致議会になっているものの，2001年から2007年までの一致議会のように，「時期調」において重要法案に関する直接的な言及がないため，ここでの分析からは除外している．

表3-2　一致議会と分裂議会における閣法の準備状況

常会(政権)		重要法案						一般法案						計
		優先	%	劣後	%	小計	%	優先	%	劣後	%	小計	%	
一致	2001 （自公）	6	5.3	10	8.8	16	14.0	18	15.8	80	70.2	98	86.0	114
	2002 （自公）	7	6.7	21	20.0	28	26.7	8	7.6	69	65.7	77	73.3	105
	2003 （自公）	8	6.4	24	19.2	32	25.6	18	14.4	75	60.0	93	74.4	125
	2004 （自公）	6	4.2	20	14.1	26	18.3	17	12.0	99	69.7	116	81.7	142
	2005 （自公）	6	5.8	16	15.5	22	21.4	14	13.6	67	65.0	81	78.6	103
	2006 （自公）	6	6.0	19	19.0	25	25.0	16	16.0	59	59.0	75	75.0	100
	2007 （自公）	9	8.8	15	14.7	24	23.5	14	13.7	64	62.7	78	76.5	102
分裂	2008 （自公）	8	8.8	8	8.8	16	17.6	13	14.3	62	68.1	75	82.4	91
	2009 （自公）	7	8.8	7	8.8	14	17.5	9	11.3	57	71.3	66	82.5	80
一致	2010 （民主）	10	13.0	16	20.8	26	33.8	11	14.3	40	51.9	51	66.2	77
分裂	2011 （民主）	9	10.6	20	23.5	29	34.1	8	9.4	48	56.5	56	65.9	85
	2012 （民主）	9	8.7	16	15.5	25	24.3	10	9.7	68	66.0	78	75.7	103
	2013 （自公）	5	5.3	9	9.6	14	14.9	12	12.8	68	72.3	80	85.1	94
一致	2014 （自公）	6	6.9	21	24.1	27	31.0	7	8.0	53	60.9	60	69.0	87
	2015 （自公）	6	7.6	23	29.1	29	36.7	9	11.4	41	51.9	50	63.3	79
	2016 （自公）	9	14.8	16	26.2	25	41.0	6	9.8	30	49.2	36	59.0	61

注1：％は事前に準備された全法案に占めるそれぞれの法案の割合を示す.
注2：2005年常会の「時期調」では，劣後重要法案に分類される郵政民営化関連法案計6件を，「郵政民営化関連法律案(仮称)」として一括的に表記しているが，ここではそれを1件ではなく6件とかぞえている．また，2015年常会の「時期調」では，劣後重要法案に分類される安全保障関連法案2件を，「未定(「国の存立を全うし，国民を守るための切れ目のない安全保障法制の整備について」(平成26年7月1日閣議決定)に基づく安全保障法制の整備に関する関連法案)」として一括的に表記しているが，ここではそれを1件ではなく2件とかぞえている.
注3：2007年常会では，文部科学省が教育再生関連法案計3件(学校教育法改正・地方教育行政法改正・教育職員免許法等改正)を「重要法案となる可能性がある(理由：政府・与党の重要政策に係るものであるため.)」としているが，それについては重要法案に含めていない.
出典：内閣官房「法案提出時期調」(2001年常会～2016年常会)をもとに筆者作成.

　ただし，2001年の常会のように，一致議会であっても分裂議会の場合と同程度の件数しか重要法案が準備されない年もあることに注意が必要となる．これについては，その年の夏に参議院選挙が控えていたために，国会の会期を延長することが難しく，日程的な制約が大きかったことが重要法案の絞り込みを促したともいえるが，いずれにしても，重要法案の絞り込みには分裂議会以外の要因も考えられる．また，ここで対象としている一致議会における重要法案の平均的な件数は，そのサンプル数が7年分と少ないために，一部の特異な常会の数値によって大きく影響され，その代表値とはなり得ない可能性がある．そこで，一致議会における重要法案件数の中央値を探すと，それは2006年常会の25件となる．2006年は補欠選挙をのぞけば国政選挙が実施されなかった年にあたり，またその前年の常会に提出された郵

政民営化関連法案のように，内閣の存立にかかわるような重要法案も存在しない常会であった．そうした意味において，2006年常会が2007年7月に分裂議会が発生する以前の一致議会を代表する常会であるとすると，その数値と比較した場合でも，分裂議会における重要法案の件数は10件ほど少ないといえる．

その一方で，2010年7月に発生した分裂議会については，民主党政権と自公政権とで異なる対応が示されている．すなわち，一致議会下の2010年常会において民主党政権は26件の法案を重要法案として準備しているが，分裂議会となってからも2011年常会において29件，2012年常会においては25件の法案をそれぞれ重要法案に選別しており，分裂議会の発生が閣法提出者に重要法案の量的な絞り込みを促した形跡はみられない．ただし，2012年の常会に関しては，前年の常会に重要法案として提出され，審議未了によって廃案となった3件の法案がふたたび重要法案として準備されていること[18]，また2011年3月に発生した東日本大震災に対処するための震災関連法案が5件，重要法案のなかに含まれていることを考慮するならば[19]，それら以外の重要法案の件数は17になり，多少なりとも重要法案の絞り込みが行われていることが示唆される．

それに対して，自公政権はこの分裂議会においても明確な対応をとっている．すなわち，2013年常会において自公政権は14件の法案を重要法案に選別しているに過ぎず，その全準備法案に占める割合も14.9％であり，2007年7月に発生した分裂議会の時期と同水準になっている．それが2013年7月の参議院選挙によって分裂議会が終結すると，2014年常会において27

18　具体的には，いずれも内閣府本府が主管する，①子ども・子育て支援法案，②総合こども園法案，③子ども・子育て支援法及び総合施設法の施行に伴う関係法律の整備等に関する法律案を指す．なお，法案名は「時期調」に記載されているとおりとしている．

19　具体的には，内閣官房が主管する，①福島復興再生特別措置法案，②原子力の安全の確保に関する組織及び制度の改革を推進するための環境省設置法等の一部を改正する法律案，③原子力安全調査委員会設置法案，内閣府本府が主管する，④災害対策基本法等の一部を改正する法律案，総務省が主管する，⑤東日本大震災に対処するための平成二十三年度分の地方交付税の総額の特例等に関する法律の一部を改正する法律案を指す．ここでも法案名は「時期調」のとおりとしている．

件，2015年常会において29件，そして2016年常会においては25件の法案がそれぞれ重要法案として選別され，全準備法案に占める割合もそれぞれ31.0%，36.7%，41.0%に上昇している．このことは分裂議会の終結に伴って閣法提出者による重要法案の準備が積極的なものに変化していることを示しており，そのことからも閣法提出者が分裂議会において慎重に重要法案を選別していたことが推論される．

　ここまでは集計的に重要法案を捉えてきたが，ここからは重要法案を優先，劣後に分けてみることで，どのような重要法案が分裂議会において絞り込みの対象となったのか，あるいは逆にどのような重要法案については分裂議会においても一致議会と同様に重要法案として選別されたのかを確認する．まず，重要法案のなかでも緊急度が高い優先重要法案については，分裂議会においてもその件数に大きな減少はみられない．2013年常会に関しては，それが前年の常会の9件から5件になっているが，前年とは政権が異なっていることに注意が必要であり，またその翌年の一致議会下の常会でも優先重要法案は6件にとどまっていることから，とくに少ない数とはいえない．

　それでは，具体的にどのような法案が優先重要法案に該当しているのかを示したのが表3-3である．そこには具体例として，2007年7月と2010年7月における分裂議会の発生を挟むかたちで，2006年常会から2012年常会までの優先重要法案の一覧をあげており，総務省が主管する2件の法案，すなわち，①地方税法等の一部を改正する法律案，②地方交付税法等の一部を改正する法律案，および財務省が主管する3件の法案，すなわち，①公債の発行の特例等に関する法律案（特例公債法案），②所得税法等の一部を改正する法律案，③関税定率法等の一部を改正する法律案については，毎年の常会において優先重要法案として準備されていることが確認される[20]．このことは税制改正や歳入の裏づけとなる法案については国政の担当者であれば，一致，分裂という国会状況にかかわりなく，また自公政権，民主党政権という政権の別なく，毎年の国会において成立させなければならない法案であることを示している．

20　2012年常会に関しては，租税特別措置法等の一部を改正する法律案のなかに所得税法の一部改正が含まれている．

第 3 章　分裂議会における閣法の選別　79

表3-3　優先重要法案の具体例

常会	件名	主管省庁
2006	地方税法等の一部を改正する法律案	総務
	地方交付税法等の一部を改正する法律案	総務
	平成18年度における財政運営のための公債の発行の特例等に関する法律案	財務
	国有林野事業特別会計法の一部を改正する法律案	財務
	所得税法等の一部を改正する等の法律案	財務
	関税定率法等の一部を改正する法律案	財務
2007	地域再生法の一部を改正する法律案	内閣官房
	構造改革特別区域法の一部を改正する法律案	内閣官房
	イラクにおける人道復興支援活動及び安全確保支援活動の実施に関する特別措置法の一部を改正する法律案	内閣官房
	地方税法の一部を改正する法律案	総務
	地方交付税法等の一部を改正する法律案	総務
	特別会計に関する法律案	財務
	平成19年度における財政運営のための公債の発行の特例等に関する法律案	財務
	所得税法等の一部を改正する法律案	財務
	関税定率法等の一部を改正する法律案	財務
2008	地方税法等の一部を改正する法律案	総務
	地方法人特別税等に関する暫定措置法案	総務
	地方交付税法等の一部を改正する法律案	総務
	平成20年度における公債の発行の特例に関する法律案	財務
	所得税法等の一部を改正する法律案	財務
	関税定率法等の一部を改正する法律案	財務
	電子情報処理組織による税関手続の特例等に関する法律の一部を改正する法律案	財務
	道路整備費の財源等の特例に関する法律の一部を改正する法律案	国土交通
2009	地方税法等の一部を改正する法律案	総務
	地方交付税法等の一部を改正する法律案	総務
	財政運営に必要な財源の確保を図るための公債の発行及び財政投融資特別会計からの繰入れの特例に関する法律案	財務
	所得税法等の一部を改正する法律案	財務
	関税定率法等の一部を改正する法律案	財務
	国民年金法等の一部を改正する法律等の一部を改正する法律案	厚生労働
	道路整備事業に係る国の財政上の特別措置に関する法律等の一部を改正する法律案	国土交通
2010	政府の政策決定過程における政治主導の確立のための内閣法等の一部を改正する法律案	内閣官房
	国家公務員法等の一部を改正する法律案	国家公務員制度改革推進本部・内閣府
	地方税法等の一部を改正する法律案	総務
	地方交付税法等の一部を改正する法律案	総務
	平成22年度における財政運営のための公債の発行の特例等に関する法律案	財務
	所得税法等の一部を改正する法律案	財務
	関税法及び関税暫定措置法の一部を改正する法律案	財務
	公立高等学校に係る授業料の不徴収及び高等学校等就学支援金の支給に関する法律案	文部科学

表3-3　優先重要法案の具体例（続き）

常会	件名	主管省庁
	平成二十二年度における子ども手当の支給に関する法律案	厚生労働
	雇用保険法等の一部を改正する法律案	厚生労働
2011	中小企業者等に対する金融の円滑化を図るための臨時措置に関する法律の一部を改正する法律案	金融
	地方税法等の一部を改正する法律案	総務
	地方交付税法等の一部を改正する法律案（H23当初法案）	総務
	平成23年度における財政運営のための公債の発行の特例等に関する法律案	財務
	所得税法等の一部を改正する法律案	財務
	関税定率法等の一部を改正する法律案	財務
	公立義務教育諸学校の学級編制及び教職員定数の標準に関する法律の一部を改正する法律案	文部科学
	平成二十三年度における子ども手当の支給に関する法律案	厚生労働
	国民年金法等の一部を改正する法律等の一部を改正する法律案	厚生労働
2012	原子力の安全の確保に関する組織及び制度の改革を推進するための環境省設置法等の一部を改正する法律案	内閣官房
	原子力安全調査委員会設置法案	内閣官房
	沖縄振興特別措置法の一部を改正する法律案	内閣府
	沖縄県における駐留軍用地の返還に伴う特別措置に関する法律の一部を改正する法律案	内閣府
	地方税法及び国有資産等所在市町村交付金法の一部を改正する法律案	総務
	地方交付税法等の一部を改正する法律案	総務
	平成24年度における公債の発行の特例に関する法律案	財務
	租税特別措置法等の一部を改正する法律案	財務
	関税定率法等の一部を改正する法律案	財務

注：件名については，「時期調」に記載されているとおりとしており，実際に国会へ提出されたときの
　　名称とは必ずしも一致しない．
出典：内閣官房「法案提出時期調」（2006年常会〜2012年常会）をもとに筆者作成．

　その一方で，重要法案のなかでも緊急度の低い劣後重要法案については，一致議会と分裂議会とでその準備件数に差異が生じている．ふたたび表3-2によると，民主党政権のもとでは分裂議会が発生しても劣後重要法案の件数は減少していないが，自公政権では一致議会の場合，20件以上の法案が劣後重要法案として準備されることもあったのが，分裂議会ではいずれの常会でもそれが10件未満に抑えられており，全準備法案に占める割合も1割に満たない．このことから，分裂議会における重要法案の絞り込みはもっぱら緊急性を有しない劣後重要法案を対象とするものであったことが窺える．

　こうした緊急度に応じた差別化は重要度の低い一般法案に関してもあてはまるところがある．たしかに，劣後一般法案については一致議会と分裂議会とでその件数の変化に規則性を見出すことはできないが，優先一般法案は全

第3章 分裂議会における閣法の選別　81

表3-4　主管省庁別重要法案件数

常会(政権)	内閣官房	内閣府	総務	法務	外務	財務	文部科学	厚生労働	農林水産	経済産業	国土交通	環境	防衛	その他
一致 2001（自公）	1	0	2	0	0	5	0	2	3	0	0	0	0	3
2002（自公）	1	1	13	2	0	5	0	1	0	2	0	2	0	3
2003（自公）	3	1	7	4	0	3	7	2	1	1	0	0	0	3
2004（自公）	6	0	3	0	0	6	1	1	0	0	0	0	3	6
2005（自公）	8	0	3	1	0	3	1	2	0	0	0	0	0	4
2006（自公）	5	1	4	0	0	6	1	4	0	0	0	1	0	3
2007（自公）	5	0	5	1	0	5	0	4	0	0	0	0	2	2
分裂 2008（自公）	2	0	4	1	0	4	1	0	1	0	0	1	1	2
2009（自公）	1	0	3	1	0	4	0	1	0	1	0	0	0	3
一致 2010（民主）	2	3	3	0	0	3	1	5	2	3	0	2	0	2
2011（民主）	2	5	2	2	0	3	1	5	1	2	0	0	0	6
分裂 2012（民主）	5	7	5	0	0	5	0	2	0	0	0	0	0	1
2013（自公）	0	1	4	0	0	2	0	0	0	4	2	0	0	1
2014（自公）	2	2	4	0	0	3	1	5	2	4	3	0	0	1
一致 2015（自公）	5	2	3	0	0	2	2	7	2	2	3	0	0	1
2016（自公）	3	4	3	0	0	4	2	4	0	2	0	1	0	2
計	51	27	68	12	0	63	17	46	11	20	10	7	5	41

出典：内閣官房「法案提出時期調」（2001年常会〜2016年常会）をもとに筆者作成.

準備法案に占める割合が対象期間を通じて概ね1割台で推移しており，分裂議会においてもその件数が少なくなっているとはいえない．

　では，つぎに分裂議会において絞り込みの対象とされた重要法案がどのような政策分野に属するのかを確認しよう．表3-4は省庁ごとに主管する重要法案の件数を集計しており，それによると，対象期間を通じて重要法案をもっとも多く担当しているのは総務省(68件)であり，財務省(63件)がそれにつづいている．両省はいずれの常会においても優先重要法案として準備される法案を複数，主管する省庁であるため，分裂議会の期間も含めてつねに一定数の重要法案を担当している[21]．総務省と財務省につづいて多くの重要

21　2002年の常会において総務省の主管する重要法案の件数が13件と突出しているのは，毎年の常会に提出される優先重要法案に加えて，個人情報保護関連4法案や郵政公社化関連4法案などが劣後重要法案として準備されていたからである．なお，内閣官房によって担当された個人情報の保護に関する法律案については，2001年の常会に先行して提出されており，上記の個人情報保護関連4法案と併せて2002年常会で継続審査となったのちに一度は2002年の臨時会(第155回国会)において審議未了によって廃案となっているが，2003年常会に再度提出

法案を担当しているのが内閣官房(51件)と厚生労働省(46件)であるが，両省の抱える重要法案の件数は一致議会と分裂議会とで差異がある．これに関しても民主党政権下においては明確でないが，自公政権下では両省とも一致議会の場合と比較して，分裂議会においては所管する重要法案の件数が少なくなっている．とくに分裂議会下の2013年常会においては両省が主管する重要法案は皆無であるが，一致議会のもとで召集された2014年常会においては内閣官房が2件，厚生労働省が5件の重要法案を，2015年常会では前者が5件，後者が7件の重要法案を，そして2016年常会では前者が3件，後者が4件の重要法案をそれぞれ主管している．

　両省もまた総務省や財務省と同様に優先重要法案を担当することがあるものの，その重要法案の大半は劣後重要法案であり[22]，しかもその多くは閣法提出者や与党が独自に追求する重要政策にかかわるものである．とりわけ内閣官房に関しては，内閣機能強化の一環として，1999年7月に内閣法が改正され，その権限が拡大されたことにより，小泉内閣における郵政民営化関連法案や鳩山内閣における政治主導確立法案，安倍内閣における安全保障関連法案など，ときの内閣の目玉ともいわれる重要法案のほとんどが内閣官房によって直接的に企画，立案されるようになった[23]．しかし，それゆえに内閣官房が主管する重要法案はしばしば野党の激しい抵抗を引き起こすものとなっており，また厚生労働省が主管する重要法案についても，とくに社会保障や労働問題に関係するものは与野党の対立が激しくなりやすい．そのため，分裂議会において両省の主管する重要法案が少なくなっているということは，閣法提出者としては本来，国会に提出して成立をはかりたいと考えている重要法案を，拒否権プレイヤーとしての野党の反応を忖度した結果，量的に絞り込まざるを得なくなっていることを示唆している．

　そのことに関連して，表3-5は重要法案がどのような政策に関係する法案であるのかを，「時期調」をもとに報告している．「時期調」には2001年常会から2009年常会までの期間，留意事項の欄に法案が重要法案に該当する

されて最終的には成立をみている．

22　内閣官房が主管する劣後重要法案は重要法案51件中42件(82.4%)であり，厚生労働省が主管するそれは重要法案46件中36件(78.3%)である．

23　高橋(2009: 2010)は内閣官房が「閣議事務局」から「総合調整機関」へと変容していることを示している．

表3-5　重要法案の政策別分類

常会		関連政策(件数)
一致	2001	規制改革(5)
	2002	行政改革(6)，個人情報保護(4)，IT（3），環境(3)
	2003	教育改革(7)，個人情報保護(4)，司法制度改革(4)，証券市場・金融システム改革(3)，食品安全(2)，産業再生(2)，税制改革(2)
	2004	有事法制(7)，証券市場・金融システム改革(5)，行政改革(3)，三位一体改革(3)，年金改革(2)
	2005	郵政民営化(6)，証券市場・金融システム改革(3)，行政改革(2)，三位一体改革(2)
	2006	行政改革(8)，規制改革(3)，三位一体改革(3)，医療制度改革(2)，社会保険庁改革(2)
	2007	政策金融改革(4)，再チャレンジ(2)，行政改革(2)，規制改革(2)，社会保険庁改革(2)
分裂	2008	地方再生(2)
	2009	生活対策(6)

注：「時期調」において複数の政策に関係するとされている法案については，その最初にあげられている政策に分類している.
出典：内閣官房「法案提出時期調」（2001年常会〜2009年常会）をもとに筆者作成.

か否かに加えて，重要法案である場合にはそれがどの政策に関連するのかについての記載がある．さきにも述べたように，2010年常会以降は重要法案に関する記述自体がなくなるため，ここでは自公政権のもとでの一致議会と分裂議会に対象を限定せざるを得ないが，一致議会においては，規制改革，行政改革，教育改革，有事法制，三位一体改革(地方分権改革)，郵政民営化など，当時の内閣の重要政策にかかわる法案が多数，重要法案に選別されていることが確認される．それらはいずれも大規模な新規立法や法改正を必要とする現状変更的な政策であり，たとえば，2004年常会における有事法制の整備については，そのために7件の関連法案が国会に提出されている[24].

24　有事法制の整備は二期にわたっており，まず，①2002年常会に安全保障会議設置法の一部を改正する法律案，②武力攻撃事態における我が国の平和と独立並びに国及び国民の安全の確保に関する法律案(武力攻撃事態対処法案)，③自衛隊法及び防衛庁の職員の給与等に関する法律の一部を改正する法律案の3法案が提出され，いずれも衆議院において継続審査となるも，2003年常会において成立をみた．この3法案については例外的に2002年常会の「時期調」に具体的な記載がないものの，防衛庁がとくに注を設けて，「有事法制については，現在，その提出時期等について政府部内で検討中であり，当該検討の結果，提出時期に

84

それに対して，分裂議会においては，そうした現状変更的な重要法案がほとんど姿を消し，どちらかといえば，目のまえに発生した政策課題に対処するための法案が重要法案に選別されるようになった．たとえば，2009年常会には生活対策として6件の法案が準備されているが[25]，それは2008年9月のリーマン・ショックをきっかけにはじまった世界同時不況によって，日本の経済不況がさらに深刻化したことに対処するための法案であった．このことは，分裂議会においては現状を大きく変更する重要法案が国会に提出されにくくなっていることを示唆しており，政策過程において拒否点の数が増えれば増えるほど，現状変更的な政策の推進が困難になるというインマーガットやツェベリスらの理論研究とも整合的である．

4 重要法案の立法的帰結

4.1 法案別の国会審議結果

本節では閣法提出者によって事前に準備された法案がどのような立法的帰結を迎えたのかを確認する．表3-6は国会における重要法案と一般法案の成

ついてしかるべき判断が下された場合には，次期通常国会に関連法案を提出することもあり得る」としており，実際の国会提出が当初の予定よりも早まったことがわかる．つぎに，2004年常会に①武力攻撃事態等における国民の保護のための措置に関する法律案（国民保護法案），②武力攻撃事態等におけるアメリカ合衆国の軍隊の行動に伴い我が国が実施する措置に関する法律案，③武力攻撃事態等における特定公共施設等の利用に関する法律案，④国際人道法の重大な違反行為の処罰に関する法律案（以上4件の主管省庁は内閣官房），⑤武力攻撃事態における外国軍用品等の海上輸送の規制に関する法律案，⑥武力攻撃事態における捕虜等の取扱いに関する法律案，⑦自衛隊法の一部を改正する法律案（以上3件の主管省庁は防衛庁）の7法案が提出され，いずれも同国会において成立した．

25 具体的には，①金融商品取引法等の一部を改正する法律案（主管省庁は金融庁），②地方税法等の一部を改正する法律案，③地方交付税法等の一部を改正する法律案（以上2件の主管省庁は総務省），④財政運営に必要な財源の確保を図るための公債の発行及び財政投融資特別会計からの繰入れの特例に関する法律案，⑤所得税法等の一部を改正する法律案（以上2件の主管省庁は財務省），⑥国民年金法等の一部を改正する法律等の一部を改正する法律案（主管省庁は厚生労働省）を指す．

表3-6 重要法案と一般法案の成立状況

常会(政権)	重要法案 優先 成立	不成立	%	重要法案 劣後 成立	不成立	%	一般法案 優先 成立	不成立	%	一般法案 劣後 成立	不成立	%
2001（自公）	6	0	100.0	8	2	80.0	18	0	100.0	63	17	78.8
2002（自公）	7	0	100.0	12	9	57.1	8	0	100.0	56	13	81.2
2003（自公）	8	0	100.0	22	2	91.7	18	0	100.0	70	5	93.3
一致 2004（自公）	6	0	100.0	16	4	80.0	17	0	100.0	80	19	80.8
2005（自公）	6	0	100.0	5	11	31.3	14	0	100.0	50	17	74.6
2006（自公）	6	0	100.0	13	6	68.4	16	0	100.0	47	12	79.7
2007（自公）	9	0	100.0	13	2	86.7	14	0	100.0	57	7	89.1
分裂 2008（自公）	8	0	100.0	5	3	62.5	12	1	92.3	38	24	61.3
2009（自公）	7	0	100.0	6	1	85.7	9	0	100.0	37	20	64.9
一致 2010（民主）	8	2	80.0	5	11	31.3	10	1	90.9	14	26	35.0
2011（民主）	5	4	55.6	11	9	55.0	8	0	100.0	26	22	54.2
分裂 2012（民主）	6	3	66.7	9	7	56.3	10	0	100.0	29	39	42.6
2013（自公）	5	0	100.0	8	1	88.9	11	1	91.7	37	31	54.4
2014（自公）	6	0	100.0	20	1	95.2	7	0	100.0	46	7	86.8
一致 2015（自公）	6	0	100.0	21	2	91.3	9	0	100.0	29	12	70.7
2016（自公）	9	0	100.0	13	3	81.3	6	0	100.0	22	8	73.3

注：％は成立率を示している.
出典：参議院議事部議案課「議案審議表」（2001年常会〜2016年常会）をもとに筆者作成.

立状況を優先，劣後に分けてそれぞれ報告している．まず重要法案に関して，優先重要法案をみると，自公政権下と民主党政権下でその成立状況に大きな差異があることがわかる．すなわち，自公政権のもとでは一致議会のみならず，分裂議会においてもすべての優先重要法案が国会を通過しているのに対して，民主党政権下では一致議会の2010年常会でも10件中2件の法案が不成立となっており，分裂議会のもとでは2011年常会において9件中4件の法案が，2012年常会においては9件中3件の法案がそれぞれ不成立に終わっている．

そうした成立状況の差異は，劣後重要法案に関しても同様にみてとることができる．たしかに，自公政権下でも劣後重要法案は安定的に国会を通過しているとはいえず，一致議会の状況でも，2003年常会のように，24件中22件の法案が成立して9割以上の成立率になっている年もあれば，2005年常会のように，16件中5件の法案しか成立せず，成立率が3割ほどになっている年もある．いうまでもなく，後者における成立率の低さはいわゆる「郵政解散」によって国会審議が会期途中で打ち切られたことに原因が求め

られるものの，劣後重要法案は与野党対立を招きやすい法案であることが示唆され，また必ずしも早期に成立させることが要求されていないために，優先重要法案と比較して，その成立が断念されやすい法案であるといえる．しかし，自公政権下の分裂議会では，2009年常会において8件中5件，2009年常会において7件中6件，そして2013年常会においては9件中8件の法案がそれぞれ国会を通過しており，その成立率は一致議会の場合と比較しても低いとはいえない．それに対して，民主党政権下では一致議会においても16件のうち成立したのは5件をかぞえるのみであり，成立率は3割をわずかに超えるに過ぎない．それと比較するならば，むしろ分裂議会の方が多くの法案が成立しているが，それでも2011年常会，2012年常会ともに半数近くの法案が不成立に終わっている．

　このように，自公政権期と比較して，民主党政権期の分裂議会において多くの重要法案が不成立となっていることについては，民主党政権が自公政権とは異なり，衆議院において法案の再可決権を行使できなかったことを考慮する必要がある．その問題については項を改めて論じるが，重要法案のなかでも劣後重要法案に関しては，衆議院の再可決によって国会を通過したものは自公政権下でも2件にとどまっている[26]．そのため，両政権下の分裂議会において劣後重要法案の成立状況に差異が生じていることについては，やはりその事前の選別に原因を求めなければならないであろう．すなわち，自公政権下では分裂議会において劣後重要法案の件数が量的に絞り込まれていたのに対して，民主党政権下ではそれが行われなかったことがより多くの劣後重要法案の不成立を招いたと考えられるのである．

　つぎに一般法案をみると，優先一般法案に関してはその成立状況に両政権間で差異は確認されず，一致議会だけでなく分裂議会においてもそのほとんどが国会を通過している．このことは優先一般法案が重要法案と比較して，それほど与野党の政治的な対立を招来するものではなく，むしろその多くが

26　具体的には，2009年常会において，①平成20年度における財政運営のための財政投融資特別会計からの繰入れの特例に関する法律案が，また2013年常会においては，②衆議院小選挙区選出議員の選挙区間における人口較差を緊急に是正するための公職選挙法及び衆議院議員選挙区画定審議会設置法の一部を改正する法律の一部を改正する法律案（区割り改定法案）がそれぞれ衆議院の再可決によって成立している．

野党もまた早期の成立を認めている法案であることを示唆している．その一方で，劣後一般法案については，自公政権下にかぎられることではあるが，一致議会と比較して，分裂議会においてはその成立率が低くなっていることが確認される．具体的には，2007年7月に分裂議会が発生する以前の一致議会では，7割台半ばから9割の法案が成立していたのに対して，分裂議会ではそれが6割台になっている．また，2010年7月に発生した分裂議会に関しても，2013年常会における劣後一般法案の成立率は54.4％であるのに対して，分裂議会が終わって一致議会になると，2014年常会ではそれが86.8％となり，つづく2015年常会および2016年常会においては不成立となる法案が増加しているものの，それでも7割以上の法案が国会を通過している．このことは劣後一般法案が与野党の対立を惹起する論争的な法案であるというよりも，それが必ずしも早期に成立させなければならない法案ではないために，分裂議会においては，そのほかの相対的に緊急度が高い法案の成立が優先された結果であると考えられる．

4.2　衆議院の再可決権と優先重要法案

前章でも指摘したように，衆議院における法案の再可決は日本の国会にお

表3-7　分裂議会における優先重要法案の国会審議結果

常会（政権）	件名	審議結果
2008（自公）	地方税法等の一部を改正する法律案	成立（再可決）
	地方法人特別税等に関する暫定措置法案	成立（再可決）
	地方交付税法等の一部を改正する法律案	成立（再可決）
	平成20年度における公債の発行の特例に関する法律案	成立（再可決）
	所得税法等の一部を改正する法律案	成立（再可決）
	関税定率法等の一部を改正する法律案	成立
	電子情報処理組織による税関手続の特例等に関する法律の一部を改正する法律案	成立
	道路整備費の財源等の特例に関する法律の一部を改正する法律案	成立（再可決）
2009（自公）	地方税法等の一部を改正する法律案	成立（再可決）
	地方交付税法等の一部を改正する法律案	成立（再可決）
	財政運営に必要な財源の確保を図るための公債の発行及び財政投融資特別会計からの繰入れの特例に関する法律案	成立（再可決）
	所得税法等の一部を改正する法律案	成立（再可決）
	関税定率法等の一部を改正する法律案	成立
	国民年金法等の一部を改正する法律等の一部を改正する法律案	成立（修正，再可決）

表3-7 分裂議会における優先重要法案の国会審議結果（続き）

常会（政権）	件名	審議結果
2009（自公）	道路整備事業に係る国の財政上の特別措置に関する法律等の一部を改正する法律案	成立（修正）
2011（民主）	中小企業者等に対する金融の円滑化を図るための臨時措置に関する法律の一部を改正する法律案	成立
	地方税法等の一部を改正する法律案	継続（内閣修正）
	地方交付税法等の一部を改正する法律案（H23当初法案）	成立（修正）
	平成23年度における財政運営のための公債の発行の特例等に関する法律案	成立（内閣修正）
	所得税法等の一部を改正する法律案	継続（内閣修正）
	関税定率法等の一部を改正する法律案	成立
	公立義務教育諸学校の学級編制及び教職員定数の標準に関する法律の一部を改正する法律案	成立（修正）
	平成二十三年度における子ども手当の支給に関する法律案	撤回
	国民年金法等の一部を改正する法律等の一部を改正する法律案	継続
2012（民主）	原子力の安全の確保に関する組織及び制度の改革を推進するための環境省設置法等の一部を改正する法律案	撤回
	原子力安全調査委員会設置法案	撤回
	沖縄振興特別措置法の一部を改正する法律案	成立（修正）
	沖縄県における駐留軍用地の返還に伴う特別措置に関する法律の一部を改正する法律案	成立（修正）
	地方税法及び国有資産等所在市町村交付金法の一部を改正する法律案	成立
	地方交付税法等の一部を改正する法律案	成立
	平成24年度における公債の発行の特例に関する法律案	未了（内閣修正）
	租税特別措置法等の一部を改正する法律案	成立
	関税定率法等の一部を改正する法律案	成立
2013（自公）	地方税法の一部を改正する法律案	成立
	地方交付税法及び特別会計に関する法律の一部を改正する法律案（H25当初法案）	成立
	所得税法等の一部を改正する法律案	成立
	関税定率法等の一部を改正する法律案	成立
	エネルギーの使用の合理化に関する法律の一部を改正する等の法律案	成立（修正）

注：2011年常会の国民年金法等の一部を改正する法律等の一部を改正する法律案についても，内閣は国会法
　　59条の規定にもとづいて，それを先議していた衆議院に法案の修正を申し出ているが，衆議院はそれを
　　承諾していない．
出典：参議院議事部議案課「議案審議表」（第169回国会，第171回国会，第177回国会，第180回国会，第
　　183回国会）をもとに筆者作成．

ける時間的な制約やそれに対する有権者の反応を考慮するならば，無制限に
行使できるものではなく，むしろその行使には大きな代償が伴う．しかし，
重要法案のなかでも優先重要法案に関しては，再可決権を実際に行使でき

第 3 章　分裂議会における閣法の選別　89

るか否かがその立法的な帰結を大きく左右しているといえる．表3-7は分裂
議会における優先重要法案の国会審議結果を個別に報告しており，与党が衆
議院において三分の二以上の議席をもち，再可決権を行使することが可能で
あった自公政権期と，それを行使することができなかった民主党政権期とで
は，その帰結に明確な違いがあることを示している．

　具体的には，自公政権下の分裂議会においては，すべての優先重要法案が
国会を通過している．しかも，そのほとんどが両議院において修正を受ける
ことなく，原案のとおり成立しており，なかでも税制関連法案と歳入関連法
案に関しては，修正を加えられたことが一度もない．これらはいうまでもな
く，衆議院の再可決権によるものであり，とくに2008年常会および2009
年常会においてはそのほとんどが再可決によって国会を通過している．それ
に対して，民主党政権下の分裂議会では，2011年常会において9件中4件，
2012年常会において9件中3件の優先重要法案がそれぞれ不成立となって
おり27，そのなかには，民主党政権の看板政策のひとつであった子ども手当
の裏づけとなる，平成二十三年度における子ども手当の支給に関する法律
案(2011年常会)も含まれている28．また，国会を通過した法案に関しても，

27　ただし，2011年常会において継続審査とされた3件の優先重要法案は，いず
　れも同年10月に召集された臨時会(第179回国会)において内閣修正を経て成立
　している．また，2012年常会において審議未了，廃案となった特例公債法案に
　ついても，その直後に召集された臨時会(第181回国会)に再提出され，衆議院で
　の修正を受けて成立している．
28　本法案が内閣自身によって撤回されるに至る政治過程はやや複雑である．本
　法案は2010年常会に提出され成立した，平成二十二年度における子ども手当の
　支給に関する法律案が2010 (平成22)年度という単年度において子ども手当を
　支給する時限法であったために，つづく2011 (平成23)年度においてもその支
　給を可能にするべく2011年常会に提出された．しかし，それをめぐる与野党協
　議は難航し，2010年度末の2011年3月末までに成立の目途が立たなかったため，
　与党は独自に2010年度の子ども手当を2011年4月から同年9月末までの半年
　間，暫定的に支給することを内容とする衆法(国民生活等の混乱を回避するため
　の平成二十二年度における子ども手当の支給に関する法律の一部を改正する法律
　案)を3月22日に国会へ提出した．それに対して，参議院の多数を握る野党はそ
　の衆法を参議院において採決し成立させるには，さきに国会に提出されていた本
　法案を撤回することが条件となるとしたことから，内閣はそれを受けて法案の撤
　回を決断した．これにより，与党提出の衆法は3月31日に国会を通過し，子ど

2011年常会においては原案のとおり成立したものは5件中2件にとどまっており，内閣はみずから法案を修正したり（内閣修正），国会での修正に応じたりして，参議院の多数を占める野党に大きく譲歩することを余儀なくされている[29].

　以上のように，衆議院において法案の再可決権を行使できるか否かということは，政権担当者がいかなる国会状況においても早期に成立させることを求められる優先重要法案の成否に重大な影響をおよぼしていたのである.

5　本章の知見

　本章においては，分裂議会の発生が閣法提出者による法案の選別にどのような影響をおよぼしたのかを検証した. 具体的には，閣法をその重要度と緊急度とに応じて，優先重要法案，劣後重要法案，優先一般法案，劣後一般法案の四つに類型化し，実際に閣法提出者としての内閣および各省庁が常会の召集前に準備した法案を，内閣官房内閣総務官室によって編集されている「法案提出時期調」にもとづいて，その四つに分類した. それをもとに閣法の準備状況を一致議会と分裂議会とで比較した結果，自公政権下の分裂議会においては重要法案が選択的に絞り込まれていることが明らかになった. すなわち，閣法提出者は重要法案のなかでも税制関連法案や歳入関連法案などに代表される，国政の担当者として早期に成立させることが求められる優先重要法案については，一致議会，分裂議会という国会状況にかかわりなく，毎年，一定の件数を準備する一方，必ずしも早期に成立させる必要のない劣後重要法案については，一致議会と比較して分裂議会ではその件数を量的に

　も手当の支給は9月末まで延長されることになった. なお，同国会にはその期限が切れる2011年10月から翌年3月末までの半年間，子ども手当をつづけて支給するための平成二十三年度における子ども手当の支給等に関する特別措置法案も民主，自民，公明の三党協議を経て8月17日に提出されており，同月26日に成立している.

29　これまでの国会研究においては国会での法案の修正を，法案成立の遅れに伴う施行日の変更などに代表される「形式修正」と，それ以外の「実質修正」とに区別しているが（Mochizuki 1982; 谷 1995; 福元 2000; 2007），民主党政権下の分裂議会において優先重要法案に対して加えられた修正はすべて後者にあたる.

少なくしていた.

　また，閣法提出者によって選別された重要法案の国会審議結果を確認したところ，自公政権下の分裂議会においては，衆議院において与党が三分の二以上の議席を占め，再可決権を行使する環境が整っていたこともあって，すべての優先重要法案が成立しているが，再可決による成立がほとんどみられない劣後重要法案に関しても，その多くが国会を通過しており，成立状況は一致議会と比較して必ずしも悪化しているとはいえなかった．しかし，このことは分裂議会において重要法案の生産性が維持されていることを意味しない．つまり，自公政権下の分裂議会において不成立に終わる重要法案がそれほど多くなかったのは，あくまでも閣法提出者によって劣後重要法案の件数が戦略的に絞り込まれた結果にほかならず，かりに自公政権下においても民主党政権下のように，その絞り込みが行われなかった場合には，より多くの法案が国会を通過しなかった可能性がある．分裂議会において絞り込みの対象とされた劣後重要法案は，緊急性こそ低いものの，ときの内閣の重要政策にかかわる法案が多く，分裂議会においてそれが減少しているということは，内閣が国政の担当者として早期に成立させなければならない法案のために，一致議会であれば国会に提出していたであろう法案を犠牲にしていることを意味している．このように，閣法提出者の戦略的な法案選別の結果，国会過程に顕在化しない重要法案があることを考慮したとき，分裂議会の発生は重要法案の生産性に負の影響をおよぼすといわなければならないのである．

第4章

分裂議会における閣法の根回し

　本章では，分裂議会の発生が官僚の法案根回しにどのような影響をおよぼすのかを検証する．閣法の立法過程において官僚は閣法の原案を作成するだけでなく，その成立をはかるために，法案の国会審議などに関係しているアクターに日々接触し，法案に対する支持を取りつけようとする．この章では，そうした閣法の成否にもかかわりうる官僚の法案根回しに注目し，それが分裂議会の発生によってどのように変化するのかを観察する．

　以下，第1節では閣法の立法過程において各省庁の官僚が果たす役割について確認する．第2節では中央省庁のなかでも特許庁に着目し，それが主管する産業財産権四法改正の立法過程を事例として選択する方法論的な理由について述べる．第3節では本章の仮説を提示するとともに，その検証に用いる一次資料を紹介する．第4節では①根回しの頻度，②根回しの担当者，③根回しの時期という観点から，与野党の議員に対する官僚の根回しを，一致議会と分裂議会とで比較し，分裂議会においては与党だけでなく，野党をも重視した根回しが行われていることを示す．第5節では本章の分析によって得られた知見をまとめる．

　また，本章の補論として，分裂議会の発生と同様に，近年の日本において連続している衆議院の多数派交代にもとづく政権交代が官僚の法案根回しにどのような変化をもたらすのかを検証する．補論では公正取引委員会が主管する独占禁止法改正の立法過程を事例として選択し，官僚が衆議院の多数派交代においてもつねにその多数派を重視した根回しを行っていることを明らかにする．

1 閣法の立法過程における官僚の役割

　閣法の立法過程において各省庁の官僚が果たす役割の大きさについては，「官僚主導論」と「政治主導論」との間で深刻な認識の差が存在する．すなわち，前者は「国会無能論」と表裏一体をなし，官僚が立法過程において主導的な役割を果たしていることを強調する一方で，国会は官僚が立案した法案を形式的に可決しているに過ぎないと考える（辻 1969; Baerwald 1974; Pempel 1974）．これに対して，後者は自民党が長期政権を維持する過程で政調部会を整備し，政策的能力を高めていったことを背景に，与党あるいは与党議員が閣法に対する拒否権を通じて立法過程に大きな影響をおよぼしていると主張する（佐藤・松崎 1986; 猪口・岩井 1987）．また，それは国会の再評価にも通じ，本人・代理人モデルの観点からは，国会が閣法の多くを無修正で通過させているのは，代理人たる官僚が本人たる国会の意向を忖度して法案を作成し国会へ提出しているからにほかならないと説明される（Ramseyer and Rosenbluth 1993; 1995; Ramseyer and Rasmusen 1997）．

　しかし，いずれの立場をとるにせよ，各省庁が閣法の立法準備段階において重要な役割を担っていることについては，意見の一致をみるであろう[1]．第一に，各省庁はそれぞれが所管する政策分野に関係する閣法の原案を作成する．第二に，関係省庁や与野党の議員などに対して「ご説明」というかたちで日常的に接触をはかるなかで，それらの意向を探るとともに，法案に対する同意を取りつけようと説得を試みる（大森 2006; 真渕 2010; 中島 2014）[2]．

　そこで問題となるのは，このように閣法の立法過程に深く関与する各省庁の官僚が分裂議会の発生にどのような反応をみせるのかということである．「官僚主導論」が想定する官僚は参議院の多数派が与党から野党に代わったとしても，それに影響されることはないであろうが，「政治主導論」が想定す

---

[1]　日本の立法過程における官僚の実務的な役割については，関（1984），城山・鈴木・細野編（1999），中島（2014）などが詳しい．

[2]　真渕（2010）は，最終的な意思決定は国会が行うにしても，官僚が「ご説明」という名の説得・助言活動を通じて，議員に「決定前提」としての事実関係（事実前提）を注入し，場合によっては，議員の価値観（価値前提）をも変更させることがあることを重視している（13-14）．

る官僚は分裂議会という新たな国会状況に対応しようと行動を変化させるものと考えられる．本章では，国会内過程だけでなく，国会前過程をも分析の射程に含め，分裂議会の発生が官僚の法案根回しにどのような影響をおよぼしているのかを明らかにする．

2 事例の選択

　本章では，分裂議会の発生が官僚の法案根回しにおよぼす影響について考察するにあたり，中央省庁のなかでも，とくに経済産業省の外局に位置する特許庁に焦点をあてる．特許庁を分析の対象とする理由としては，以下の二つの点があげられる．

　第一は，比較に適した事例が揃っていることである．そもそも特許庁はその主管分野が①特許，②実用新案，③意匠，④商標に特化されており，総務省や厚生労働省などのように，毎年10件以上もの法案を担当することはない．実際，2005年8月の総選挙以降の10年間についてみても，特許庁が主管する法案は，2006年常会（第164回国会）に2件（独立行政法人工業所有権情報・研修館法の一部を改正する法律案，意匠法等の一部を改正する法律案），2007年常会（第166回国会）に1件（弁理士法の一部を改正する法律案），2008年常会（第169回国会）に1件（特許法等の一部を改正する法律案），2011年常会（第177回国会）に1件（特許法等の一部を改正する法律案），2014年常会（第186回国会）に1件（特許法等の一部を改正する法律案），そして2015年常会（第189回国会）に1件（特許法等の一部を改正する法律案）をそれぞれかぞえるに過ぎない．

　このうち，2006年常会の意匠法等の一部を改正する法律案（意匠法，商標法，特許法，実用新案法および不正競争防止法の改正．以下，「意匠法等改正法案」という）と，2008年常会の特許法等の一部を改正する法律案（特許法，実用新案法，意匠法，商標法および工業所有権に関する手続等の特例に関する法律の改正．以下，「特許法等改正法案」という）はともに産業財産権四法（特許法，実用新案法，意匠法，商標法）といわれる法案の改正であり，しかも，おなじく自公政権下において前者は一致議会下の国会に，後者は分裂議会下の国会にそれぞれ提出された法案である．したがって，両法案の立法過程を比較分析することによって，分裂議会の発生が官僚の立法準備におよぼ

す影響を析出することが可能となる.

　第二は,担当法案の政治性が低いことである.特許庁の主管する法案が大きな政治的争点となることは少なく,それに強い関心を寄せるのは一部の利害関係者や専門家などにかぎられるといえる3. ただし,国会に提出され審議される閣法の大部分は,政治的に注目されることなく,与党だけでなく野党も賛成して可決される法案であり,逆に多くの関心を集め,与野党が激しく対立する法案は量的にはむしろ例外である(増山 2003)4. したがって,論争的な法案よりは非論争的な法案にあえて焦点をあてることによって,分裂議会の発生が閣法の根回しにどのような影響をおよぼすのかに関して,ほかの多くの法案の立法過程にも当てはまりうる一般化可能性をもった知見を導くことが可能になる.

　以下,意匠法等改正法案と特許法等改正法案とがいずれも非論争的な法案であり,それゆえに両法案を比較分析することに妥当性があることを確認するため,両法案の立法過程をそれぞれ俯瞰する.まず,意匠法等改正法案は,2005年6月10日に知的財産戦略本部が策定した「知的財産推進計画2005」の指摘を踏まえ,産業構造審議会知的財産政策部会のもとに設置された意匠制度小委員会,特許制度小委員会,商標制度小委員会において検討された結果をもとに起草された(特許庁総務部総務課工業所有権制度改正審議室 2007: 32).改正のおもな内容は,日本の産業の国際競争力を強化するとともに,知的財産権の保護の強化をはかるため,①意匠権の存続期間の延長,②役務商標の小売業等への拡大,③特許出願の分割制度の見直し,④模倣品の輸出の侵害行為への追加,⑤知的財産権の侵害に対する刑事罰の強化

3　京(2011)は,一般の有権者や議員が強い関心をもたず,それゆえに,選挙の争点にもなることがない政策分野を「ロー・セイリアンス(low-salience)」の政策分野と呼んでいる(5).それによると,①特殊利益にかかわる政策,②選挙区を超えた利益にかかわる政策,③イデオロギーとはほぼ無関係な政策がロー・セイリアンスの状態になりやすい政策とされている(5-6).

4　第1章でも確認したように,意匠法等改正が提出された一致議会(第163回国会〜第166回国会)において,与党単独の賛成(全野党反対)で成立した法案は,全成立法案213件のうち52件(24.4%)であり,特許法等改正が提出された分裂議会(第167回国会〜第171回国会)においては157件のうち16件(10.2%)に過ぎない.

などの措置を講ずることである5.

　一方，特許法等改正法案もまた，産業構造審議会知的財産政策部会の特許制度小委員会に設置された通常実施権等登録制度ワーキンググループを中心に，意匠制度小委員会と商標制度小委員会における議論を踏まえて起草された（西田 2008: 36）. そこでの改正のおもな内容は，知的財産権の戦略的な活用および適正な保護をはかるため，①仮通常実施権制度等の創設，②通常実施権に係る登録事項の開示の見直し，③拒絶査定不服審判の請求期間の拡大，④特許関係料金の引下げなどの措置を講ずることである6.

　それでは，両法案を主管する特許庁はそれらをどのような性格の法案として認識していたのであろうか7. 表4-1は，「時期調」における両法案の位置づけを報告している. それによると，意匠法等改正法案は予算関連法案ではないが，特許法等改正法案は予算関連法案であること，また，前者は法案規模が「大」であるが，後者は「中」とされていることなど，両法案の間にはいくつか異なる点が認められる一方で，以下にあげるきわめて重要な共通事項が存在する.

　第一に，両法案はともに提出関係において「A」とされている. A法案とは，

表4-1　意匠法等改正法案と特許法等改正法案の位置づけ

国会回次	件名	予算関係	提出関係	法案規模	他省庁関係	与党関係	閣議決定希望日	法制局審査希望時期	留意事項
164（一致）	意匠法等の一部を改正する法律案		A	大		易	2006/3/7	2月中旬～下旬	
169（分裂）	特許法等の一部を改正する法律案	※	A	中	法，財	易	2008/2/1	1月上旬～中旬	

注：時期調に記載がない場合は，ここでも空欄のままとしている.
出典：内閣官房「法案提出時期調」（2006年常会，2008年常会）をもとに筆者作成.

5　本法案の起草にあたった担当課による解説として，特許庁総務部総務課工業所有権制度改正審議室（2006; 2007）がある.
6　本法案の原案作成者による解説として，西田（2008）と福田・西田（2008）がある.
7　意匠法等改正法案と特許法等改正法案は，ともに特許庁総務部総務課の工業所有権制度改正審議室によって原案が作成されている.

98

国会提出が確定している法案のことであり，とくに特許法等改正法案については，分裂議会下であっても国会への提出が確定とされていたことになる．第二に，他省庁関係と与党関係において，ともに調整が「易」（容易）とされている．このことは，両法案が少なくとも関係省庁や与党の利害に反するものではないことを意味している．第三に，留意事項の欄に何も記述がみられない．これは，両法案がとくに重要度や緊急度の高い法案には該当せず，前章の分類に従うならば，劣後一般法案として準備されていたことを意味している．しかし，そのことは，両法案の優先性がそのほかの閣法と比べて相対的に低いというよりは，主管省庁である特許庁からも，あえて法案成立の必要性などを強調するまでもなく，容易に国会を通過すると予想されていたことによると考えた方が自然である．

　そのうえで，ここからは両法案の国会審議過程をそれぞれ追跡する．前章でも触れたように，自民党政権のもとにおいて，閣法は国会への提出に先立って与党審査を受けるものとされており，また野党の側においても，独自に国会提出法案についてヒアリングなどを実施している8．まず，意匠法等改正法案について，自民党は2006年2月9日および2月28日に経済産業部会において，3月2日には政調審議会においてそれぞれ審査を行っている9．他方，野党・民主党も1月25日および3月1日に経済産業部門会議を開

8　政党内における政策会議は通常，非公開で行われ，議事録も一般に公開されることはないが，会議の日時や場所，議題などを知るには参議院事務局が編集している『参議院公報』が有用である．『参議院公報』は，おもに参議院議員に対して，本会議や各委員会の日程を告知したり，それらの議事経過や請願の受理などを報告したりするために，国会の開会中は，休日などをのぞいて日刊されている．そのなかの「広告」という欄には各政党の部会や人事に関する情報が記載されており，部会の日時や場所だけでなく，その議題や出席者などについても詳細に記されることがある．

9　「第164回国会参議院公報」第15号（2006年2月8日），「第164回国会参議院公報」第28号（2006年2月27日），「第164回国会参議院公報」第30号（2006年3月1日）．なお，自民党は3月3日と3月7日に総務会を開き（「第164回国会参議院公報」第31号（2006年3月2日），「第164回国会参議院公報」第33号（2006年3月6日）），そのいずれかにおいて本法案の国会提出を了承する決定を行っているものと思われるが，『参議院公報』には当日の総務会の議題について記載がない．

き，国会提出予定法案について特許庁の担当者からヒアリングを実施している10.

　また，特許法等改正法案について，自民党は2008年1月23日に経済産業部会・知的財産戦略調査会合同会議において，1月29日には政調審議会においてそれぞれ審査を行っている11．民主党もまた1月30日に経済産業部門会議において担当者からヒアリングを実施している12．ここで重要なのは，それらがいずれも1，2回の審査でつぎの段階に移行，あるいは終了していることである．それはとりもなおさず，両法案が事前に大きな火種を抱えることなく，国会へ提出されるに至ったことを意味している.

　表4-2は衆議院と参議院とにおける両法案の審議経過をまとめたものである．そこからは両法案がいずれも順調に両議院を通過していることが確認される．すなわち，意匠法等改正法案は，2006年3月7日に参議院を先議として国会へ提出され，4月3日に参議院の経済産業委員会に付託された．翌4日に二階俊博経済産業大臣から趣旨説明を受け，6日に質疑が行われたのちに原案のとおり可決されると13，翌7日，参議院本会議において共産党を

表4-2　意匠法等改正法案と特許法等改正法案の国会審議経過

| | 提出 | 衆議院 | | | 参議院 | | | 公布 |
		委員会付託	委員会議決	本会議議決	委員会付託	委員会議決	本会議議決	
意匠法等改正法案	2006/3/7 参院先議	5/16 経済産業	5/31 可決	6/1 可決	4/3 経済産業	4/6 可決	4/7 可決	6/7 法律第55号
特許法等改正法案	2008/2/1 衆院先議	3/25 経済産業	4/2 可決	4/3 可決	4/4 経済産業	4/10 可決	4/11 可決	4/18 法律第13号

出典：参議院議事部議案課「議案審議表」（第164回国会，第169回国会）をもとに筆者作成.

10　「第164回国会参議院公報」第4号（2006年1月24日），「第164回国会参議院公報」第29号（2006年2月28日）.

11　「第169回国会参議院公報」第4号（2008年1月22日），「第169回国会参議院公報」第8号（2008年1月28日）．なお，自民党は2月1日に総務会を開き（「第169回国会参議院公報」第11号（2008年1月31日）），本法案の国会提出を了承する決定を行っているものと思われるが，『参議院公報』には当日の総務会の議題について記載がない.

12　「第169回国会参議院公報」第9号（2008年1月29日）.

13　ここで以下を骨子とする附帯決議がなされている．①経済産業省は主導的に関係省庁間の連携体制を強化し，取締りのための協力に一層努めるほか，国際的

のぞくすべての会派の賛成で可決され，衆議院へと送付された．衆議院においては，5月16日に経済産業委員会へ付託され，17日に二階大臣から趣旨説明を受け，同月26日と31日に質疑が行われた．質疑の終了後，共産党による反対討論が行われたが，原案のとおり可決され14，翌6月1日の衆議院本会議において共産党をのぞくすべての会派の賛成で可決され成立，のちに公布された．

　また，特許法等改正法案も分裂議会下の国会に提出されているにもかかわらず，順調な審議経過をみせている．すなわち，法案は2008年2月1日に衆議院を先議として国会へ提出され，3月25日に衆議院の経済産業委員会に付託された．翌26日に甘利明経済産業大臣から趣旨説明を受け，4月2日に質疑が行われたのちに原案のとおり可決されると，翌3日の衆議院本会議において，共産党も含め全会一致で可決され，ただちに参議院に送付された．参議院においては，衆議院から法案を受領した翌4日に早くも経済産業委員会に付託され，4月8日に甘利大臣から趣旨説明を受け，10日に質疑が行われたのちに原案のとおり可決された．そして，翌11日の参議院本会議において，ここでも全会一致で可決され成立に至っている．

3　仮説と分析手法

3.1　本章の仮説

　国会における意匠法等改正法案と特許法等改正法案の審議経過は，大きな政治的争点とならず，与野党の利害が対立することのない法案に関しては，一致議会だけでなく分裂議会においても，与野党が一致して賛成し，容易に国会を通過するという含意を有している．しかし，それはあくまで法案が国会へ提出されたのちの現象であり，そのことだけをもって，分裂議会が発生

な連携をはかり侵害事犯発生国等に対する働きかけをさらに強化すること，②近年，個人輸入，インターネットオークションによる模倣品流通の拡大が深刻な問題となっていることにかんがみ，これらへの対策のあり方について早急に具体的検討を行うこと，③グローバルな産業活動を円滑化するため，たとえば世界特許の実現を目指すなど，国際的な制度調和を進めること．

14　衆議院においても参議院と同趣旨の附帯決議が行われている．

しても非論争的な閣法の立法過程にはいかなる変化も生じないと結論づけることはできない.

そこで，本章では分析の射程を国会前過程まで拡張し，両法案が国会に提出されるに至る過程において，特許庁の官僚がどのような立法準備を行っていたのかを比較分析する．さきに述べたように，各省庁の官僚は閣法の原案を作成するにあたり，与野党を問わず，関係議員に日々接触し，その意向を探るとともに，原案の内容について同意を得ようと説得を試みている．そうした法案の根回しは，官僚の立法準備のなかでルーティン化しているものといえ，事実，特許庁は意匠法等改正法案と特許法等改正法案の根回しに際してそれぞれ日程表を作成している 15．そこには，担当者ごとに，いつ，どの議員に対して根回しを実施するかが具体的に記されており 16，この一次資料を利用することによって，特許庁の官僚による法案根回しの実態を明らかにすることができる．また，それはどの議員，あるいは政党が法案を成立させるうえで同意が欠かせないアクターとして官僚に認識されているのかを特定することにもつながる.

それでは，分裂議会の発生は官僚の法案根回しにどのような変化をもたらすのであろうか．ここでもやはり分裂議会の発生によって，閣法の立法過程に野党という拒否権プレイヤーが追加されるということを踏まえることが重要になる．すなわち，一致議会において，閣法を成立させるには，衆議院とともに，参議院の多数を占める与党の同意が決定的に重要であるが，分裂議会においては，与党に代わって参議院の多数を占め，新たに拒否権プレイヤーとなった野党の同意もまた不可欠となる．このことから，一致議会と分裂議会とにおける官僚の法案根回しについて，以下の仮説を導くことができる.

15　特許庁は意匠法等改正法案に際して，「意匠法根回し状況」という名の，また，特許法等改正法案に際しては，「特許法等一部改正根回し状況」という名の根回しの日程表をそれぞれ作成しているが，それらは根回しの期間中，幾度となく更新されている．両資料は，一般に公開されているものではないが，行政機関の保有する情報の公開に関する法律にもとづき，特許庁長官に対して資料の開示請求を行い，以下のとおり，開示の決定を受けた．2010年10月14日請求受付（受付番号438号），同年11月11日開示決定（特許4）.

16　官僚が接触するターゲットはそれ自身が選ぶこともあるが，上司から指示されることもあるという（真渕 2010: 15-16）.

仮説：官僚は一致議会では与党への根回しを優先するが，分裂議会においては与党だけでなく野党に対する根回しも重視する．

　ただし，ここで対象とする意匠法等改正法案と特許法等改正法案は，ともに非論争的な法案であり，難なく国会を通過しているため，さほど根回しが必要とされず，したがって，分裂議会下においても根回しのあり方に変化はないとの対抗仮説も考えられる．また，本書では与党と野党をそれぞれ単一の政治アクターとして捉えるとの前提を設けているが，ここでの仮説の検証には，衆議院における与党と参議院における与党，同様に，衆議院における野党と参議院における野党とにそれぞれ分けた分析の方が精確である．つまり，かりに分裂議会において，野党に対する根回しが重視されるようになったとしても，それが衆議院野党に対するものであるのか，それとも参議院野党に対するものであるのかはきわめて重要な問題であるからである．

3.2　操作化の方法

　本章の仮説を検証するうえで問題となるのは，官僚がどのアクターをどれほど重視しているのかについて，どのような操作化を行いうるかということである．ここでは，その指標として採用する①根回しの対象者数と②根回しの時期についての若干の検討を加えることとしよう．

　まず，根回しの対象者数について，官僚は重要視する政党に対しては，その所属議員により多くの働きかけを行うと予想することができる．ただし，官僚にとって，議員の価値は決して均一ではないことに留意が必要である．それは，議員のポストや当選回数，実績などにもとづくものと思われるが，いずれにしても，特許庁の場合，長官がみずから根回しを担当する議員もいれば，それが課長クラスになる議員もいるように，待遇には明らかな差が存在する．つまり，長官担当レベルの議員に対する根回しと，課長担当レベルの議員に対する根回しとでは，おなじ回数の根回しであっても，その政治的な効果や意味は大きく異なるはずである．さらに，個々の根回しの時間やその内容もまた検討される必要があるため，単に集計的な根回しの対象者数だけをもって，官僚が重視しているアクターを推定することに関しては方法論的に問題があるといわざるを得ない．

　それに対して，根回しの時期はより適切な指標となるように思われる．官

僚はそれが重視するアクターに対しては，より早い段階から接触をもとうとするであろうが，それは法案が国会に提出され，実際に審議されている段階よりも，それが国会に提出される以前の段階の方が決定的に重要な意味をもつ．というのは，法案提出前の根回しとは，内閣が法案を国会に提出することへの同意を得るための説得行為であり，それがひとたび国会に提出されたのちは自由に修正を加えることもできないとすると，官僚としては法案提出前の段階において根回し先からの法案の修正要求に応じざるを得ない場合もある．それに対して，法案提出後の根回しは，その内容についての交渉というよりは事後報告としての側面が強く，そこに法案の内容を変更する余地はほとんど残されていない．ここで注目すべきは，野党の位置づけであり，それがどの段階において根回しの対象となっているのか，そして，分裂議会の発生によってそれに変化が生じているのかという点である．

4 仮説の検証

4.1 根回しの対象者数

2006年常会における意匠法等改正法案と2008年常会における特許法等改正法案とにおける官僚の根回しを比較分析するにあたっては，その前提として，根回しの主体と客体とが両法案で合致していることが確認されなければならない．

まず，根回しの主体について，意匠法等改正法案の根回しを担当したのは，長官，総務部長，業務部長，一部長，二部長，三部長，四部長，審判部長，総務課長，意匠課長，審議室長であり，特許法等改正法案においては，長官，総務部長，業務部長，総務課長，秘書課長，審議室長である．担当者は前者の方が後者よりも多いが，長官，総務部長，業務部長，総務課長，審議室長はいずれの法案の根回しも担当していることから，根回しの主体は同一的であるといえる．つぎに，根回しの客体について，根回しの対象とされている議員は，意匠法等改正法案においても，また特許法等改正法案においても，国会における所管委員会の委員が中心となっている．すなわち，衆議院経済産業委員会の委員40名と参議院経済産業委員会の委員21名は，面会なく資料提供のみとされた議員も含めるならば，例外なく根回しの対象と

104

なっていることから，根回しの客体についても両法案において大きな差異は
ないということができる．

　以上を踏まえたうえで，まず根回しの対象者数について確認する．表4-3
は両法案の立法過程において，特許庁の官僚によって根回しの対象とされ
た議員数を衆議院議員と参議院議員とに分けて政党別に報告している．そこ
でもっとも特徴的であるのは，与党・自民党の厚遇である．すなわち，一致
議会における意匠法等改正法案についても，また分裂議会における特許法等
改正法案についても，根回しの対象となった議員のじつに四分の三が自民党
に所属する衆議院議員と参議院議員である．また，長官が直接根回しを担当
する議員数も，自民党が意匠法等改正法案において16名（衆議院議員14名，
参議院議員2名），特許法等改正法案において15名（衆議院議員13名，参議
院議員2名）であり，ほかの政党とは明らかに差別化されている．こうした
自民党に対する特別の待遇は，分裂議会の発生後も変わることなくつづいて
いるということができる．

　しかし一方で，見逃すことのできない変化も観察される．それは，野党・
民主党の議員に対する根回しである．たしかに，その全体に占める割合に関
しては，意匠法等改正法案と特許法等改正法案との間に大きな差異はない
が，長官によって根回しを受ける議員が3名（衆議院議員1名，参議院議員

表4-3　根回しの対象者数

		自民			公明			民主			その他
		衆院議員	参院議員	小計	衆院議員	参院議員	小計	衆院議員	参院議員	小計	
意匠法等 改正法案 （一致）	長官	14	2	16	2	0	2	1	2	3	0
	部長	72	25	97	4	11	15	8	5	13	2
	課長	34	7	41	1	3	4	7	5	12	0
	小計	120	34	154	7	14	21	16	12	28	2
	割合%	58.5	16.6	75.1	3.4	6.8	10.2	7.8	5.9	13.7	1.0
特許法等 改正法案 （分裂）	長官	13	2	15	0	0	0	4	2	6	0
	部長	50	8	58	5	6	11	2	5	7	1
	課長	25	12	37	1	1	2	4	6	10	1
	小計	88	22	110	6	7	13	10	13	23	2
	割合%	59.5	14.9	74.3	4.1	4.7	8.8	6.8	8.8	15.5	1.4

注：％は各法案のすべての根回し対象者に占めるそれぞれの議員数割合を示している．
出典：特許庁「意匠法根回し状況」（2月28日版，3月30日版，5月25日版）および「特許法等一部改正根回し状況」
　　　（1月31日版，2月19日版）をもとに筆者作成．

第 4 章　分裂議会における閣法の根回し　105

２名)から６名(衆議院議員４名，参議院議員２名)に増えている[17]．ただし，ここではサンプル数が少ないために，この変化が誤差によるものであるか否かを判断するのは難しい．

4.2　根回しの時期

つぎに根回しの時期についてみる[18]．表 4-4 は，意匠法等改正法案と特許法等改正法案の立法過程において，特許庁の官僚がいつの段階で議員に根回しを行ったのかを法案の提出前と提出後とに分けて報告している．そこには，分裂議会の発生に伴って民主党への対応が大きく変化していることが示されている．すなわち，一致議会のもとにおける意匠法等改正法案について，官僚は与党たる自民党と公明党の議員に対しては，法案が国会に提出される以前の段階において根回しを行っている一方，野党である民主党の議員に対しては，法案が国会に提出されたのちにはじめて接触をもっている．一方，それが分裂議会のもとにおける特許法等改正法案については，与党だけでなく，民主党の議員に対しても法案提出前に根回しを行うようになっている．その法案の根回しは，2008 年 1 月 11 日から開始されているのであるが，民主党議員に対する根回しも同月 18 日からはじまっており，しかも，

17　具体的に，意匠法等改正法案について，長官によって説明を受けた民主党議員は，簗瀬進参議院議員，大畠章宏衆議院議員(以上，2006 年 3 月 14 日)，渡辺秀央参議院議員(3 月 15 日)であり，特許法等改正法案については，大畠章宏衆議院議員，近藤洋介衆議院議員，渡辺秀央参議院議員(以上，2008 年 1 月 18 日)，古川元久衆議院議員，北神圭朗衆議院議員(以上，1 月 31 日)，渡辺秀央参議院議員(2 月 5 日(二回目の根回し))である．

18　官僚による法案根回しの時期は，そのほかに所管する法案の根回しや政党側の審査時期にも影響されうる．まず，前者について，特許法等改正法案が提出された 2008 年常会においては，そのほかに特許庁が所管する法案は存在しないが，意匠法等改正法案が提出された 2006 年常会については，それとは別に独立行政法人工業所有権情報・研修館法の一部を改正する法律案が存在する．しかし，その法案が 1 月 31 日に国会へ提出されたのに対して，意匠法等改正法案が提出されたのはそれから 1 ヵ月以上のちの 3 月 7 日である．そのため，独立行政法人工業所有権情報・研修館法の一部を改正する法律案のための根回しが意匠法等改正法案の根回し時期に大きな影響をおよぼしたとは考えられない．つぎに，後者については，さきにみたとおり，両法案に対する自民党と民主党の審査時期に大きな違いは認められない．

106

表4-4　根回しの時期

			自民		公明		民主		その他
			衆院議員	参院議員	衆院議員	参院議員	衆院議員	参院議員	
意匠法等改正法案（一致）	提出前	長官	14	2	2	0	0	0	0
		部長	61	25	4	11	0	0	1
		課長	29	7	0	3	0	0	0
	提出後	長官	0	0	0	0	1	2	0
		部長	11	0	0	0	8	5	1
		課長	5	0	1	0	7	5	0
特許法等改正法案（分裂）	提出前	長官	11	2	0	0	4	1	0
		部長	48	6	5	6	1	3	1
		課長	25	11	1	1	0	1	1
	提出後	長官	2	0	0	0	0	1	0
		部長	2	2	0	0	1	2	0
		課長	0	1	0	0	4	5	0

出典：特許庁「意匠法根回し状況」（2月28日版，3月30日版，5月25日版），および「特許法等一部改正根回し状況」（1月31日版，2月19日版）をもとに筆者作成．

それは課長級ではなく，長官と部長級によるきわめて丁重なものであった．

　このことは，分裂議会において，参議院の多数を占める野党もまた特許庁の官僚にとって，事前に同意を得るべき重要なアクターとなっていることを意味している．ただし，分裂議会の発生が立法過程における野党の影響力を増大させたとしても，それは，必ずしも参議院議員の影響力が高まったことを意味しないという点に留意が必要である．表4-4に示されているとおり，分裂議会において，たしかに民主党の参議院議員も事前に法案の根回しを受けるようになっているが，衆議院議員も同様に根回しの対象となっている．それどころか，事前に長官からの根回しを受けた民主党議員5名のうち，じつに4名が衆議院議員である[19]．したがって，2007年7月の分裂議会の発生は，参議院の多数を占める野党，とりわけその第一党である参議院民主党の影響力を強めたというよりは，むしろ衆議院議員を中心とする野党・民主党の影響力を増大させたというべきであろう．

19　具体的に，事前に長官によって説明を受けた民主党議員は，大畠章宏衆議院議員，近藤洋介衆議院議員，渡辺秀央参議院議員（以上，1月18日），古川元久衆議院議員，北神圭朗衆議院議員（以上，1月31日）である．

5 本章の知見

　本章は，分裂議会の発生が官僚の法案根回しにどのような影響をおよぼすのかを明らかにするため，特許庁が主管し，自公政権によって一致議会下の2006年常会に提出された意匠法等改正法案と，分裂議会下の2008年常会に提出された特許法等改正法案の立法過程を比較分析した．両法案はいずれも政治的に争点化することなく，与党だけでなく野党からの支持も得て国会を通過した法案であったが，本章の分析結果は，分裂議会の発生が立法準備としての官僚の法案根回しに大きな変化をもたらしていたことを示した．すなわち，特許庁の官僚は一致議会においては，法案が国会に提出されるのに先立って与党の議員に根回しを行う一方，野党の議員に対しては法案の提出後にはじめて根回しを行っていたのが，分裂議会となり，野党が参議院の多数を占めると，その第一党である民主党の議員に対しても事前に根回しを行うようになった．このことは，分裂議会において野党もまた官僚によって立法上の拒否権プレイヤーとして認知されていることを意味している．この点においても，分裂議会の発生は，立法過程における野党の影響力を大きく強めたということができる．

補論　政権交代と官僚行動

　補論では分裂議会の発生と同様に，近年の日本において連続している衆議院の多数派交代にもとづく政権交代を対象として，それが官僚の法案根回しにどのような変化をもたらしたのかを検証する．ここでは公正取引委員会が主管する独占禁止法改正法案の立法過程を事例として選択し，官僚が衆議院の多数派交代においてもその多数派に重点をおいた根回しを行っていることを明らかにする．

1　衆議院における多数派交代と官僚行動

　近年の日本では，国会における多数派の交代が連続している．それには，本書で対象としている参議院の多数派交代だけでなく，衆議院のそれも含まれる．具体的には，2009年8月および2012年12月に実施された総選挙において多数派が交代し，政権交代がもたらされた．戦後の日本政治を特徴づけることのひとつに，自民党がその1955年11月の結党以降，1993年8月に細川連立政権が発足するまでの38年近くにわたって単独政権を維持したことがあり，また55年体制が終わったのちも2009年9月の民主党政権の成立まで政権は基本的に自民党を中心とする政党連合によって担われてきたが，近年の政権交代は自民党が与党であることがもはや日常ではないことを明らかにした[20].

　そうした日本政治の大きな変化を受けて，政権交代に関する実証的な研究も蓄積されつつあるものの(たとえば，武蔵2010; 2013; 小林2012; 御厨

---

[20]　2009年9月の政権交代によって自民党が政権を失った要因を探る研究としては，田中他(2009)や斉藤(2010)などがある.

編 2012; 飯尾編 2013; 牧原 2013），それが閣法の立法過程にどのような変化をもたらしたのかを包括的に分析した研究は多くない．この補論では，閣法の立法過程において大きな役割を担っている官僚の法案根回しに焦点をあて，近年の二つの政権交代がそれにどのような影響をおよぼしたのかを明らかにする．この分析によって得られる知見は，官僚が多数派を重視した根回しを行うという第4章の主張を補強するものであると同時に，日本の政官関係に関する重要な示唆を含んでいると思われる．

2 事例の選択

この補論では，日本の中央省庁のなかから公正取引委員会を分析の対象として選択し，それが主管する私的独占の禁止及び公正取引の確保に関する法律の改正法案(以下，「独禁法改正法案」という)の立法過程に焦点をあてる．公正取引委員会を対象とする理由としては，本章において特許庁を事例とした理由と重なる部分もあるが，以下の三点があげられる．

第一に，その主管法案である独禁法改正法案は偶然にも政権交代を挟むかたちで国会に提出されている．公正取引委員会は定期的に独禁法の改正をはかっており，過去10年ほどを遡るならば，①第161回国会(2004年臨時会)，②第169回国会(2008年常会)，③第171回国会(2009年常会)，④第174回国会(2010年常会)，⑤第183回国会(2013年常会)にそれぞれ改正案が提出されている(以下，それぞれを「2004年改正案」，「2008年改正案」，「2009年改正案」，「2010年改正案」，「2013年改正案」という)．それらのうち，2008年改正案と2009年改正案，および2010年改正案と2013年改正案については，一度国会に提出されたものが廃案となり，再度国会に提出されているために，ほぼおなじ内容の法案となっている[21]．とりわけ，後者

21　まず，2004年改正案については，①不当な取引制限などに対する課徴金の額の引上げ，②課徴金の減免制度の創設，③審判手続の見直し，④犯則調査権限の導入などが主要な改正点となっている．つぎに，2008年改正案および2009年改正案については，①ほかの事業者の事業活動を排除することによる私的独占および一定の不公正な取引方法などに対する課徴金制度の導入，②企業結合に係る届出制度の見直しなどが主要な改正点とされている．最後に，2010年改正案および2013年改正案については，独占禁止法違反に対する排除措置命令などについ

は同一内容にして2010年改正案が民主党政権によって，2013年改正案が自公政権によってそれぞれ国会に提出されているため，政権交代が官僚行動におよぼす影響を検証するうえで最適の事例ということができる．

　第二に，公正取引委員会はそのほかの中央省庁と比較して相対的に高い自律性を有している．公正取引委員会は国の行政組織上においては内閣府の外局に位置づけられているが，一般に「行政委員会」と呼ばれる合議制の機関であり，委員長と4名の委員から構成され[22]，ほかの機関などから指揮監督を受けることなく独立して職務を行うことが求められている（独禁法28条）．そうした組織上の独立性の高さは，公正取引委員会が自律的に根回しを行うことを制度的に担保していると考えられる。

　第三に，ここで対象とする独禁法改正法案はそれほど与野党の利害が対立しない法案であった．たしかに，対象法案の国会審議経過をまとめた表4-5からは一見，それらが順調に国会を通過したようには思われないかもしれない．しかし，第169回国会に提出された2008年改正案はそのつぎの国会において審議未了となっているものの，第171回国会にほぼおなじ内容でふたたび提出され，成立に至っている．これと同様に，民主党政権のもとで第174回国会に提出された2010年改正案についても2012年11月の衆議院解散によって審議未了となるものの，政権交代ののち，自公政権のもとで第183回国会にふたたび提出され，第185回国会において成立をみている．しかも，対象法案はいずれも委員会に付託されて実質的な審査が開始されると，それほど時間を要することなく国会を通過している．また，表4-6は独禁法改正法案に対する与野党の態度を報告しており，そこからは対象法案がいずれも与党の賛成だけで国会を通過するような対立的なものではなく，少なくとも二つ以上の野党の支持も得て国会を通過した法案であることがわかる．

て，審判制度を廃止するとともに，意見聴取のための手続を整備することなどが主要な改正点である．なお，独禁法改正の目的やその概要については，原案作成者による解説として，2004年改正案については松本(2005)が，2009年改正案については岡田(2009)が，そして2013年改正案については久保田(2014)がそれぞれある．

22　委員長および委員は，年齢が35歳以上であり，法律または経済に関する学識経験のある者のうちから，首相によって両議院の同意を得て任命される（独禁法29条2項）．

補論　政権交代と官僚行動　111

表4-5　独禁法改正法案の国会審議経過

政権	提出国会	提出日	衆議院			参議院			公布日	成立/不成立国会
			委員会付託	委員会議決	本会議議決	委員会付託	委員会議決	本会議議決		
自公	161（一致）	04/10/15	05/1/21 経済産業	05/3/11 修正(多)附帯決議	05/3/15 修正(多)	05/4/6 経済産業	05/4/19 可決(多)附帯決議	05/4/20 可決(多)	05/04/27	162
自公	169（分裂）	08/03/11	08/9/24 経済産業	未了	—	—	—	—	—	170
	171（分裂）	09/02/27	09/4/9 経済産業	09/4/24 可決(多)附帯決議	09/4/27 可決(多)	09/5/13 経済産業	09/6/2 可決(全)附帯決議	09/6/3 可決(多)	09/06/10	171
民主	174（一致）	10/03/12	12/10/29 経済産業	未了	—	—	—	—	—	181
自公	183（分裂）	13/05/24	13/10/15 経済産業	13/11/20 可決(多)附帯決議	13/11/21 可決(多)	13/12/2 経済産業	13/12/6 可決(多)	13/12/7 可決(多)	13/12/13	185

注：(多)は賛成多数であることを，(全)は全会一致であることをそれぞれ意味する.
出典：参議院議事部議案課「議案審議表」をもとに筆者作成.

　以上のことから，この補論において対象とする独禁法改正法案は成立までに時間を要することがあったとはいえ，最終的には，いくつかの野党の賛成も得たうえで国会を通過した非論争的な法案であるといえる．本章でも指摘したとおり，国会に提出される法案の大部分は与野党対立を惹起しない法案であり，そうした非論争的な法案にあえて焦点をあてることによって，政権交代が官僚行動におよぼす影響に関する，より一般化可能性のある知見を導出することが可能となる.

3　仮説と分析手法

　本節ではこの補論の仮説を提示したうえで，その検証方法について検討する．まず，政権交代が官僚の法案根回しにおよぼす影響を理論的に考察するうえでも拒否権の概念を援用することが可能である．すなわ

表4-6　独禁法改正法案に対する与野党の態度

		2004年改正案	2009年改正案	2013年改正案
与党	自民	賛成	賛成	賛成
	公明	賛成	賛成	賛成
野党	民主	反対	賛成	賛成
	維新	—	—	賛成
	みんな	—	—	賛成
	生活	—	—	賛成
	共産	賛成	反対	反対
	社民	賛成	反対	反対
	国民		賛成	—

注：各党の法案に対する態度については，衆議院本会議における賛否にもとづいて確定した.
出典：衆議院事務局『衆議院公報』および参議院事務局『参議院公報』をもとに筆者作成.

112

ち，衆議院の多数派交代にもとづく政権交代とは，衆議院という拒否点において拒否権を行使しうる拒否権プレイヤーの交代として理解することができる．官僚は閣法を成立させるうえで同意を得ることが欠かせない拒否権プレイヤーに対する根回しを重視せざるを得ないため，補論の仮説は以下のようになる．

> 仮説：官僚は衆議院の多数を獲得して内閣を組織し，新たに与党となった政党に対する根回しを重視する．

　この補論においても本章と同様に，官僚がどの党派をどの程度重視しているのかについて，①どれだけの議員に対して根回しを行っているか（根回しの対象者数），②誰が根回しを担当しているか（根回しの担当者），③どの時期に根回しを行っているか（根回しの時期）ということを指標として検証を行う．
　つぎに，上記の仮説を検証するために使用するデータを紹介する．日本の政官関係の実態とその変容については，村松らによって，議員，官僚，団体に対する体系的な面接調査などが1970年代以降，ほぼ10年間隔で実施され[23]，それをもとに多くの実証研究が発表されてきた（たとえば，村松1981；村松・伊藤・辻中1986；真渕2004；村松・久米編2006）[24]．また，待鳥は首相と関係アクターとの接触頻度を知るために，新聞に掲載されている首相の一日の面会記録をデータとして利用している（待鳥2008；2012；2013）．
　それらに対して，ここでは官僚が独自に作成し，保管している一次資料にアクセスし，そこから法案根回しの実態を明らかにする．具体的には，公正取引委員会もまた独禁法改正法案の根回しにあたって，その日程表を作成している．本章でも述べたように，そうした行政機関の内部文書は一般に公開されているわけではないが，情報公開法にもとづいて，その開示を求めることができる．この補論においては，公正取引委員会事務総局の長たる公正取引委員会事務総長に対して，公正取引委員会が2004年から2013年までの期

23　官僚に対する面接調査は，第1回が1976-77年に，第2回が1985-86年に，第3回が2001年にそれぞれ実施されている．
24　とくに，議員と官僚との接触行動に着目した研究として，伊藤（2006），曽我（2006），笠（2006）などがある．

補論　政権交代と官僚行動　113

間に作成した根回し関係文書の開示請求を行い，2008年改正案に関するもの以外について開示の決定を受けた[25]．そこには，時期によって記載事項などに多少の違いはあるものの，根回しの実施日や対象者名，根回しの担当者などが具体的に記されており，これを活用することによって，公正取引委員会の官僚がいつ，誰に対して根回しを行っているのかを知ることができる．

　ここでは，開示請求によって得られた資料をもとに，まずは2004年改正案，2010年改正案，2013年改正案における官僚の法案根回しを比較することによって，政権交代が官僚行動におよぼす影響について検証する．さきにも述べたように，2004年改正案は自公政権，2010年改正案は民主党政権，2013年改正案は自公政権のもとでそれぞれ国会に提出された法案であり，2010年改正案と2013年改正案とはほぼおなじ内容になっている．なお，2009年改正案については，その根回しに関する日程表が部分的にしか存在していなかったために，ここでの分析からは除外する．

　つぎに，ここで得られたデータからは，分裂議会の発生が官僚行動におよぼす影響についても分析が可能である．つまり，2004年改正案と2009年改正案はともに自公政権のもとで国会に提出された法案であるが，前者は国会が一致議会の状況にあり，後者はそれが分裂議会の状況にある．2009年改正案に関する根回しの資料には少なからず不備がある一方で，官僚が法案の成立にあたって挨拶に赴く議員についてはその一覧が掲載されており，同

25　2004年改正案に関する資料については，2013年12月20日付で開示請求し，2014年1月20日付で開示が決定された(公官総第13号，公官総第14号)．2008年改正案に関する資料については，2013年12月20日付で開示請求したものの，文書が存在しないとの回答を受けた(2014年1月20日付，公官総第17号)．2009年改正案に関する資料については，2013年12月20日付で開示請求し，2014年1月20日付で開示が決定された(公官総第15号)．2010年改正案に関する資料については，2013年10月29日付で開示請求し，同年12月2日付で開示が決定された(公官総第567号，公官総第568号，公官総第569号，公官総第570号)．2013年改正案に関する資料については，2013年10月29日付および同年12月20日付で開示請求し，同年12月2日付および2014年1月20日付で開示が決定された(公官総第571号，公官総第16号)．なお，公正取引委員会の行政文書ファイル管理簿において，公正取引委員会は根回し関係資料の保管期間を5年としており，保存期間満了時の措置としてはそれを廃棄するとしている．

114

様の情報は2004年改正案の資料のなかにも確認される．したがって，分裂議会に関する分析には，法案の成立に向けた根回しではなく，法案成立時における挨拶の対象者を比較することとする．

4　仮説の検証

　本節では，まず政権交代が官僚の法案根回しにおよぼす影響について，①根回しの対象者数，②根回しの担当者，③根回しの時期にそれぞれ着目して検証を行う．表4-7は公正取引委員会の官僚が2004年改正案，2010年改正案，2013年改正案の立法過程において，根回しの対象とした議員数を衆参に分けて政党別に集計している[26]．そこには，政権交代によって生じた変化が明確に示されているといえる．具体的には，官僚は2004年改正案の立法過程においてはとくに与党たる自民党の議員に対して重点的な根回しを行い，その全体に占める割合は四分の三を超えて76.5%になっている一方，野党である民主党の議員については全体の1割に満たない9.8%にとどまっている．

表4-7　独禁法改正法案の根回し対象者数

	自民			公明			民主			その他	計
	衆院議員	参院議員	小計(%)	衆院議員	参院議員	小計(%)	衆院議員	参院議員	小計(%)		
2004年改正案(2003-05年)	459	176	635(76.5)	43	61	104(12.5)	50	31	81(9.8)	10	830
2010年改正案(2010-12年)	43	16	59(23.3)	11	35	46(18.2)	123	18	141(55.7)	7	253
2013年改正案(2012-13年)	80	9	89(58.9)	16	8	24(15.9)	7	16	23(15.2)	15	151

注1：括弧内の年は，根回しが実施された期間を示す．
注2：同一人物が複数回にわたって根回しの対象とされている場合もある．
出典：公正取引委員会の開示決定資料をもとに筆者作成．

26　公正取引委員会の官僚による法案根回しの対象には，両議院の議員だけでなく，関係省庁の官僚や国会職員，政党職員なども含まれているが，ここでは議員に対する根回しに限定して集計している．ただし，根回しのほとんどは両議院の議員に対するものであり，そのほかを除外したとしても分析の結果には影響をおよぼさない．

補論　政権交代と官僚行動　　115

　それが2009年9月に民主党政権が誕生し，そのもとで2010年改正案が国会に提出されると，今度は自民党に代わって与党となった民主党に対する根回しを優先し，その対象とされた議員の割合は全体の55.7%を占めているのに対して，自民党は冷遇され，根回しの対象となった議員は全体の四分の一を割って23.3%を占めるに過ぎなくなった．これには自民党が2009年8月の総選挙において議席自体を大きく減らしていることも考慮されなければならないが，興味深いのは自民党とおなじく議席を減らして野党に転じた公明党に対する根回しである．すなわち，公明党に関しては自民党とは逆に，むしろ野党のときの方が与党のときよりも根回しが割合のうえで重視されている．これは民主党政権が2010年7月以降，分裂議会に直面しており，法案を成立させるにあたって，公明党の支持を重視していたことを示唆している．

　先述のとおり，2010年改正案は民主党政権のもとでは国会を通過するに至らなかったが，2012年12月の総選挙によって自民，公明両党が政権に復帰すると，それはもう一度，2013年改正案として国会に提出された．自公政権のもとでは，官僚はふたたび与党に戻った自民党に対する根回しを重視し，その割合は全体の6割に近い58.9%を占める一方で，野党に戻った民主党に対しては手のひらを返したかのように，根回しの対象とされた議員の割合は全体の15.2%を占めるに過ぎなくなった．

　こうした官僚の与党と野党とに対する態度の差異は，根回しの頻度だけではなく，その丁重さにもあらわれている．表4-8は2004年改正案，2010年改正案，2013年改正案の立法過程において，それぞれどの役職にある官僚が根回しを担当したのかを政党別に報告している[27]．そこには，いずれの役職についても野党より与党の議員に対する根回しを優先していることが示されているが，そのなかでもとくに注目すべきは，最高位にある委員長と事務総長とによる根回しである．すなわち，両者による根回しは著しく与党に偏重しており，自公政権においては野党である民主党の議員に対する根回しは皆無に近い．それが民主党政権下の2010年改正案の立法過程においては，

27　独禁法改正のための根回しはおもに，その原案の企画立案を担当する総務課企画室が属する経済取引局と，官房（とくに官房総務課）の官僚によって担当されている．

表4-8　独禁法改正法案の役職別根回し件数

| | 2004年改正案 | | | | 2010年改正案 | | | | 2013年改正案 | | | |
	自民 (与)	公明 (与)	民主 (野)	その他	自民 (野)	公明 (野)	民主 (与)	その他	自民 (与)	公明 (与)	民主 (野)	その他
委員長	29	4	2	0	2	3	3	0	4	0	1	0
事務総長	50	0	2	0	2	0	10	0	8	1	0	0
局長	137	23	7	0	34	42	93	0	64	20	14	6
審議官	147	13	15	0	40	33	106	2	17	2	1	0
課長	108	17	23	7	12	1	42	4	62	14	10	8

注：（与）とは与党であることを，（野）とは野党であることをそれぞれ意味する.
出典：公正取引委員会の開示決定資料をもとに筆者作成.

　事務総長が根回しを担当する議員が自民党は2名であるのに対して，与党である民主党については10名であるなど，やはり与党の議員の方が重視されている.
　ちなみに，公正取引委員会の官僚がどのような役職に就いている議員に対して根回しを行ったのかを示したのが表4-9である．そこでは，官僚によって根回しの対象とされた議員を役職別に集計しており，いずれの年においても国会と党政調の役職に就いている議員が集中的に根回しを受けていることがわかる．ここで国会の役職というのは，おもに独禁法改正法案が審査された衆議院および参議院の経済産業委員会の委員長や理事などを指す．しかし，それらが主たる根回しの対象者であることは間違いないが，興味深いのは政務三役(大臣，副大臣，大臣政務官)の位置づけである．とくに，民

表4-9　独禁法改正法案の根回し先

| | 2004年改正案 | 2010年改正案 | 2013年改正案 |
	件数(%)	件数(%)	件数(%)
政務三役	9 (1.5)	60 (24.1)	13 (9.6)
国会	210 (34.1)	113 (45.4)	52 (38.2)
党幹部	31 (5.0)	3 (1.2)	7 (5.1)
党政調	343 (55.7)	59 (23.7)	47 (34.6)
党国対	23 (3.7)	14 (5.6)	17 (12.5)
計	616	249	136

注1：通常，議員は国会や党の役職をいくつか兼務しているが，ここでは開示決定
　　　資料に記されている議員の役職にもとづいて集計している.
注2：ここには現職だけでなく，元職も含まれており，%は各年の根回し対象者に
　　　占めるそれぞれの役職の割合を示している.
注3：内閣官房副長官については，政務三役に含めている.
出典：公正取引委員会の開示決定資料をもとに筆者作成.

主党政権下の2010年改正案の立法過程においては，法案の根回しを受けた議員の24.1%が政務三役の職にある議員となっている．これには，民主党が2009年9月に政権を獲得したのちに党政調（部門会議）を廃止し，内閣のもとで一元的に政策決定を行おうとしたことが関係しているものと思われるが，表4-9からは，おなじく自公政権のもとであっても，2004年改正案と2013年改正案とでは，後者の方が政務三役に対する根回しの比重が高いことが確認できる．このことは，民主党が政権を失ったのちも，内閣への政策決定の一元化の流れは継続していることを示唆している．

　ここまでは，根回しの数を集計的に捉えてきたが，つぎに，それがどのタイミングで実施されたのかということをみる．その時期については，本章でも指摘したように，とくに法案の国会提出以前か以後かが決定的に重要な意味をもつ．表4-10は2004年改正案，2010年改正案，2013年改正案における公正取引委員会の官僚による根回しの対象者数を法案の国会提出の前後に分けてそれぞれ政党別に集計したものである．ここで留意すべきことは，民主党政権の初期においては，政策決定の一元化が試みられ，党の政調が廃止されていたため，与党による法案の事前審査が組織的には行われなかったということである．その影響を受けてか，民主党政権のもとで国会に提出された2010年改正案の立法過程に関しては，法案が国会に提出される以前の段

表4-10　独禁法改正法案の根回し時期

		自民			公明			民主			その他	計
		衆院議員	参院議員	小計(%)	衆院議員	参院議員	小計(%)	衆院議員	参院議員	小計(%)		
2004年改正案	提出前	428	136	564(88.8)	36	48	84(80.8)	18	10	28(34.6)	1	677
	提出後	31	40	71(11.2)	7	13	20(19.2)	32	21	53(65.4)	9	153
2010年改正案	提出前	1	1	2(3.4)	1	0	1(2.2)	3	1	4(2.8)	0	7
	提出後	42	15	57(96.6)	10	35	45(97.8)	120	17	137(97.2)	7	246
2013年改正案	提出前	75	3	78(87.6)	14	5	19(79.2)	4	7	11(47.8)	3	111
	提出後	5	6	11(12.4)	2	3	5(20.8)	3	9	12(52.2)	11	39

注：%は各党内において法案提出前に根回しを受けた議員と法案提出後に根回しを受けた議員の割合を示している．
出典：公正取引委員会の開示決定資料をもとに筆者作成．

表4-11 独禁法改正法案成立時における挨拶対象者数

	自民			公明			民主			その他	計
	衆院議員	参院議員	小計(%)	衆院議員	参院議員	小計(%)	衆院議員	参院議員	小計(%)		
2004年改正案(一致)	95	20	115(78.8)	8	8	16(11.0)	10	5	15(10.3)	0	146
2009年改正案(分裂)	29	10	39(49.4)	8	8	16(20.3)	8	13	21(26.6)	3	79

注:%は各法案の成立時におけるすべての挨拶対象者に占める各党の割合を示す.
出典:公正取引委員会の開示資料をもとに筆者作成.

階での根回しはほとんど実施されていない. そのため, ここでは自公政権の もとにおける2004年改正案と2013年改正案について, それぞれの根回しが どのタイミングで実施されているのかをみる. 表4-10からはいずれにおいて も自民党議員の約9割, 公明党議員の約8割が法案の提出前に根回しを受け ているのに対して, 野党である民主党の議員に対する根回しの半数以上は, 法案が国会に提出されたのちに行われたものであることが確認される.

それでは, 本節の最後に分裂議会の発生が官僚行動におよぼす影響につい て検証する. 表4-11は公正取引委員会の官僚が独禁法改正法案の成立にあ たり, 挨拶に赴く対象としてあげた議員を衆参に分けて政党別に集計してい る. そこには, 分裂議会の発生前後において, 官僚の野党に対する態度に差 異があることが示されている. 具体的には, 2004年改正案は与党が両議院 の多数を占める一致議会のもとで成立した法案であり, 挨拶対象者の約9割 が与党たる自民, 公明両党の議員に集中している一方で, 野党である民主党 については, 残りの1割にあたる議員が挨拶の対象とされたに過ぎなかっ た. それが2007年7月の参議院選挙によって, 民主党を中心とする野党 が参議院の多数を握り, 分裂議会になると, 2009年改正案の成立において は, 官僚によって挨拶の対象とされた民主党議員が全体の四分の一を超えて 26.6%を占めるまでになっている. このことは, 分裂議会においては与党 だけでなく, 野党もまた法案成立のために同意を取りつけることが不可欠な 拒否権プレイヤーとして官僚に認知されていることを示唆している.

5 補論の知見

　補論においては，政権交代を閣法の成立に同意を必要とする拒否権プレイヤーの交代として捉えたうえで，それによって閣法の立法過程における官僚の法案根回しがどのように変化するのかに関する仮説を提示し，それを公正取引委員会が主管する独禁法改正法案の立法過程を事例として検証した．その結果，政権交代によって，新たに与党となった政党に対して，官僚は野党と比較して，対象者数，担当者，時期の面においてそれぞれ優先的な根回しを行うようになっていることが示された．この分析結果は本章の主張を補強するものであると同時に，日本の官僚が国会における多数派交代という政治部門の環境変化に対して高い応答性をもっていることを示唆するものであるといえる．

第5章

分裂議会における閣法の国会提出

　本章では，分裂議会の発生が内閣による閣法の国会提出にどのような影響をおよぼすのかを検証する．第3章では分裂議会において内閣および各省庁があらかじめ重要法案の件数を選択的に絞り込んでいることを明らかにしたが，いかに閣法提出者が参議院の多数を占める野党の意向を忖度しながら閣法を準備したとしても，野党が実際に閣法に対してとる態度を精確に予測することは難しく，また国会をとりまく政治状況はつねに流動的である．それゆえ，内閣は国会が召集されたのち，実際に閣法を国会に提出する段階において，改めて与党との協議のもとで提出法案を取捨選択するものと考えられる．本章では，内閣および各省庁によって事前に準備された法案が実際にどれだけ国会に提出されるのかを追跡することによって，分裂議会において内閣が慎重な法案提出を余儀なくされていることを示すと同時に，国会内過程に射程を限定した分析では観察することのできない非決定に光をあてる．

　以下，第1節では国会前過程において閣法がどのように取捨選択されるのかを概念的に整理したうえで，本書における分析の射程を明確にする．第2節では内閣が分裂議会においてより多くの法案の国会提出を見送るようになることを予想するとともに，そこでどのような法案が見送りの対象となるのかを検討する．また，与野党対立を引き起こす論争的な法案については，その緊急性が必ずしも高くない場合，分裂議会では国会に提出されないことをゲーム論によって演繹的に予測する．第3節では一致議会と分裂議会とにおける準備法案の国会提出状況を量的に比較し，分裂議会においては緊急性の低い法案ほど国会への提出が見送られる傾向にあることを示す．第4節では2013年12月に野党の激しい抵抗を受けながらも成立した特定秘密保護法

案の立法過程を事例として質的な分析を行い，それが分裂議会のもとで2年近くにわたって国会に提出されることなく国会前過程に潜在化していたことを明らかにし，分裂議会における非決定の一端を示す．第5節では本章の分析によって得られた知見をまとめる．

1　国会提出法案の取捨選択

　分裂議会の発生が閣法の立法過程におよぼす影響を経験的に観察することの難しさは，これまでに指摘してきたとおり，閣法提出者の戦略的な行動に由来する．すなわち，内閣は国政運営のために欠かすことのできない法案の成立を最優先に考えるために，緊急性が低く，また参議院の多数を占める野党の支持を得る見込みのない法案については極力，国会への提出を見送って立法上の負担を少なくしようという誘因をもつ．通常，国会に提出されることなく，国会前過程に潜在化する法案については，それを観察することが困難であるため，国会に関する先行研究のほとんどは，そもそもそうした法案の存在を考慮しないか，もしくは実証的な分析を断念して，もっぱら国会に提出された法案の国会審議などに目を向けてきた．

　しかし，分裂議会において国会に提出される法案は，閣法提出者の取捨選択を通じて，おもに野党も賛成する見込みのある法案や，ほかの法案の提出を控えてでも成立させる必要があると判断された法案などにかぎられるといってよく，そう考えることによってはじめて，なぜ分裂議会においても，参議院が直接的に閣法の成立を阻むことがまれであるのかを理解することができる．したがって，分裂議会の発生が閣法の立法過程におよぼす影響を包括的に捉えようとするならば，分裂議会において閣法提出者が国会への提出を断念した法案をも合わせて考慮する必要があり，それには何よりも分析の射程を国会内過程から国会前過程にまで拡げることが求められる．

　それでは，実際に分析を行ううえでの問題として，国会前過程における法案の取捨選択については，それをどこまで遡って観察することが可能なのであろうか．閣法が国会過程にその姿をあらわすまでには，図5-1に示したように，少なくとも二つの段階を経るものと考えられる．第一は原案作成段階（第一段階）である．これは主管省庁が関係アクターとの調整を通じて閣法の原案を作成する段階であり，それを経た法案が事前準備法案として国会に提

図5-1 国会提出法案の取捨選択過程

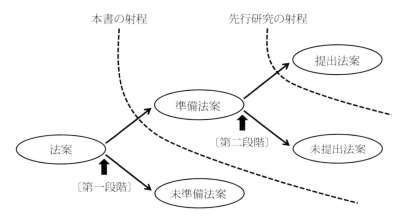

出されるときを待つ．第二は提出決定段階（第二段階）である．これは内閣が与党，とくにその国対との協議を通じて事前準備法案のなかから実際に国会へ提出する法案を決定する段階であり，それを経た法案が国会に提出される．通常，先行研究が対象とするのはこの二つの段階を経てようやく国会過程に顕在化した法案である．

　それに対して，本書は第二段階以前を射程に含めている．第一段階以前は法案化に向けたいわば構想段階であり，とくに法文化されていない法案についてはその存在を確認することが難しいものの，第一段階を経て実際に起草された法案については，第3章において紹介した内閣官房内閣総務官室の「法案提出時期調」を用いることによって，その観察が可能になる．本章ではそこに記載されている準備法案の立法的帰結を追跡することによって，どの法案が第二段階を経て国会へ提出されたのか，それとも提出が見送られて国会前過程に潜在化しているのかを明らかにしていく．

2　理論的検討

2.1　本章の仮説

　国会前過程における準備法案の国会提出状況を確認するにあたって，本章

の仮説を提示しておきたい．ここでも分裂議会の発生が閣法提出者の立法コストを増加させるということを考慮するならば，内閣は国政運営に不可欠な法案以外の立法的な負担を極力少なくしたいという誘因をもつ．また，それに加えて，法案の国会提出に関して重要な問題であるのが国会審議の予測可能性である．すなわち，一致議会においては与党が両議院において議事運営の主導権を握っているために，内閣は国会に提出する法案がどのように審議され，またいつ頃，採決に付されるのかといった見通しをもつことができるのに対して，分裂議会においては野党が参議院の議事運営をコントロールするため，そうした見通しが立ちにくくなる．まえにも指摘したように，内閣は国会の議事運営に直接関与することが制度上，制限されているため，国会審議についての予測可能性が低い状況においては，国会提出法案の間で共倒れが起きることを防ぐうえで，国会に提出する法案を慎重に取捨選択せざるを得ないと考えられる．したがって，本章の仮説は以下のものになる．

　　仮説：分裂議会では一致議会と比較して，閣法提出者は法案の国会提出に慎重になる．

　この仮説を作業仮説として検証可能なものにするならば，分裂議会においては事前に準備された法案のうち，内閣によって提出を見送られるものが多くなるということになる．一方で，この仮説が支持されるものであるとすれば，つぎのような疑問も生じる．すなわち，それは分裂議会において国会への提出が断念される法案とはどのようなものであるかということである．それには早期に成立させることが必ずしも求められない法案，すなわち緊急度の低い劣後法案が該当すると予想されるが，そのなかでもとくに世論の反発や与野党の対立を惹起するような論争法案については，提出を見送られる傾向が強くなるであろう．

2.2　ゲームによる検討

　分裂議会において，閣法提出者が論争法案をどのように取り扱うのかを検討するには，それに対する野党の戦略的な対応をも同時に考慮する必要がある．ここでは，それを各プレイヤーの行動決定が時間をおいて行われる展開形ゲームによって表現し，その代表的な解として，それぞれのプレイヤーが

合理的な決定を行う部分ゲーム完全均衡を求める．

図5-2は内閣と野党をプレイヤーとするゲームを展開形によって表現している．ゲームは最初に内閣が法案を提出する（提出）か，提出しない（不提出）かを決め，法案が国会に提出された場合，野党はそれに賛成する（賛成）か，反対する（反対）かを決める．分裂議会においては，基本的に与党だけでなく，野党もまた拒否権プレイヤーとなるため，野党の反対によって参議院が法案を否決するとそれは成立しない．そこで，野党が反対の立場をとった場合，内閣は野党が賛成に転じるところまでその要求を受け入れる（受諾）か，それには応じない（拒否）かを決める[1]．

内閣が法案を国会に提出したとき，野党がそれに賛成した場合と，反対した場合であっても内閣が野党の要求を受諾するならば，法案は成立し，内閣はそれぞれUg_1とUg_2の利得を，野党はそれぞれUo_1とUo_2の利得を得る．その一方で，内閣が野党の要求を拒否した場合，法案は成立せず，内閣の利得はUg_3，野党の利得はUo_3となる．また，内閣がそもそも法案を国会に提出しない場合，当然ながら法案は成立せず，内閣はUg_4，野党はUo_4の利得をそれぞれ得る．

図5-2 展開形ゲームによる表現

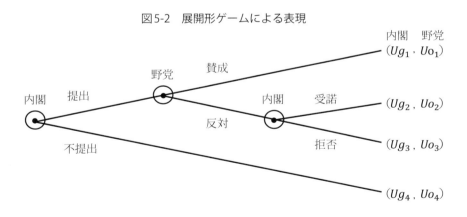

---

[1] ここでは，内閣が法案を修正するか否かを決めるとしているが，国会において実際に野党との折衝にあたるのは与党の国対である．ここでは便宜的に内閣と与党とを一体のものとみなしている．

ここで，内閣の利得関係は$Ug_1 > Ug_4 > Ug_2 > Ug_3$，野党のそれは$Uo_3 > Uo_4 > Uo_2 > Uo_1$とそれぞれ表現される．まず，前者について，$Ug_1 > Ug_4$，$Ug_2 > Ug_3$となるのは，内閣にとって法案が成立した方が成立しないよりも好ましいからであるが，問題は$Ug_4 > Ug_2$となることである．この関係を理解するには，日本の国会における時間の重要性に加えて，分裂議会における修正コストの高さを考慮する必要がある．すなわち，分裂議会において拒否権プレイヤーとしての野党が反対する論争法案を成立させるには，内閣が野党の要求をほとんど「丸のみ」するところまで妥協を重ねる必要がある（川人 2008; 2014; 2015）．ただし，それによって成立する法案は内閣にとってむしろ現状よりも最適点から離れたところに位置する可能性があるばかりか，合意に至るまでに費やす時間が早期に成立をはかるべき法案の審議時間を奪う恐れもある．したがって，内閣としてはそれほどの犠牲を払ってまで論争法案を成立させるよりも，はじめからそれを国会に提出せず，優先重要法案など，優先順位の高い法案の国会審議により多くの時間を割く方を望むと考えられる．

　つぎに，後者の野党の利得関係について説明する．まず，$Uo_3 > Uo_4$となるのは，野党としては，望まない法案を国会に提出させないよりも，内閣によって国会に提出された法案を有権者にみえるかたちで批判し，否決した方が有権者にアピールするところが大きいからである．つぎに，$Uo_4 > Uo_2$となるのは，かりに内閣にみずからの要求を丸のみさせたとしても，世論が反対する法案を内閣とともに成立させたとなれば，有権者の批判は自身にも向けられることになるからである．また，それに無条件に賛成することは，有権者のさらなる反発を呼ぶことになるので，$Uo_2 > Uo_1$となる．

　以上の利得関係を踏まえたうえで，完全情報をもつゲームの部分ゲーム完全均衡を求めるには，逆向き帰納法（backward induction）によって，ゲームの最後から順にゲームを遡って，各情報集合におけるプレイヤーの最適な行動を定めればよい．まず，内閣は野党の要求を受諾すればUg_2，拒否すればUg_3の利得を得るため，要求を受け入れる方を選ぶ．つぎに，野党は法案に賛成すればUo_1，反対すれば内閣が要求に応じてUo_2の利得を得るので，法案に反対の立場をとる．最後に，内閣は国会に法案を提出すれば，野党がそれに反対し，その要求を内閣は受諾するのでUg_2，法案を提出しないならばUo_4の利得を得るため，後者の法案を国会に提出しない方を選ぶ．したがっ

て，部分ゲーム完全均衡においては，内閣は論争法案を国会に提出しないということになる.

3　事前準備法案の国会提出

　本節では，国会前過程において内閣および各省庁によって事前に準備された法案が実際にどれだけ国会に提出されているのかを量的に把握する．表5-1は「時期調」にもとづいて事前準備法案を，A法案（提出確定法案），B法案（提出予定法案），C法案（提出検討中法案）に分類したうえで，それぞれの国会提出状況を一致議会と分裂議会とに分けて報告している．そこからは，分裂議会において内閣が法案の国会提出に慎重になっていることをみてとることができる.

　具体的には，まず2007年7月に分裂議会が発生する以前の一致議会についてみると，郵政民営化関連法案が審議された2005年常会をのぞいて，概ね90%前後の法案が自公政権によって実際に国会へと提出されていること

表5-1　一致議会と分裂議会における事前準備法案の国会提出状況

常会（政権）		事前準備法案						計	提出法案	提出率%
		A法案	割合%	B法案	割合%	C法案	割合%			
一致	2000（自公）	97	85.1	0	0.0	17	14.9	114	103	90.4
	2001（自公）	99	86.8	0	0.0	15	13.2	114	102	89.5
	2002（自公）	94	89.5	0	0.0	11	10.5	105	97	92.4
	2003（自公）	115	92.0	0	0.0	10	8.0	125	120	96.0
	2004（自公）	125	88.0	0	0.0	17	12.0	142	126	88.7
	2005（自公）	88	85.4	0	0.0	15	14.6	103	88	85.4
	2006（自公）	85	85.0	0	0.0	15	15.0	100	90	90.0
	2007（自公）	93	91.2	0	0.0	9	8.8	102	99	97.1
分裂	2008（自公）	78	85.7	0	0.0	13	14.3	91	78	85.7
	2009（自公）	61	76.3	0	0.0	19	23.8	80	63	78.8
一致	2010（民主）	61	79.2	1	1.3	15	19.5	77	62	80.5
分裂	2011（民主）	64	75.3	0	0.0	21	24.7	85	64	75.3
	2012（民主）	81	78.6	0	0.0	22	21.4	103	81	78.6
	2013（自公）	66	70.2	0	0.0	28	29.8	94	71	75.5
一致	2014（自公）	80	92.0	0	0.0	7	8.0	87	81	93.1
	2015（自公）	74	93.7	0	0.0	5	6.3	79	74	93.7
	2016（自公）	55	90.2	0	0.0	6	9.8	61	56	91.8

注：%は事前準備法案に占めるそれぞれの法案の割合を示す.
出典：内閣官房「法案提出時期調」（2000年常会〜2016年常会）および参議院議事部議案課「議案審議表」
　　　（2000年常会〜2016年常会）をもとに筆者作成.

がわかる．一方，2007年の参議院選挙によって分裂議会が発生すると，事前準備法案の提出率は2008年常会において85.7%となり，2009年常会ではさらに78.8%に低下している．これと同様の傾向が，2010年7月の分裂議会発生前後の比較からも確認される．すなわち，一致議会下の2010年常会では，80.5%の法案が民主党政権によって実際に国会へ提出されているのに対して，分裂議会のもとにおける2011年常会ではそれが75.3%になっている．ただし，2011年常会においては，その会期中に東日本大震災が発生し，その復旧，復興に関わる法案が追加的に国会へ提出されたことによる影響も考慮されなければならないが，つづく2012年常会においても事前準備法案の提出率は78.6%にとどまっている．

　つぎに，2013年7月の参議院選挙によって，分裂議会が終結して一致議会になったことが内閣の法案提出にどのような変化を生じさせたのかについても確認する．自公政権は分裂議会下の2013年常会においては実際に国会へ提出する法案を事前準備法案の75.5%にとどめる一方，一致議会となった2014年以降の常会ではいずれも90%を超える法案を国会に提出している．このことからも，分裂議会の発生が内閣の法案提出を抑制的なものにしていたことが推論される．

　こうした分裂議会と一致議会とにおける閣法提出者の法案提出行動の差異は，A法案，B法案，C法案の分類のなかにすでに示されているということができる．とくに分裂議会のもとにおいては，2008年常会をのぞいて，C法案の割合が2割を超え，2013年常会においては約3割となっている．C法案はもともと国会への提出が確定しておらず，検討段階にある法案であるがゆえに，分裂議会だけでなく，一致議会においても，実際に国会へ提出されることが少なく，その全体に占める割合が高まれば，必然的に法案提出率も低くなる．ただし，C法案については，その国会での提出が見送られたとしても，のちの国会においてC法案からA法案となって国会に提出されることが多い．たとえば，一致議会のもとにおける2006年常会では，提出が見送られたC法案9件のうち，7件が一年以内に国会へ提出され成立している．

　しかし，その一方で，分裂議会の発生によって，C法案にも指定されることなく，当面の国会提出が完全に断念された法案も存在する．その代表的なものが永住外国人に対する地方公共団体の議会の議員及び長の選挙権の付与

に関する法律案，いわゆる外国人参政権法案である．それは民主党政権のもとで召集された2010年常会において，C法案として準備されていたが，外国人参政権については野党だけでなく，与党内にも反対論が根強かったため，結局その常会に提出されることはなかった．そして，2010年7月に分裂議会が発生すると，翌年の2011年常会においてはC法案にすら指定されることなく，「時期調」のなかからその姿を消した．これなどは，まさに国会内過程に限定した分析においては観察されることのない非決定の代表的な事例であるといえるが，逆に分裂議会において国会前過程に潜在化していた法案が，その終結に伴って国会に提出されることもある．それが次節において事例分析を行う特定秘密保護法案であるが，ここでは分裂議会においてどのような閣法が国会提出を見送られる傾向にあるのか量的な観察をつづけよう．

表5-2は第3章で提示した閣法の分類にもとづいて，それぞれの国会提出状況を報告している．そこからは閣法の重要度よりもむしろ緊急度によって提出状況に違いが生じていることが確認される．すなわち，緊急度が高く具体的な成立期限が設けられている優先法案については，重要法案，一般法案にかかわりなく，2013年常会において優先一般法案が1件提出を見送られているほかは2，すべて実際に国会へ提出されている．それに対して，緊急度の低い劣後法案に関しては，重要法案であっても提出を見送られる法案が存在しており，とくに重要度の低い劣後一般法案については，分裂議会において国会に提出される法案の割合が低くなっている．具体的には，2007年7月に分裂議会が発生する以前の一致議会では概ね8割台後半から9割台半ばにかけての法案が国会に提出されていたのに対して，分裂議会下の2008年常会ではその割合が80.6%となり，さらに2009年常会では71.9%になっている．また，2010年7月に発生した分裂議会のもとではそれが6割台まで低下

2　具体的には，農林水産省が主管する，農山漁村における再生可能エネルギー電気の発電の促進に関する法律案(仮称)を指す．この法案は2013年6月30日に関連法の有効期限が切れるために「期限切れ」とされていたにもかかわらず，C法案に分類されており，「時期調」の備考欄には「調整に時間を要するため」との記載がある．ただし，本法案は同年10月に召集された第185回国会(臨時会)に提出され(件名は農林漁業の健全な発展と調和のとれた再生可能エネルギー電気の発電の促進に関する法律案)，翌月には成立をみている．

表5-2 一致議会と分裂議会における法案別国会提出状況

常会(政権)		重要法案						一般法案					
		優先			劣後			優先			劣後		
		準備	提出	%	準備	提出	%	準備	提出	%	準備	提出	%
一致	2001 （自公）	6	6	100.0	10	10	100.0	18	18	100.0	80	68	85.0
	2002 （自公）	7	7	100.0	21	20	95.2	8	8	100.0	69	62	89.9
	2003 （自公）	8	8	100.0	24	23	95.8	18	18	100.0	75	71	94.7
	2004 （自公）	6	6	100.0	20	17	85.0	17	17	100.0	99	86	86.9
	2005 （自公）	6	6	100.0	16	12	75.0	14	14	100.0	67	56	83.6
	2006 （自公）	6	6	100.0	19	17	89.5	16	16	100.0	59	51	86.4
	2007 （自公）	9	9	100.0	15	15	100.0	14	14	100.0	64	62	96.9
分裂	2008 （自公）	8	8	100.0	8	7	87.5	13	13	100.0	62	50	80.6
	2009 （自公）	7	7	100.0	7	6	85.7	9	9	100.0	57	41	71.9
一致	2010 （民主）	10	10	100.0	16	11	68.8	11	11	100.0	40	30	75.0
分裂	2011 （民主）	9	9	100.0	20	17	85.0	8	8	100.0	48	30	62.5
	2012 （民主）	9	9	100.0	16	15	93.8	10	10	100.0	68	47	69.1
	2013 （自公）	5	5	100.0	9	9	100.0	12	11	91.7	68	46	67.6
一致	2014 （自公）	6	6	100.0	21	20	95.2	7	7	100.0	53	48	90.6
	2015 （自公）	6	6	100.0	23	23	100.0	9	9	100.0	41	36	87.8
	2016 （自公）	9	9	100.0	16	15	93.8	6	6	100.0	30	26	86.7

注：％はそれぞれの法案の提出率を示す。
出典：内閣官房「法案提出時期調」（2000年常会～2016年常会）および参議院議事部議案課議
「案審議表」（2000年常会～2016年常会）をもとに筆者作成.

しており，逆に2013年7月の参議院選挙によって分裂議会が終結し，一致議会になると，また国会に提出される法案の割合は9割前後に戻っている.

　以上のことを整理すると，緊急度の高い優先法案については分裂議会においても確実に国会へ提出されるものの，それが低い劣後法案については重要度の低い法案ほど分裂議会において国会提出が見送られる傾向にあるということになる.

4　特定秘密保護法案の立法過程

　本節では，2013年12月に成立した特定秘密保護法案の立法過程を事例として，分裂議会においては劣後法案のなかでも与野党対立を惹起する論争的な法案については，その国会提出が見送られるという仮説を検証する.

　特定秘密保護法案は国の安全保障に関する情報のなかで，とくに秘匿することが求められる情報を適確に保護する体制を確立することを目的として，

第5章　分裂議会における閣法の国会提出　131

表5-3　特定秘密保護法案の国会審議経過

国会回次	提出日	衆議院			参議院			公布日
		委員会付託	委員会議決	本会議議決	委員会付託	委員会議決	本会議議決	
185	2013/10/25	11/7 国家安全保障に関する特別委員会	11/26 修正(多)	11/26 修正(多)	11/27 国家安全保障に関する特別委員会	12/5 可決(多)	12/6 可決(多)	12/13

注：(多)は賛成多数であることを意味する.
出典：参議院議事部議案課「議案審議表」(第185回国会)にもとづいて筆者作成.

第二次安倍内閣によって，2013年10月に召集された第185回国会（臨時会）に提出され，その会期内の同年12月に成立をみた3. まずはその法案がいかに与野党対立を引き起こす論争的な法案であったのかを，その国会審議を振り返ることで確認しておこう.

特定秘密保護法案は，2013年10月25日に閣議決定され4，ただちに衆議院を先議として国会に提出された. 表5-3は本法案の国会審議経過を報告しており，そこからは法案が衆議院の特別委員会に付託され本格的な審査が開始されてから，1ヵ月ほどで両議院を通過していることが確認される. また，本法案は衆議院において12項目におよぶ修正を受けるものの5，参議院においては修正されず，附帯決議をつけられることもなかった.

しかし，そうした一見，順調にみえる国会での審議はもっぱら両議院の多数を占める与党の主導的な議事運営に依拠するものであったといえる. すなわち，表5-4は特定秘密保護法案に対する与野党の態度を報告しているが，法案を一貫して支持しているのは与党のみであり，最大野党である民主党のほかに，共産党，生活の党，社民党はいずれも本法案に対して反対の立

3　本法案の起草理由やその具体的な内容については，実際に政府素案の作成にあたった内閣官房の担当者による神原(2014)が詳しい. また，柳瀬(2013)，碇・柳瀬(2014)，櫻井(2014)なども参照.

4　本法案は閣議決定に先立ち，自公両党のプロジェクトチームによって審査され，特定秘密の指定の有効期間や運用基準などに関する事項に関して修正を受けた(神原 2014: 7-9).

5　修正案は自公両党に日本維新の会とみんなの党を加えた4会派共同で提案された.

表5-4 特定秘密保護法案に対する与野党の態度

		衆議院	参議院
与党	自民	賛成	賛成
	公明	賛成	賛成
野党	民主	反対	反対
	維新	欠席	欠席
	みんな	賛成	欠席
	共産	反対	反対
	生活	反対	反対
	社民	反対	反対

注：各党の法案に対する態度は，いずれも本会議における賛否に
もとづいて確定した.
出典：衆議院事務局『衆議院公報』（第185回国会）および参議院
事務局『参議院公報』（第185回国会）をもとに筆者作成.

場を貫いている．また，衆議院における法案審議において与党とともに修正案を提出し，法案に賛成の立場をとった日本維新の会とみんなの党も，参議院審議段階においては，法案に対する世論の反発などを考慮して，その採決に欠席することを余儀なくされている．

このように，特定秘密保護法案はほとんどすべての野党が反対するなかで，与党の支持だけを頼りに国会を通過した論争法案であったが，それが突如として安倍内閣のアジェンダにのぼり，国会過程にその姿をあらわしたわけではないことに留意が必要である．すなわち，特定秘密保護の法制化に向けた実質的な作業は，のちにみるように，2010年11月に尖閣沖漁船衝突事件にかかわる情報漏えいが発生したことを契機として，民主党の菅内閣，そしてそれにつづく野田内閣のもとで進められた．日本の国会が2010年7月から2013年7月まで分裂議会の状況にあったことを考えると，その法案は分裂議会のもとで準備されていたことになる．かりに特定秘密保護法案が提出された国会が分裂議会ではなく，一致議会であったことを偶然ではないとすると，ここで検証されるべきはいつの時点において内閣がその法案を準備していたのかということである．

そこで，ここからは特定秘密保護法案が第二次安倍内閣によって国会に提出されるに至る過程を追跡する．表5-5は政府内における特定秘密保護法案の準備過程をまとめているが，秘密保全に関する法制の整備に向けた具体的な動きは，2006年12月に第一次安倍内閣のもとに情報機能強化検討会議が設置されたときにまで遡ることができる．しかし，その後，2008年4月に福田内閣のもとに秘密保全法制の在り方に関する検討チームが設置され，また翌年7月には麻生内閣のもとで情報保全の在り方に関する有識者会議が開

第5章　分裂議会における閣法の国会提出　133

表5-5　特定秘密保護法案の準備過程

年月	事項
2006年 12月	情報機能強化検討会議（議長：内閣官房長官）が内閣に設置
2008年 2月	同検討会議が「官邸における情報機能強化の方針」を取りまとめ
同年 4月	秘密保全法制の在り方に関する検討チーム（議長：内閣官房副長官）が内閣に設置
2009年 7月	情報保全の在り方に関する有識者会議が開催
2010年 11月	尖閣沖漁船衝突事件にかかわる情報漏えいが発生
同年 12月	政府における情報保全に関する検討委員会（委員長：内閣官房長官）が開催
2011年 1月	秘密保全のための法制の在り方に関する有識者会議が開催
同年 8月	同有識者会議が「秘密保全のための法制の在り方について」（報告書）を取りまとめ
同年 10月	同検討委員会が秘密保全に関する法制の整備のための法案化作業を進めることを決定
2013年 9月	特定秘密の保護に関する法律案の概要についてパブリックコメントが実施
同年 10月	与党プロジェクトチームの検討を踏まえて政府素案に12項目の修正
同上	内閣が特定秘密の保護に関する法律案を閣議決定し国会に提出

出典：神原（2014）をもとに筆者作成.

催されるなど，法制化に向けた検討が重ねられたものの6，結局，成案を得る
には至らずに終わる（神原 2014: 6）.

　ふたたび，政府内において法制化に向けた気運が高まるのは，2010年11
月にさきに指摘した尖閣沖漁船衝突事件にかかわる情報漏えいが発生したこ
とを受けてである．漁船衝突時に海上保安庁が録画したビデオを，第五管区
海上保安本部に所属する海上保安官がインターネット上に流出させた事件は
世間的にも大きな注目を集める一方で，その翌月に仙谷由人内閣官房長官を
委員長とする，政府における情報保全に関する検討委員会が開催され，また
2011年1月には秘密保全のための法制の在り方に関する有識者会議が開か
れるなど，法制化に向けた準備が急がれた7．有識者会議は6回にわたって会
合を重ね，同年8月に報告書「秘密保全のための法制の在り方について」を

6　情報保全の在り方に関する有識者会議は西修（駒澤大学教授）を座長とし，北
　岡伸一（東京大学大学院教授），寺島実郎（多摩大学学長），永野秀雄（法政大学教
　授），春名幹男（名古屋大学大学院教授），前田雅英（首都大学東京大学院教授）の
　各委員によって構成された.
7　秘密保全のための法制の在り方に関する有識者会議は縣公一郎（早稲田大学教
　授）を座長とし，櫻井敬子（学習院大学教授），長谷部恭男（東京大学大学院教授），
　藤原靜雄（中央大学大学院教授），安冨潔（慶應義塾大学大学院教授）の各委員に
　よって構成された.

表5-6　特定秘密保護法案の位置づけ

常会	件名	予算関係	提出関係	法案規模	他省庁関係		閣議決定希望日	法制局審査希望時期	留意事項
2012	特別秘密の保護に関する法律(仮称)		C	小	警, 法, 外, 海, 防易		検討中	検討中	民主党国対との調整による
2013	特別秘密の保護に関する法律案(仮称)		C	中	警, 法, 外, 海, 防易		未定	未定	引き続き検討することが必要なため

注：両法案の主管省庁は内閣官房.
出典：「法案提出時期調」(2012年常会および2013年常会)にもとづいて筆者作成.

まとめ，政府は10月7日，同検討委員会において，その報告書を十分に尊重したうえ，2012年の常会への法案提出に向けて，法案化の作業を進めることを決定した(神原 2014: 7).

これが予定どおりに進んだとすれば，特定秘密保護法案は野田内閣のもと，2012年常会が召集された時点において，すでに国会提出の準備が整えられていたことになる．そこで，法案がいつから「時期調」に掲載されるようになったのかを報告したのが表5-6である．本法案はたしかに2012年常会の「時期調」のなかに「特別秘密の保護に関する法律(仮称)」という名称で記載されており，ここからも実際に法案が2012年常会に提出するために準備されていたことが確認される．また，表5-5は結局のところ，2012年常会に提出されなかった特定秘密保護法案が第二次安倍内閣のもとで召集された翌年の2013年常会にも「特別秘密の保護に関する法律案(仮称)」という名称で準備されていたことを示している．このことは，安倍内閣が2012年12月の政権復帰後にはじめて迎える常会において，あらかじめ法案を準備していながらも，結局はその提出を断念していたことを意味している.

このように，特定秘密保護法案はいずれの常会においても国会に提出されることなく終わったが，「時期調」にはそれがなぜ提出に至らなかったのかを推論するうえでも重要な情報が記されている．まず，本法案はいずれも予算に関係しない法案であるとともに，C法案とされており，ほかの閣法と比べて，必ずしも閣法提出者にとって緊急性の高い法案ではなかった．また，2012年常会の留意事項の欄には，与党の「国対との調整による」との記載があり，それは特定秘密保護法案の提出が高度な政治的問題として主管省庁に認識されていたことを示唆している．本法案は省庁レベルにおいては調整が「易」とされているように，提出に問題を抱えていた形跡は認められない

が，内閣および与党の戦略的な判断によって最終的に国会への提出が見送られたのである．

5　本章の知見

　本章では，分裂議会の発生が内閣の法案提出行動にどのような影響をおよぼすのかを検証した．まず，分裂議会においては内閣が慎重な法案提出を余儀なくされることを予想したうえで，閣法提出者としての内閣と野党をプレイヤーとするゲームによって，とくに緊急度の低い劣後法案のなかでも与野党対立をもたらす論争的な法案については，その国会提出が見送られることを示した．仮説の検証においては，内閣官房内閣総務官室が編集する「時期調」を用い，内閣および各省庁が国会召集前にどのような法案を準備していたのかを網羅的に把握し，その国会提出状況を一致議会と分裂議会とで比較した．その結果，分裂議会においては事前に準備された法案のうち，内閣によって提出を見送られる法案の割合が劣後一般法案を中心に増えることが明らかになった．

　また，分裂議会においては劣後法案のなかでも論争的な法案の提出が見送られることを，2013年12月に成立した特定秘密保護法案の立法過程を事例として検証した．本法案は分裂議会から一致議会に代わってまもなく召集された国会に提出されているために，確認されるべきは法案がいつの時点で準備されていたのかということであった．そこで，特定秘密保護法案が国会に提出されるに至るまでの過程を追跡した結果，本法案は少なくとも国会提出の2年近くまえに準備が整えられていたにもかかわらず，内閣は分裂議会の期間，その提出を見送っていたことが明らかになった．

　これらの分析結果は分裂議会が閣法提出者の法案提出行動を構造的に抑制していることを示しているとともに，国会内過程に射程を限定した分析では観察され得ない非決定に光をあてたものである．

補論　一致議会からの継続法案の行方

　本章では，特定秘密保護法案の事例分析を通じて，分裂議会において閣法提出者が与野党対立を引き起こす論争法案の国会提出を，それが緊急性を有しない法案である場合には控えることを示した．それでは，分裂議会が発生する以前の一致議会下の国会に提出されたものの，継続審査となって分裂議会に引き継がれた法案はそこでどのような帰結を迎えたのであろうか．そもそも後会にまわされる法案については，そのすべてが論争法案というわけではなく，日程的に必要な審議時間が確保されなかったがために継続審査となるものもあることに注意が必要であるが，その一方で野党が激しく抵抗したことによって，閣法提出者が継続審査にすることを余儀なくされた法案も存在する．そうであれば，一致議会から分裂議会に引き継がれた法案のなかには，与党だけでなく野党からの支持も得て，国会を通過する法案がある一方で，参議院の多数を占めて拒否権プレイヤーとなった野党の同意を得ることができず，閣法提出者によって成立が断念される法案や，野党の要求に応じて国会での修正を受ける法案もあると予想される．

　この補論では，そのことを検証するにあたり，まずは比較のために一致議会における継続法案の帰結を確認する．表5-7は一致議会下の2006年常会（第164回国会）において継続審査とされ，おなじく一致議会のもとにある後会にまわった閣法の国会審議結果を報告している．それによると，2006年常会では10件の閣法が継続審査となり，そのうちの3件が後会において審議未了によって廃案となっていることがわかる．ただし，そのなかで，犯罪の国際化及び組織化並びに情報処理の高度化に対処するための刑法等の一部を改正する法律案は2009年7月の衆議院解散に伴って廃案となるが[8]，社

8　本法案は国際的な組織犯罪の防止に関する国際連合条約およびサイバー犯罪

補論　一致議会からの継続法案の行方　137

表5-7　一致議会における継続法案の国会審議結果

常会(回次)	継続法案	分類(提出関係)	結果(回次)
2006年(164)	犯罪の国際化及び組織化並びに情報処理の高度化に対処するための刑法等の一部を改正する法律案	劣後一般(A)	未了(171)
	少年法等の一部を改正する法律案	劣後一般(A)	修正, 成立(166)
	感染症の予防及び感染症の患者に対する医療に関する法律等の一部を改正する法律案	劣後一般(A)	成立(165)
	ねんきん事業機構法案	劣後重要(A)	未了(165)
	国民年金事業等の運営の改善のための国民年金法等の一部を改正する法律案	劣後重要(A)	未了(165)
	信託法案	劣後一般(A)	修正, 成立(165)
	信託法の施行に伴う関係法律の整備等に関する法律案	劣後一般(A)	成立(165)
	教育基本法案	劣後重要(C)	成立(165)
	道州制特別区域における広域行政の推進に関する法律案	—	成立(165)
	防衛庁設置法等の一部を改正する法律案	劣後一般(A)	成立(165)

注：分類欄に記述のない法案は「時期調」に記載がなかった法案であることを意味する.
出典：内閣官房「法案提出時期調」(2006年常会)および参議院議事部議案課「議案審議表」(第164回国会〜第171回国会)をもとに筆者作成.

会保険庁改革関連法案ともいわれ，ともに閣法提出者によって重要法案に選別されている，ねんきん事業機構法案および国民年金事業等の運営の改善のための国民年金法等の一部を改正する法律案については，第165回国会(臨時会)において一旦廃案となるものの，法案内容に変更が加えられたうえで9，一致議会下の2007年常会(第166回国会)に再度提出され，いずれも原

に関する条約の締結などに伴い，組織的な犯罪に対する共謀罪やコンピュータ・ウィルス作成罪を新設することや，強制執行を妨害する行為の処罰対象を拡充することなどをおもな内容とし，2005年9月に召集された第163回国会(特別会)に提出されているが，それまでに二度の廃案を経験している．すなわち，一度目は2003年常会に提出されるものの(件名は犯罪の国際化及び組織化に対処するための刑法等の一部を改正する法律案)，同年10月の衆議院解散によって廃案となり，二度目は2004年常会に提出されるものの，2005年8月の郵政解散によって廃案となった．なお，共謀罪の新設以外については，政権交代後に民主党政権によって2011年常会に情報処理の高度化等に対処するための刑法等の一部を改正する法律案が提出され，その国会において成立をみた.

9　とくに，ねんきん事業機構法案については，法案名も日本年金機構法案と変わり，社会保険庁を廃止して，厚生労働省の「特別の機関」として「ねんきん事業機構」を設置するとされていたのが，新たに非公務員型の法人として「日本年金

案のとおりに成立している．また，そのほかの7件についても1件以外は2006年常会の直後に召集された第165回国会において成立しており，そのうち5件は修正を受けることなく，原案のとおりに国会を通過している．

それに対して，表5-8は2007年7月に分裂議会が発生する直前の2007年常会と，2010年7月に分裂議会が発生する直前の2010年常会（第174回国会）にそれぞれ提出され，継続審査となって分裂議会に引き継がれた法案の国会審議結果を報告しており，そこからは分裂議会の発生によって継続法案の帰結に大きな変化が生じていることが確認される．まず，2007年7月に発生した自公政権下の分裂議会については，8件中3件の法案が不成立に終わっている．具体的には，被用者年金制度の一元化等を図るための厚生年金保険法等の一部を改正する法律案は年金の官民格差是正に向けて，共済年金を廃止し厚生年金に統合することをおもな内容とする閣法提出者の重要法案であった．また，安全保障会議設置法等の一部を改正する法律案についても，「時期調」に記載がない例外的な法案ではあるが10，既存の安全保障会議を改め，国家安全保障会議（日本版NSC）に再編，拡充するために，第一次安倍内閣が肝煎りで国会に提出した法案であった11．さらに，地方公務員法及び地方独立行政法人法の一部を改正する法律案は一般法案に選別されてい

表5-8　分裂議会における継続法案の国会審議結果

常会（回次）	継続法案	分類（提出関係）	結果（回次）
2007年（166）	労働契約法案	劣後一般（A）	修正，成立（168）
	労働基準法の一部を改正する法律案	劣後一般（A）	修正，成立（170）
	最低賃金法の一部を改正する法律案	劣後一般（A）	修正，成立（168）
	社会福祉士及び介護福祉士法等の一部を改正する法律案	劣後一般（A）	成立（168）
	安全保障会議設置法等の一部を改正する法律案	―	未了（168）
	放送法等の一部を改正する法律案	劣後重要（A）	修正，成立（168）

機構」を設置するとされた．

10　常会においてはほとんどの閣法が3月までに国会へ提出されているのに対して，「時期調」に記載のない閣法は年度末に本予算が成立して以降に提出されており，本法案に関してもその提出日は4月6日となっている．

11　本法案は2009年7月の衆議院解散まで引き継がれることなく，安倍内閣のあとを受けた福田内閣によって，2008年常会（第169回国会）をまえに召集された第168回国会（臨時会）において，早くも廃案にすることが決められた．

補論　一致議会からの継続法案の行方　139

表5-8　分裂議会における継続法案の国会審議結果（続き）

常会(回次)	継続法案	分類(提出関係)	結果(回次)
2007年(166)	被用者年金制度の一元化等を図るための厚生年金保険法等の一部を改正する法律案	劣後重要(A)	未了(171)
	地方公務員法及び地方独立行政法人法の一部を改正する法律案	劣後一般(C)	未了(171)
2010年(174)	政府の政策決定過程における政治主導の確立のための内閣法等の一部を改正する法律案	優先重要(A)	撤回(177)
	防衛施設周辺の生活環境の整備等に関する法律の一部を改正する法律案	劣後一般(A)	成立(177)
	賃借人の居住の安定を確保するための家賃債務保証業の業務の適正化及び家賃等の取立て行為の規制等に関する法律案	劣後一般(A)	未了(179)
	土砂災害警戒区域等における土砂災害防止対策の推進に関する法律の一部を改正する法律案	劣後一般(A)	成立(176)
	国民年金及び企業年金等による高齢期における所得の確保を支援するための国民年金法等の一部を改正する法律案	劣後一般(A)	修正，成立(177)
	国際海陸一貫運送コンテナの自動車運送の安全確保に関する法律案	劣後一般(A)	未了(176)
	航空法の一部を改正する法律案	劣後一般(A)	未了(176)
	私的独占の禁止及び公正取引の確保に関する法律の一部を改正する法律案	劣後一般(A)	未了(181)
	農林漁業者等による農林漁業の六次産業化の促進に関する法律案	劣後重要(A)	修正，成立(176)
	高速自動車国道法及び道路整備事業に係る国の財政上の特別措置に関する法律の一部を改正する等の法律案	劣後一般(A)	未了(176)
	予防接種法及び新型インフルエンザ予防接種による健康被害の救済等に関する特別措置法の一部を改正する法律案	劣後一般(A)	修正，成立(177)
	環境影響評価法の一部を改正する法律案	劣後一般(A)	成立(177)
	地域主権改革の推進を図るための関係法律の整備に関する法律案	劣後重要(A)	修正，成立(177)
	国と地方の協議の場に関する法律案	劣後重要(A)	修正，成立(177)
	地方自治法の一部を改正する法律案	劣後一般(A)	修正，成立(177)
	労働者派遣事業の適正な運営の確保及び派遣労働者の就業条件の整備等に関する法律等の一部を改正する法律案	劣後重要(A)	修正，成立(180)
	保険業法等の一部を改正する法律の一部を改正する法律案	―	修正，成立(176)

注1：分類欄に記述のない法案は「時期調」に記載がなかった法案であることを意味する．
注2：2010年常会に提出されている国民年金及び企業年金等による高齢期における所得の確保を支援するための国民年金法等の一部を改正する法律案は「時期調」では件名が「企業年金制度等の改善等を図るための確定拠出年金法等の一部を改正する法律案(仮称)」となっている．
出典：内閣官房「法案提出時期調」(2007年常会，2010年常会)および参議院議事部議案課「議案審議表」(第166回国会以降)をもとに筆者作成．

るものの，それまでの歴代内閣において重要課題とされてきた公務員制度改革にかかわる法案であり，おなじ2007年常会に提出された国家公務員法等の一部を改正する法律案は国家公務員の天下り規制の強化や，能力・実績にもとづく人事評価制度の導入などを柱としていたが，国会審議において与野党が激しく対立し，最終的にはすべての野党が反対するなかで与党の賛成のみで国会を通過した．

　また，一方で国会を通過した成立法案に関しても，原案のとおりに成立したものは1件をかぞえるのみであり，それ以外の4件は国会において修正を受けることを余儀なくされている．そこでの修正はいずれも法案の内容に関係する実質修正であり，とくに重要法案に選別されている放送法等の一部を改正する法律案には，国民の放送に対する不信感の高まりを受けて，事実を捏造した番組を放送したと認める放送事業者に対して，総務大臣は再発防止計画の提出を求めることができるという行政処分の新設などが盛り込まれていたが，自民，公明，民主の三党による野党協議を踏まえてその規定は削除されるに至った12．このように，分裂議会において成立が断念された法案や国会で大幅な修正が加えられた法案はいずれも重要な政策課題にかかわる法案であると同時に，与野党の利害が鋭く対立する論争的な法案であったといえる．

　つぎに，2010年7月に発生した民主党政権下の分裂議会においても，自公政権下のそれと同様に一致議会からの継続法案は国会を通過しにくくなっている．具体的には，2010年常会において継続審査とされ，分裂議会の国会にまわった17件の法案のうち6件が不成立となっており，そのなかには政府の政策決定過程における政治主導の確立のための内閣法等の一部を改正する法律案，いわゆる政治主導確立法案が含まれている．それは政策決定過程において「政治主導」を確立するという民主党のマニフェストに掲げられた重要公約を実現するための法案（優先重要法案）であり，内閣官房に国家戦略局を，内閣府に行政刷新会議および税制調査会をそれぞれ設置するとともに

12　与野党協議において，民主党は新しい行政処分の導入は公権力の放送への介入にあたるとして，その削除を求めたのに対して，与党は「放送番組の適正性に関し，放送の不偏不党，真実及び自律の十分な確保に向けて，BPO（放送倫理・番組向上機構）の効果的な活動等が図られるよう，関係者の不断の取組みに期待する」という附帯決議を両議院で行うことを条件にそれに応じた．

に，国家戦略官などの新たな政治任用職を設けることを柱としていたが，野党の反対によって成立の目途が立たず，菅内閣は2011年常会（第177回国会）においてみずからそれを撤回するという道を選ばざるを得なかった．

　また，成立法案についても原案のとおりに国会を通過したのは11件中3件にとどまっており，そのほかの8件は国会において修正を加えられたうえでの成立となっている．そのうち6件の法案に対する修正はその内容にかかわる実質修正であり，そこには地域主権改革関連法案として重要法案に選別されている地域主権改革の推進を図るための関係法律の整備に関する法律案，および国と地方の協議の場に関する法律案が含まれる．地域主権改革もまた民主党のマニフェストに掲げられた重要公約のひとつであったが，与野党の修正協議を踏まえて，「地域主権改革」という用語が削除されることになり，前者は題名も「地域の自主性及び自立性を高めるための改革の推進を図るための関係法律の整備に関する法律」に改められた．それに加え，前者の法案については「地域主権戦略会議」にかかわる規定が削除されて，その法制化が見送られる一方，地方分権改革推進委員会の勧告に即した措置の実施に関する規定が追加された．また，労働者派遣事業の適正な運営の確保及び派遣労働者の就業条件の整備等に関する法律等の一部を改正する法律案（労働者派遣法改正案）もマニフェストの公約を実現するための重要法案であったが，2012年常会（第180回国会）における与野党協議を通じて，常時雇用される労働者以外の労働者派遣や製造業務への労働者派遣を原則として禁止するという規定が削除されるなどした．

　以上のように，この補論では一致議会から分裂議会にまわった継続法案が参議院の多数を占める野党の反対によって，成立を拒まれたり，その内容を大きく修正されたりすることを示した．しかし，そうした分裂議会における参議院の明示的な影響力行使は，与野党対立的な論争法案が国会に提出されていたがゆえに観察可能なものとなったことに留意が必要である．このことは逆に閣法提出者の戦略的な法案提出によって，論争法案が国会に提出されず，国会前過程に潜在化している場合，ここでの枠組みではその影響力を捕捉することができないことを意味している．それゆえに，この補論は分裂議会の影響を包括的に論じるには，本書において試みてきたように，国会前過程における閣法提出者の戦略的な行動に着目し，分裂議会の発生がそれにおよぼす黙示的な影響力を捉えることが不可欠であることを示している．

第6章

分裂議会における重要法案の成立過程

　本章では，分裂議会の状況においても現状変更的な政策を実現する重要法案が国会を通過していることを踏まえたうえで，それが成立に至る過程を理論的，実証的に分析し，分裂議会において重要法案が成立しうる条件について示唆を導出する．

　第3章では分裂議会において閣法提出者が重要法案のなかでも緊急性を伴わない劣後重要法案の準備件数を減らす傾向にあることを明らかにしたが，それは必ずしも分裂議会においては通常の国政運営に不可欠な必要最小限の重要法案しか成立しないことを意味しない．たとえば，これまでにも指摘したように，分裂議会のもとの1992年常会においては自衛隊の海外派遣を可能にし，戦後日本の国際貢献のあり方を大きく変えたPKO協力法案が成立している．また，おなじく分裂議会の2012年常会においては市民の日常生活に大きな影響をおよぼす消費税率の引き上げを柱とする社会保障・税一体改革関連法案や，それまでの日本の原子力規制体制を抜本的に改編する原子力規制関連法案が成立をみている．そこで，本章では後者の分裂議会において成立した二つの重要法案の立法過程をそれぞれ対象として，両法案がなぜ分裂議会のもとで国会を通過し得たのかを，それらをめぐる与野党の戦略的な行動に着目して説明し，分裂議会における重要法案の成立条件を析出する．

　以下，第1節では本章において対象とする二つの重要法案が，閣法提出者にとって法案を成立させることがもっとも困難な分裂議会において成立していることを指摘したうえで，そのもとにおいて閣法を成立させるための基本的な枠組みを示す．第2節では社会保障・税一体改革関連法案と原子力規制関連法案が閣法提出者にとって優先的に成立させるべき重要法案であったこ

とを示したうえで，両法案をめぐる与野党の戦略的な行動をゲームによって演繹的に考察し，与野党合意に至るメカニズムを明らかにする．第3節では両法案が成立に至るまでの過程をそれぞれ追跡し，その立法的帰結としていずれも野党の政策選好が強く法案に反映されていることを示す．第4節では二つの事例分析によって得られた知見をまとめたうえで，分裂議会において重要法案が成立するための条件を導出する．

1　民主党政権下における分裂議会の特質

　現代日本がこれまでに経験した分裂議会のなかでも，閣法提出者にとって，もっとも法案を成立させることが困難であったのは，第2章において確認したように，2010年7月に民主党政権下において実施された参議院選挙の結果，発生した第5次分裂議会前期である．すなわち，その分裂議会においては民主党が参議院の最大会派であったものの，その多数を確保するには民主党と政権の座をめぐって激しく対立する野党第一党の自民党もしくは公明党の協力が基本的に欠かせなかった．また，それに加えて与党勢力が衆議院の三分の二以上の議席を占めるに至らなかったため，衆議院の再可決権を行使して法案を成立させることもできなかった．

　そのため，第5次分裂議会前期において民主党政権が法案を成立させるには，基本的に民主，自民，公明の三党による三党合意を形成することが必要であった．民主党は2009年9月から2012年12月までの3年3ヵ月の間，政権与党として国政を主導する立場にあったが，その大半は分裂議会のもとで政権運営を行うことを余儀なくされていたことになり，ここで対象とする社会保障・税一体改革関連法案と原子力規制関連法案に関しても分裂議会下の2012年常会にそれぞれ提出され，その会期中に三党合意が成立し，国会を通過している．しかしながら，三党合意が第5次分裂議会前期における法案成立のための基本的な枠組みであったとはいえ，閣法提出者が望む法案をすべてその枠組みによって成立させることは，日本の国会の時間的制約と与野党の政策選好の差異を考慮するならば現実的でない．つまり，比較的短く区切られた国会の会期のなかで政策選好を異にする与野党が政策的な妥協点を見出すには多大な交渉コストを要するからである．

　それでは，なぜ社会保障・税一体改革関連法案と原子力規制関連法案につ

いては三党合意が実現したのであろうか．これを明らかにするには，そもそもこの二つの法案が閣法提出者にとってどのような意味をもつ法案であったのかを，第3章において提示した閣法の重要度および緊急度という観点から確認する必要がある．なぜなら，それを踏まえてはじめて，内閣を支える立場から国会運営にあたる与党がどのように二つの法案を取り扱い，またそれに対して野党がどのように反応するのかを想定できるからである．そのうえで，国会における法案の審議において与野党がどのような行動をとるのかをゲームによって演繹的に導出し，三党合意に至るメカニズムを明らかにする．また，以上のことを踏まえて，二つの法案の国会審議過程を追跡し，与野党の戦略的な行動の結果として，どのような立法的帰結がもたらされたのかを確認する．

2　分析対象法案をめぐる与野党の戦略的行動

2.1　社会保障・税一体改革関連法案の位置づけ

　野田内閣によって2012年常会に提出された社会保障・税一体改革関連法案は，子ども・子育て支援にかかわる①子ども・子育て支援法案(閣法75号)，②総合こども園法案(閣法76号)，③子ども・子育て支援法等整備法案(閣法77号)，年金にかかわる④年金機能強化法案(閣法74号)，⑤被用者年金一元化法案(閣法78号)，そして税制にかかわる⑥税制抜本改革消費税法案(閣法72号)，⑦税制抜本改革地方税法案(閣法73号)の計7法案から成り，社会保障財源の安定的な確保と財政健全化とを同時に達成するため，消費税の税率をそれまでの5％から段階的に10％まで引き上げることを柱とする．

　ただし，消費税率の引き上げについては，民主党政権が誕生する以前の自公政権下においてすでに政権のアジェンダにのぼっていたことに留意が必要である．すなわち，2005年9月の総選挙はしばしば郵政選挙と呼ばれる一方，自民党は120にのぼる「約束」をそのマニフェストに掲げ，その9番目の「財政構造改革」において，2007年度を目途に「社会保障給付全般に要する費用の見通し等を踏まえつつ，あらゆる世代が広く公平に負担を分かち合う観点から，消費税を含む税体系の抜本的改革を実現する」ことを明

記している1. 2007年7月に実施された参議院選挙は自民党の大敗に終わり，「税体系の抜本的改革」は一時先送りを余儀なくされたが，2008年12月に発表された「平成21年度税制改正大綱」において，自民党が「消費税を含む税制抜本改革を経済状況の好転後に速やかに実施し，2010年代半ばまでに持続可能な財政構造を確立する」との道程を示したことを受け2，麻生内閣は同月に「持続可能な社会保障構築とその安定財源確保に向けた中期プログラム」を閣議決定し，2009年常会に所得税法等の一部を改正する法案を提出した．それは衆議院を通過後，参議院において否決されるものの，衆議院の再可決によって成立し，その附則には「消費税を含む税制の抜本的な改革を行うため，平成二十三年度までに必要な法制上の措置を講ずる」ことが明記された（104条）．

　2009年8月に実施された総選挙における自民党のマニフェストにおいてもそのことが確認されるが3，自民党はその総選挙において歴史的な敗北を喫し，民主党に政権の座を奪われることになった．しかし，野党になっても自民党の消費税を含む税制の抜本改革に向けた姿勢に変わりはなく，むしろ野党となってより大胆な主張を行うようになったといえる．すなわち，自民党は2010年7月の参議院選挙に際して発表したマニフェストのなかで，消費税の全額を社会保障給付と少子化対策とにあてることを明確にしたうえで，その税率を10%に引き上げることにまで言及した4．このように，自民党は少なくとも2005年総選挙以降，消費税の税率引き上げに向けた議論を開始しており，2009年の政権交代によって野党となってからは民主党よりもむしろ明確にそれを訴えるようになっていた．

　では，以上の経緯を踏まえたうえで，2012年常会に提出された社会保障・税一体改革関連法案は野田内閣にとってどのような意味をもつ法案であったのかについて検討する．まず，その重要度については，第3章でも述べたように，2010年常会以降は「時期調」によって重要法案か否かを判断することができないため，通常，常会の冒頭に行われる施政方針演説のなか

1　自由民主党「自民党政権公約2005　自民党の約束」，6頁．
2　自由民主党「平成21年度税制改正大綱」（2008年12月12日），8頁．
3　自由民主党「自民党政策BANK」，19頁．
4　自由民主党「自民党政策集　J-ファイル2010」，9頁．

で首相が直接的あるいは間接的に言及した法案を重要度の高い法案とみなす．野田首相は2012年常会の施政方針演説において，「野田内閣がやらなければならないこと」のひとつに社会保障と税の一体改革をあげ，「昨年末，自公政権時代の問題提起も踏まえながら，民主党内の政治家同士による熟議の末に，政府・与党としての素案をまとめました．その上で，各党各会派との協議をお願いしています．少なくとも，持続可能な社会保障制度を再構築するという大きな方向性に隔たりはないのではないでしょうか」と述べ5，一体改革の実現に強い意欲を示すとともに，野党に協力を呼びかけている．そのうえで，「政府・与党は，経済状況を好転させることを条件に，2014年4月より8％へ，2015年10月より10％へ段階的に消費税率を引き上げることを含む素案を取りまとめました．引き上げ後の消費税収は，現行分の地方消費税を除く全額を社会保障の費用に充て」ると訴え，消費税の引き上げ率や引き上げの時期など，法案の具体的な内容にまで踏み込んでいる6．これらのことから，関連法案は閣法のなかでも閣法提出者によって重要度を高く設定された法案であるということができる．

　つぎに，関連法案の緊急度に関して，表6-1は「時期調」においてそれがどのように記述されているのかをまとめている．いずれの法案についても留意事項の欄に「日切れ」や「日切れ扱い」など，特定の時期までに法案を成立させることを希望する旨の記述がみられないことから，その緊急度は重要度とは対照的に高いとはいえない．

　それゆえに，関連法案は重要法案のなかでも劣後重要法案に分類されるが，野田首相がおなじ施政方針演説において「今後，各党各会派との協議を進めた上で，大綱として取りまとめ，自公政権時代に成立した法律の定める本年度末の期限までに，関連法案を国会に提出」すると述べていることには留意が必要である7．そこでいうところの「自公政権時代に成立した法律」とは，さきに触れた所得税法等の一部を改正する法律案を指し，その附則には消費税を含む税制の抜本的改革の期限が2011（平成23）年度までと明示されていた．それが2012年常会の会期中の2012年3月末日をもって切れる

5　「第180回国会衆議院会議録」第1号(1)，2頁．
6　「第180回国会衆議院会議録」第1号(1)，4頁．
7　「第180回国会衆議院会議録」第1号(1)，4頁．

表6-1 社会保障・税一体改革関連法案の位置づけ

件名	主管省庁	予算関係	提出関係	法案規模	他省庁関係	閣議決定希望日	法制局審査希望時期	留意事項
子ども・子育て支援法案(仮称)	内閣府		A	大	総, 財, 文厚等易	3月上旬	2月中旬	略
総合子ども園法案(仮称)	内閣府		A	中	文, 厚易	3月上旬	2月中旬	略
子ども・子育て支援法及び総合施設法の施行に伴う関係法律の整備等に関する法律案(仮称)	内閣府		A	大	文, 厚等易	3月上旬	2月中旬	略
税制抜本改革関連法案(仮称)	総務		A	小		3月中旬	1月下旬~3月上旬	
税制抜本改革関連法案(仮称)	財務		A	大		3月上旬~中旬	1月下旬~3月上旬	政府税制調査会
厚生年金保険法等の一部を改正する法律案	厚生労働		A	大	財, 総, 文難	3月中旬	1月下旬	

注1：「時期調」にとくに記載がない場合は，ここでも空欄のままとしている．子ども・子育てにかかわる3件の法案の留意事項欄には，それらを国会において一括審議とすることが要望されており，その理由なども記されている．
注2：野田内閣が国会に提出した関連法案のうち，年金機能強化法案については「時期調」に記載がない．
出典：「法案提出時期調」(2012年常会)にもとづいて筆者作成．

ことを考慮すれば，関連法案をそのほかの劣後重要法案と同一視することはできず，むしろ実質的には重要度だけでなく緊急度も高い優先重要法案に等しいものとして捉える必要があるといえる．

2.2 原子力規制関連法案の位置づけ

野田内閣によって2012年常会に提出された原子力規制関連2法案，すなわち①原子力の安全の確保に関する組織及び制度を改革するための環境省設置法等の一部を改正する法律案と②原子力安全調査委員会設置法案は，原子力の推進と規制の分離を徹底するとともに規制の一元化をはかるため，環境省の外局に原子力規制庁長官を長とする原子力規制庁を設置することをおもな内容とする．原子力規制関連法案が提出された背景には，2011年3月11日に発生した東北地方太平洋沖地震に伴う東京電力福島第一原発事故によって，日本の原子力行政に対する国内外の信頼が大きく損なわれたことがある．それまでの原子力規制体制のなかでとくに問題とされたのは，内閣府に設置された原子力安全委員会とともに原子力安全規制を担う原子力安全・保

安院が，経済産業省の外局である資源エネルギー庁に置かれ8，結果的に経済産業省が原子力の推進と規制の双方に関与していたことや，原子力の安全規制に関する事務が経済産業省や文部科学省，内閣府などによって分散的に所掌されていたことであった．

　それらに対処するために原子力規制関連法案が準備されていることを踏まえ，まずはその重要度を確認しよう．それについては，野田首相が2012年常会における施政方針演説のなかで「原発事故の原因を徹底的に究明し，その教訓を踏まえた新たな原子力安全行政を確立します．環境省の外局として原子力の安全規制を司る組織を新設するとともに，厳格な規制の仕組みを導入するための法案を今国会に提出し，失われた原子力安全行政に対する信頼回復とその機能強化を図ります」と述べていることから9，閣法提出者が関連法案の重要度を高く設定していることがわかる．

　つぎに，その緊急度について，表6-2は「時期調」において関連法案がどのように記載されているのかをまとめている．その留意事項の欄をみると，いずれの法案も「日切れ扱い」とされていることから，関連法案は緊急度に

表6-2　原子力規制関連法案の位置づけ

件名	予算関係	提出関係	法案規模	他省庁関係	閣議決定希望日	法制局審査希望時期	留意事項
原子力の安全の確保に関する組織及び制度の改革を推進するための環境省設置法等の一部を改正する法律案(仮称)	※	A	大	安危，府，総，財，文，経，国，環	1月27日	1月上旬	日切れ扱い理由：略
原子力安全調査委員会設置法案(仮称)	※	A	中	総・環	1月27日	1月上旬	日切れ扱い理由：略

注1：両法案の主管省庁は内閣官房．
注2：他省庁関係について，関係省庁名は明記されているものの，それとの調整の難易度については記載がない．
出典：「法案提出時期調」(2012年常会)にもとづいて筆者作成．

8　原子力安全委員会は1974年9月に発生した原子力船むつの放射線漏れ事故を契機として，1978年10月に原子力委員会から分離されるかたちで設置され，また原子力安全・保安院は1999年9月に発生したJCO臨界事故を契機として，2001年1月の中央省庁再編の際に新設された．日本の原子力規制体制の再編を歴史的に整理するものとしては，城山(2010; 2012)がある．
9　「第180回国会衆議院会議録」第1号(1)，3頁．

関してもそれが高く設定された法案であるとわかる．また，「時期調」には
それぞれの法案を「日切れ扱い」とする理由として，以下のような記述がみ
られる．

　　原子力の安全の確保に関する組織及び制度の改革を推進するための
環境省設置法等の一部を改正する法律案(仮称)：
　　「原子力安全規制に関する組織等の改革の基本方針(平成23年8月15
日閣議決定)」において，原子力安全庁(仮称)を設置するため必要な法
律案の立案等の準備は，平成24年4月の設置を目指して作業を行うも
のとされており，また「原子力安全及び核セキュリティに関する国連ハ
イレベル会合」における平成23年9月22日の野田総理のスピーチにお
いて，平成24年4月を目途に「原子力安全庁」を創設するとしている
ことから，本法案については，平成24年4月の原子力安全庁(仮称)設
置を前提に，平成24年通常国会での早期成立が必要不可欠であるため．

　　原子力安全調査委員会設置法案(仮称)を：
　　本法案は，原子力の安全の確保に関する組織及び制度の改革を推進す
るための環境省設置法等の一部を改正する法律とその内容において一体
を成すものであり，同法案と併せて，平成24年通常国会での早期成立
が必要不可欠であるため．

　これらは関連法案の緊急度を高く設定する理由を具体的に述べているとと
もに，それが重要度の高い法案であることも示唆している．よって，原子力
規制関連法案は閣法提出者によって重要度および緊急度をともに高く設定さ
れた優先重要法案に分類される．

2.3　ゲームによる検討

　本章において分析の対象とする二つの重要法案に関して，原子力規制関連
法案は優先重要法案であり，また社会保障・税一体改革関連法案は劣後重要
法案に該当するものの，首相演説などを考慮して優先重要法案に近い法案で
あると捉えるならば，両法案はいずれも閣法提出者がもっとも優先的に成立
させることを望む法案であると考えられる．それでは，内閣およびそれを支
える立場から国会運営にあたる与党は両法案のように優先順位の高い重要法

案をどのように取り扱い，それに対して野党はどのような反応を示すのであろうか．ここでもそれを前章において用いた展開形ゲームによって表現し，それぞれのプレイヤーが合理的な決定を行う部分ゲーム完全均衡を求めることで，与野党合意に至るメカニズムを演繹的に導出する．

　前章のゲーム（図5-2）と同様に，ゲームは最初に内閣が法案を提出する（提出）か，提出しない（不提出）かを決め，法案が国会に提出された場合，野党はそれに賛成する（賛成）か，反対する（反対）かを決める．とくに第5次分裂議会前期においては，与党勢力が衆議院において三分の二以上の議席を占めるに至らなかったために，参議院の多数を占める野党が法案に賛成しないかぎり，それは不成立となる．そこで，野党が反対の立場を表明した場合，内閣は野党が賛成に転じるところまでその要求を受け入れる（受諾）か，それに応じない（拒否）かを決める．内閣が法案を国会に提出したとき，野党がそれに賛成した場合と，反対した場合であっても内閣が野党の要求を受け入れるならば，法案は成立し，内閣はそれぞれUg_1とUg_2の利得を，野党はそれぞれUo_1とUo_2の利得を得る．一方で，内閣が野党の要求を拒否した場合，法案は不成立となり，内閣の利得はUg_3，野党の利得はUo_3となる．また，内閣がそもそも法案を国会に提出しない場合も法案は成立せず，内閣はUg_4，野党はUo_4の利得をそれぞれ得る．

　ここでも重要な意味をもつのが両プレイヤーの利得関係であり，内閣の利得関係は$Ug_1 > Ug_2 > Ug_3 > Ug_4$，野党のそれは$Uo_2 > Uo_4 > Uo_1 > Uo_3$とそれぞれ表現される．まず，前者の利得関係について，$Ug_1 > Ug_2$となるのは，内閣にとって法案が原案のとおりに成立する方が修正を加えられて成立するよりも好ましいからであり，$Ug_2 > Ug_3$となるのは内閣にとって優先順位が高くまた社会的にも重要性の大きい法案である場合，野党の要求を受け入れてでも法案を成立させる方が不成立となるよりはましであるからである．また，$Ug_3 > Ug_4$となるのは，法案が不成立に終わるという帰結はおなじであっても，野党の反対によって法案が成立に至らないということであれば，野党にもその責任の一端を負わせることができるが，そもそも法案を提出していなければ，内閣が立法の不作為という批判を一身に浴びなければならないからである．

　他方で，後者の野党の利得関係について，$Uo_2 > Uo_4$となるのは，法案が社会的にも重要性の高いものであれば，みずからの政策選好をそれに強く反

映させて成立させた方が単に内閣の立法上の不作為を追及するよりも有権者にアピールするところが大きいからである．また，$Uo_4 > Uo_1$となるのは，閣法に無条件に賛成してその成立に協力したとしても，法案成立の成果は一義的には内閣に帰属し，それを野党だけで独占することはできないからである．さらに，$Uo_1 > Uo_3$となるのは，みずからの反対によって，法案が不成立となれば，たとえ野党に妥協しなかった内閣にも責任の一端があるにせよ，野党もまた有権者からの批判を受けることは避けられないからである．

　以上の両者の利得関係を踏まえたうえで，逆向き帰納法によって，ゲームの最後から順にゲームを遡って，各情報集合におけるプレイヤーの最適な行動を求めると，まず，内閣は野党の要求を受諾すればUg_2，拒否すればUg_3の利得を得るため，要求を受け入れる方を選ぶ．つぎに，野党は法案に賛成すればUo_1，反対すれば内閣が要求に応じてUo_2の利得を得るので，法案に反対の立場をとる．最後に，内閣は法案を提出すれば，野党がそれに反対し，内閣はその要求を受諾するのでUg_2，法案を提出しないならばUo_4の利得を得るため，法案を国会に提出する方を選択する．したがって，部分ゲーム完全均衡においては，内閣は法案を国会に提出し，野党がそれに反対して修正を要求し，内閣はそれに応じる．また，その立法的な帰結として，国会を通過する法案は野党の政策選好を強く反映したものになることが予想される．

　次節では，ここで演繹的に導出した与野党の戦略的行動とその帰結が社会保障・税一体改革関連法案と原子力規制関連法案の立法過程を適切に説明しているのかをそれぞれ検証する．

3　立法的帰結

3.1　社会保障・税一体改革関連法案の立法的帰結

　本節では二つの重要法案が国会を通過して成立するまでの過程を追跡したうえで，どのような立法的帰結がもたらされたのかを確認する．

　まずは社会保障・税一体改革関連法案について，表6-3はその成立過程を時系列にまとめている．関連7法案は2012年3月30日および4月13日にいずれも衆議院を先議院として国会へ提出され，本会議における趣旨説明お

および質疑を経たうえで，5月8日から順次，社会保障と税の一体改革に関する特別委員会に付託された．特別委員会において関連法案の審査がつづくなか，自民党は6月7日に社会保障制度改革基本法案の骨子を発表した．そこには，年金制度は「現行の公的年金制度を基本」とするとともに，後期高齢者医療制度については「現行の制度を基本」とするなど，民主党が2009年総選挙のマニフェストにおいて掲げた最低保障年金制度の創設と後期高齢者医療制度の廃止という看板政策を事実上，否定する内容が盛り込まれていた10．それを受けて，翌6月8日から民主，自民，公明の三党の実務者による関連法案の修正協議が開始され，そのなかで自民党は修正合意の前提として，みずからが提案した社会保障制度改革基本法案の受け入れを民主党に求めた11．

それに対して，野田首相は6月13日の政府・民主三役会議において，自民党の基本法案に「民主党の考えを盛り込んだうえで修正して共同提案できるよう努力してほしい」と指示し，自民党案を土台に妥協点を模索する方針を示した12．この大幅な譲歩については，民主党内から強い批判の声があがったものの，三党は自公が修正合意の期限としていた6月15日に合意に達した13．そこでは，まず，社会保障分野について，基本法案の名称を社会保障制度改革推進法案（衆法24号）としたうえで，最低保障年金制度の創設や後期高齢者医療制度の廃止については，その法案にもとづいて設置される社会保障制度改革国民会議において議論することとし，結論は先送りにされた．また，子育て支援の柱である保育所と幼稚園とを一体化する総合こども園の創設については自民党および公明党の反対によって取り下げられるとともに（総合こども園法案は廃案とされる），現行の認定こども園を拡充することが決定され，新たに認定こども園法改正法案（衆法25号）が国会に提出された．

つぎに，税制分野に関しても民主党政権は野党に大きく譲歩した．具体的には，消費税率の引き上げにともなう低所得者対策をめぐり，消費税率が

---

10 『朝日新聞』2012年6月12日付夕刊.
11 『読売新聞』2012年6月9日付朝刊.
12 『朝日新聞』2012年6月13日付夕刊.
13 与野党の合意内容については，『朝日新聞』2012年6月16日付朝刊，6月22日付朝刊，『読売新聞』2012年6月16日付朝刊が詳しい.

154

表6-3　社会保障・税一体改革関連法案の成立過程

年月日	事項
2012年3月30日	野田内閣が社会保障・税一体改革関連6法案を国会に提出
4月13日	野田内閣が同関連1法案を国会に提出
4月26日	衆議院・社会保障と税の一体改革に関する特別委員会の設置
5月8日	衆議院本会議において趣旨説明，社会保障と税の一体改革に関する特別委員会に付託
6月7日	自民党が社会保障制度改革基本法案の骨子を発表
6月8日	民主党，自民党，公明党の実務者による修正協議が開始
6月13日	政府・民主三役会議
6月15日	関連法案に関する修正合意
6月18日	民主党が三党合意了承のための党内手続きを開始
6月19日	民主党が党内手続きを打ち切り
6月20日	三党合意にもとづき衆法2法案を提出
6月21日	国会の会期延長（9月8日まで）
6月26日	衆議院特別委員会ならびに本会議で修正可決，参議院に送付
7月2日	小沢一郎元民主党代表らが民主党を離党
7月6日	参議院・社会保障と税の一体改革に関する特別委員会の設置
7月13日	参議院本会議において趣旨説明，社会保障と税の一体改革に関する特別委員会に付託
8月8日	三党党首会談
8月10日	参議院特別委員会ならびに本会議で可決，成立
8月22日	公布

出典：筆者作成.

2014年4月に5％から8％に引き上げられるときには，臨時的に現金を給付する「簡素な給付措置」を実施するとし，税率が2015年10月に10％になったときは，当初案の現金給付と減税とを組み合わせる給付つき税額控除に加えて，自民党と公明党が求めた軽減税率についても検討されることになった．また，所得税の最高税率の引き上げや相続税の課税範囲の拡大については，自民党の要求によって，年末にまとめられる平成25年度税制改正の際に改めて議論することとされた．

　三党合意を受けて，社会保障・税一体改革関連法案は計8法案となり，それらは6月26日に衆議院を，8月10日には参議院をそれぞれ通過して成立した．もっとも，このときに民主党が払った代償はあまりにも大きなものであった．すなわち，民主党執行部は与野党の修正合意を受け，党内手続きをとって党所属議員の同意を得ようとしたが，議論は紛糾してまとまらず，最終的には6月19日に前原政調会長がみずからへの一任を宣言し，党内手続

きを打ち切った[14]．これにより，関連法案に反対する小沢グループと民主党執行部との対立は決定的となり，6月26日の衆議院本会議における法案採決では，民主党内から多数の造反が生まれた[15]．そして，関連法案に反対した小沢元代表はついに民主党を離党して，7月11日に新党，国民の生活が第一を立ち上げ，48名の議員がこれに参加することとなった．

3.2 原子力規制関連法案の立法的帰結

原子力規制関連法案についても，まずはそれが国会を通過するまでの経緯を振り返る．関連法案の成立過程を時系列にまとめた表6-4からは政府が2011年3月11日の福島第一原発事故を受け，早い段階で原子力規制体制の

表6-4 原子力規制関連法案の成立過程

年月日	事項
2011年3月11日	東京電力福島第一原子力発電所事故が発生
6月7日	原子力災害対策本部(本部長：菅首相)が「原子力安全に関するIAEA閣僚会議に対する日本国政府の報告書」を取りまとめ
8月15日	菅内閣が「原子力安全規制に関する組織等の改革の基本方針」を閣議決定
12月13日	原子力事故再発防止顧問会議(議長：松浦祥次郎原子力安全研究協会評議員会長)が提言を取りまとめ
12月26日	東京電力福島原子力発電所における事故調査・検証委員会(委員長：畑村洋太郎東京大学名誉教授，工学院大学教授)が中間報告を取りまとめ
2012年1月31日	野田内閣が原子力規制関連2法案(政府案)を閣議決定し国会に提出
4月20日	自民党および公明党が対案(自公案)を国会に提出
5月29日	衆議院本会議において政府案および自公案が審議入り
6月14日	民主，自民，公明の三党による与野党協議において合意が成立
6月15日	衆議院環境委員会において原子力規制委員会設置法案(三党案)が起草，決定(政府案および自公案はそれぞれ撤回)
	衆議院本会議において三党案が賛成多数で可決，参議院に送付
6月20日	参議院環境委員会および参議院本会議において三党案が賛成多数で可決，成立
6月27日	公布(公布から三か月以内に施行)
9月19日	原子力規制委員会が発足

出典：筆者作成．

---

14 『朝日新聞』2012年6月20日付朝刊．

15 関連法案のうち，①税制抜本改革消費税法案，②社会保障制度改革推進法案，③認定こども園法改正法案の3法案については記名投票とされ，民主党内からそれぞれ57名，45名，46名の反対者が出た．また，そのほかに法案の採決に棄権もしくは欠席した議員は16名であった(『朝日新聞』2012年6月27日付朝刊)．

見直しを決定し，そのための法案準備を進めていることが確認される．すなわち，同年6月にウィーンで開催される国際原子力機関(IAEA)の閣僚会議のために，政府は「原子力安全に関するIAEA閣僚会議に対する日本国政府の報告書」を取りまとめ，そこで「今回の事故から得られる教訓を踏まえ，今後，原子力安全対策の抜本的な見直しが不可避である」との認識を示している．そのうえで，同年8月に菅内閣は「原子力安全規制に関する組織等の改革の基本方針」を閣議決定し，そのなかで「規制と利用の分離」による信頼確保を目的として，環境省の外局に原子力安全庁(仮称)を設置することや，原子力規制にかかわる業務の「一元化」によって機能の向上をはかることなどの方針を明らかにした．また，その閣議決定を受けて設置された原子力事故再発防止顧問会議も同年12月に取りまとめた提言のなかで，原子力規制改革の七原則として，①規制と利用の分離，②一元化，③危機管理，④人材の育成，⑤新安全規制，⑥透明性，⑦国際性をあげている．

　それらを踏まえて，原子力規制関連2法案(以下，「政府案」という)が2012年1月に菅内閣のあとを受けた野田内閣によって2012年常会に提出された．その柱は先述したように，新たな原子力安全規制組織として環境省の外局に原子力規制庁長官を長とする原子力規制庁を設置することであった．それに対して，自民，公明両党は同年4月に対案(原子力規制委員会設置法案(衆法10号)，以下，「自公案」という)を国会に提出し，環境省の外局に国家行政組織法3条2項にもとづく，いわゆる「三条委員会」としての原子力規制委員会を設置するとした．その翌月，両法案が衆議院において審議入りし，環境委員会において法案審査がはじまると，それと並行するかたちで民主党，自民党，公明党の実務者による修正協議が重ねられ，6月14日に三党合意が成立した．

　それを受けて，内閣と自公両党はそれぞれの法案を撤回し，衆議院環境委員会に与野党共同で新たな法案(原子力規制委員会設置法案(衆法19号)，以下，「三党案」という)を提案した．三党案は同月15日に衆議院を，20日には参議院をそれぞれ通過して成立し16，2012年9月に原子力安全委員会と原子力安全・保安院とが廃止され，環境省の外局に三条委員会としての原子力

16　ただし，三党案にすべての野党が賛成したわけではなく，共産党，社民党，みんなの党などは両議院の本会議採決において反対票を投じている．

第6章　分裂議会における重要法案の成立過程　157

規制委員会が新設されるとともに，その事務局として原子力規制庁が設置され，日本の新たな原子力規制体制が発足するに至った[17]．

　以上のように，分裂議会において原子力規制関連法案を成立させるうえでも内閣が野党の主張を受け入れたことが重要な意味をもったといえるが，その結果，どのような政策的帰結がもたらされたのであろうか．ここでは，関連法案の国会審議において大きな争点となった原子力規制の独立性と一元化という観点から政府案と自公案とを比較したうえで，最終的に国会を通過した三党案にいずれの案が反映されているのかを明らかにする．表6-5は原子力規制組織のあり方をめぐる主要な論点に対する政府案と自公案をまとめており，そこからは政府案よりも自公案の方が規制の独立性および一元化に関して，より厳格な提案がなされていることが確認される．

　まず，独立性に関して，もっとも大きな争点であった原子力規制組織の形態については，さきにも指摘したように，政府案では環境省の外局に原子力規制庁長官を長とする原子力規制庁を設置するとされていたのに対して，自公案ではそれを行政庁ではなく，より独立性の高い三条委員会として環境省

表6-5　政府案と自公案の比較

		政府案	自公案
独立性	組織形態	行政庁	三条委員会
	許認可権	環境相	原子力規制委員会委員長
	人事権および予算権	環境省官房	原子力規制委員会委員長
	勧告権	安全審議会	原子力規制委員会委員長
	緊急時の指揮権	首相	原子力規制委員会委員長
一元化	試験研究用原子炉の規制	原子力規制委員会	原子力規制委員会
	放射性同位元素の使用規制	文部科学省	原子力規制委員会
	放射線の環境モニタリング	原子力規制委員会と文部科学省	原子力規制委員会
	核不拡散のための保障措置	文部科学省	原子力規制委員会
	核セキュリティ対策	原子力委員会	原子力規制委員会

出典：金子（2012）および西脇（2014a; 2014b）をもとに筆者作成．

17　原子力規制委員会設置法の目的やその概要については，梶山（2012），金子（2012），友岡（2014），西脇（2014a; 2014b）などを参照．なお，原子力規制委員会は委員長および4名の委員によって組織され，いずれも国会の同意を得て首相が任命するとされているが，委員の人選をめぐって，与党内でも混乱が生じたため，野田首相は原子力緊急事態宣言発令中の例外規定（附則2条3項）にもとづいて，国会同意を得ることなく委員長および委員を任命し原子力規制委員会を発足させた．

の外局に設置するとされ，後者が三党案に反映された．また，許認可権，人事権，予算権，関係行政機関の長に対する勧告権についても，原子力規制委員会委員長が独自にそれらの権限を有するとする自公案が三党案に採用されている．さらに，緊急時における指揮権についても，政府案では首相にそれを帰属させていたのに対して，自公案では緊急時においても原子力規制委員会委員長が独立して指揮権をもつとされ，これも後者が三党案に反映された．

一方，規制の一元化に関しても，文部科学省，原子力安全委員会，原子力委員会によって担当されてきた試験研究用原子炉の規制については政府案，自公案ともにそれを原子力規制委員会が一元的に担うとしていることで一致をみているが，それ以外については，自公案の方が政府案よりも原子力規制委員会への事務の一元化において徹底しており，それが三党案に取り入れられた．そのほか，表6-5に示したこと以外にも，原子力規制委員会の事務局として設置される原子力規制庁の職員に対して，独立性確保という観点から，経済産業省や文部科学省など，原子力利用の推進にかかわる事務を所掌する省庁への配置転換を認めないとする「ノーリターンルール」に関して，政府案ではその適用範囲が特定の幹部職員に限定されていたが，三党案においては5年の猶予期間を設けて全職員に適用するという自公案が採られた．

このように，政府案と自公案の比較からは，三党案が自公案を強く反映したものとなっており，内閣としては自公案を丸のみしたかたちとなっているが，内閣がそれを単に強制されたと解釈することには留保がつけられる．すなわち，分裂議会においても内閣を支持する与党は衆議院の多数派であり，野党と同様に立法上の拒否権を握っているため，自公案が内閣および与党の側からも現状改善的なものでなければ，それに対して拒否権を行使することができる．そもそも民主党政権の政策選好は自公案と相対するものではないといえ，民主党が野党であった2002年11月には，原子力の推進と規制の完全分離を目的とし，公正取引委員会型の三条委員会としての「原子力安全規制委員会」を内閣府のもとに設置するという原子力安全規制委員会設置法案を独自に国会（第155回国会）へ提出している（城山2012: 276）[18]．また，さきにも触れたように，内閣は2011年8月に閣議決定した「原子力安全規

18　ただし，本法案は衆議院において継続審査となり，翌年の常会（第156回国会）において審議未了により廃案となった．

制に関する組織等の改革の基本方針」において，原子力の「規制と利用の分離」と規制の「一元化」を明確に志向しており，むしろ自公案は内閣の政策選好に沿ったものといえるのである．

4　本章の知見と含意

　本章では現代日本が経験した分裂議会のなかでも，閣法提出者にとって閣法を成立させることがもっとも困難な条件下にあった第5次分裂議会前期において成立した社会保障・税一体改革関連法案と原子力規制関連法案とを対象として，両法案がなぜ国会を通過し得たのかを理論的，実証的に検討した．具体的には，両法案がいずれも閣法提出者によって優先的に成立をはかるべき法案とみなされていたことを確認したうえで，閣法提出者は法案を成立させるためには野党の修正要求を受け入れるということをゲームによって演繹的に導いた．実際の両法案の立法過程はそれを裏づけるものであり，国会を通過した与野党の合意案には野党の政策選好が強く反映されていた．

　本書ではこれまで分裂議会の発生によって閣法提出者の立法行動が抑制的になることを示してきたが，本章の知見は分裂議会でも一定の条件のもとでは現状変更的な政策の推進が可能になることを示唆している．その条件とは，①閣法提出者が政策実現のために必要な法案の優先順位を高く設定する，②それは内閣および与党だけでなく，野党にとっても現状改善的な法案である，③内閣および与党は現状改善的な範囲において野党の修正要求を受け入れるというものであり，これら三つの条件が揃うならば，法案は成立し政策は実現する．

　この段階では，三条件を一般化して考えることには慎重でなければならないが，分裂議会における閣法の成立条件を明らかにすることは，その発生が閣法提出者の立法行動におよぼす影響を包括的に捉えることと併せて，分裂議会に関する実証的知見の深化をはかるうえで重要な研究課題であるといえる．

補論　東日本大震災の発生と与野党関係

　補論においては，国会の映像資料を活用した実証研究の試みとして，2011年3月に発生した東日本大震災が国会における与野党関係にどのような変化をもたらしたのかを，国会審議の映像資料を用いて明らかにする．ここでは，与野党対立の深刻さを測る指標として，映像資料によってのみ観察が可能となる委員会における野党の異議申し立てを採用し，大震災の発生前後でそれにどのような差異があるのかを比較する．分析の結果，大震災の発生が与野党関係を一時的に対立的なものから協調的なものへと変化させたことが示される．

1　補論の目的

　この補論は，国会の映像資料を活用した実証研究の試みとして，2011年3月に発生した東日本大震災が国会における与野党関係にどのような変化をもたらしたのかを，国会審議の映像資料を用いて明らかにすることを目的とする．

　これまでの国会に関する実証研究においては，手法の如何にかかわらず，そのデータとしておもに国会会議録や公報などの文字資料が利用されてきた．一方で近年，情報通信技術の急速な進展に伴って，国会や研究機関などが国会における審議中継の録画をインターネット上に公開するなど，国会に関する映像資料も蓄積されるようになった[19]．これによって，文字資料から

19　衆議院は「衆議院インターネット審議中継」（http://www.shugiintv.go.jp/index.php）において，参議院は「参議院インターネット審議中継」（http://www.webtv.sangiin.go.jp/webtv/index.php）において，それぞれ審議中継の録画を公開している．

は観察することができない質疑者と答弁者の表情や声，動作などを視覚的，聴覚的に把握することが可能になった．ただし，そうした映像資料には時期的な制約があり，過去に両議院で行われたすべての審議の録画を利用できる状況には至っていない[20]．

そこで，この補論では，「衆議院インターネット審議中継」および「国会審議映像検索システム」において動画が収録されている2010年常会（第174回国会）以降で，日本の社会に甚大な影響を与えた東日本大震災に焦点をあて，その発生が日本の国会政治，とりわけ国会における与野党関係にどのような影響をおよぼしたのかを検証する．

大震災の発生時に政権を担当していた民主党の菅内閣は2010年7月に行われた参議院選挙での敗北以降，自民党や公明党などの野党が対決姿勢を強めたことによって，厳しい政権運営を迫られていた．尖閣諸島沖における中国漁船衝突事件の映像流出問題や「政治とカネ」をめぐる問題に加えて，菅内閣にとってとくに深刻であったのは，2011年常会（第177回国会）において，毎年の財政運営に不可欠となっている赤字国債を発行するための特例公債法案を成立させる目途をつけられないでいることであった．そうしたなかで，同年3月に日本を突如として襲ったのが東日本大震災であった．

以下，東日本大震災の発生がいかなる影響を与野党関係におよぼすのかを理論的に検討したうえで，この補論の仮説とそれを検証するための方法を提示する．そして，大震災の発生が与野党関係を一時的に対立的なものから協調的なものへと変化させたことを示す．

また，政策研究大学院大学の比較議会情報プロジェクトは「国会審議映像検索システム」（http://gclip1.grips.ac.jp/video/）を運営している．なお，国会議事録に関しても，国立国会図書館によって，「国会会議録検索システム」（http://kokkai.ndl.go.jp/）が設けられ，そこには第1回国会（特別会）以降の両議院における本会議と委員会の会議録がテキストデータとして収録されている．

20　たとえば，衆議院の「衆議院インターネット審議中継」には，2010年1月に召集された第174回国会以降の録画が，そして参議院の「参議院インターネット審議中継」には，過去1年あまりの録画がそれぞれ収められているに過ぎない．

2 分析枠組み

2.1 与野党の戦略的行動

　東日本大震災という大災害の発生が与野党関係におよぼす影響について考察するには，与野党が置かれた当時の政治状況を踏まえたうえで，それぞれの戦略的な行動を想定する必要がある[21]．まず，東日本大震災が発生した当時の国会は，野党が参議院の多数を占める分裂議会の状況にあった．これまでに何度も指摘したように，分裂議会においては，衆議院の多数派としての与党だけでなく，参議院の多数を占める野党もまた閣法提出者がその法案を成立させるうえで同意を得なければならない拒否権プレイヤーとなる．したがって，分裂議会において内閣および与党がその政策目標を追求するには，野党の意向に沿った政策を提案したり，その要求を受け入れたりすることが不可欠となるが，東日本大震災の発生は与野党双方の行動に以下のような変化をもたらすと考えられる．

　まず，与党は一層，野党との妥協を強いられるようになる．それは，大震災の発生によって，震災からの復旧および復興が政策上の最優先課題となるため，与党が次期総選挙以降もその地位を維持しようとするならば，それに迅速に取り組み，その成果を有権者に示す必要があるからである．一方で，野党の側も次期総選挙において政権交代をはかろうという意思があるかぎり，震災に関連する政策に反対をつづけることは難しい．震災からの復旧，復興には新規の予算措置や立法措置が必要となるが，分裂議会においては野党が法案に対して同意を与えないかぎり，それは成立せず現状が維持される．たしかに，予算については，憲法で衆議院の議決の優越が規定されているために，参議院は拒否権を有しないが，予算の執行にはその裏づけとなる予算関連法案を成立させることが前提となる．そのため，震災からの復旧や復興に遅れが生じた場合，それに対する有権者の批判は参議院の多数を占め

21　石橋(1999)は，1995年1月に発生した阪神・淡路大震災を対象として，その発生が被災した神戸市の市会議員の行動にどのような変化をもたらしたのかを分析している．

補論　東日本大震災の発生と与野党関係　163

表6-6　予算に対する野党態度

予算	国会回次	自民	公明	共産	社民	みんな
2010年度補正予算	176（臨）	反対	反対	反対	賛成	反対
2011年度予算	177（常）	反対	反対	反対	反対	反対
2011年度補正予算	177（常）	賛成	賛成	賛成	賛成	賛成
2011年度第2次補正予算	177（常）	賛成	賛成	反対	賛成	賛成
2011年度第3次補正予算	179（臨）	賛成	賛成	反対	賛成	賛成
2011年度第4次補正予算	180（常）	賛成	賛成	反対	賛成	賛成
2012年度予算	180（常）	反対	反対	反対	反対	反対
2012年度暫定予算	180（常）	賛成	賛成	反対	賛成	賛成

注1：予算は一般会計予算.
注2：括弧内の常は常会，臨は臨時会をそれぞれ意味する.
注3：野党の態度は衆議院本会議における賛否にもとづいて確定している.
出典：衆議院事務局『衆議院公報』（第176回国会，第177回国会，第179回国会，第180回国会）を
　　　もとに筆者作成.

る野党に向けられることを野党自身も認識しているはずである.

　ここで，大震災の発生前後における予算と閣法の国会審議結果を確認しよう. まず，表6-6は2010年7月に分裂議会が発生して以降に民主党政権によって国会へ提出された予算に対して，野党がどのような態度をとったのかを報告している. 政府予算に対しては通常，野党は反対の立場をとり，大震災の発生時に国会において審議に付されていた2011年度予算についてもそれは例外でないが，大震災の発生を受けて，自民，公明両党はむしろ早期に予算を参議院において否決し，衆議院の議決の優越にもとづいて年度内に成立させることに協力した（竹中 2011）. また，本予算の成立ののちに大震災の復旧対策として提出された第1次から第4次にわたる補正予算については，共産党をのぞくすべての野党が反対から賛成に転じていることが確認される.

　つぎに，表6-7は民主党政権下における閣法の国会審議結果をまとめたものであるが，大震災が発生した2011年常会における閣法の成立率は80.0%であり，それは一致議会のもとにあった前年の常会の54.7%と比べて25ポイントほど高い結果となっている. また，2011年常会において，菅内閣は大震災に関連する法案を26件，国会に提出しているが，そのうちの20件が会期内に野党の同意を得て成立している.

　これらのことから，東日本大震災の発生が与野党関係におよぼす影響について，以下の仮説を導くことができる.

仮説：東日本大震災の発生は与野党関係をそれまでの対立的なものから
　　　協調的なものへと変化させる．

　ただし，大震災発生以降の与野党協調は必ずしも持続的なものではなかっ
た可能性にも留意する必要がある．まず，予算審議に関して，2012年度予
算においては，ふたたび自民，公明両党をはじめとする野党が反対の立場を
とっている．また，閣法の審議結果をみても，2012年常会（第180回国会）
においては，消費税率の引き上げを柱とする社会保障・税一体改革関連法案
をめぐる与野党対立の影響も考えられるが，成立率は66.3%にとどまってお
り，与野党の協調は期間限定的なものであったことが示唆されている．そこ
で，以下，与野党がどのような関係にあるのかを推論するための方法につい
て検討したうえで，補論の仮説を具体的な作業仮説に落とし込んでいく．

2.2　分析の対象

　仮説の検証には，そのための具体的な対象を定める必要があるが，ここで
はそれを衆議院の予算委員会に求める．なぜ，国会の委員会のなかでも予算
委員会に焦点をあてるのかといえば，それは以下の三つの理由による．
　第一に，予算委員会は相対的にもっとも多くの有権者の耳目を集める．本
会議や，国家基本政策委員会の合同審査会（党首討論）をのぞけば，一般のテ

表6-7　民主党政権下における閣法の国会審議結果

年	国会回次	新規提出	成立	成立率 %	衆議院				参議院			
					修正	継続	否決	未了	修正	継続	否決	未了
2009	172（特）	0	0	—	0	0	0	0	0	0	0	0
	173（臨）	12	10	83.3	0	2	0	0	0	0	0	0
2010	174（常）	64	35	54.7	6	17	0	1	1	0	0	10
	175（臨）	0	0	—	0	0	0	0	0	0	0	0
	176（臨）	20	11	55.0	2	5	0	1	0	3	0	0
2011	177（常）	90	72	80.0	13	13	0	2	1	1	0	0
	178（臨）	0	0	—	0	0	0	0	0	0	0	0
	179（臨）	16	10	62.5	5	6	0	0	0	0	0	0
2012	180（常）	83	55	66.3	21	20	0	2	2	0	0	4
	181（臨）	10	5	50.0	1	0	0	0	5	0	0	0

注1：国会の種類について，常は常会，臨は臨時会，特は特別会をそれぞれ意味する．
注2：審議結果は新規提出法案のみを対象とし，継続法案は含めていない．
出典：参議院議事部議案課「議案審議表」（第172回国会〜第181回国会）をもとに筆者作成．

レビにおいて中継が行われるのはほぼ予算委員会にかぎられるため，そこでの与野党の議員による質疑と，首相や大臣をはじめとする政府の答弁はともに有権者の目を意識したものとなる[22]．とくに野党はそのときどきの政治状況を勘案して，政府との対決姿勢あるいは協調姿勢を，質疑を通じて有権者にアピールしようとする[23]．ここで政府とそれを形成する与党とを一体のものとして捉えるならば，予算委員会における政府と野党とのやりとりには，与野党がどのような関係にあるのかが明確に反映されると考えられる．

第二に，予算委員会は特定の所管分野をもたない．いうまでもなく，予算委員会は予算に対する審査をその主務としているが，実際の予算審査においてはそれに直接関係する問題だけではなく，政府の政治方針や外交問題，さらには「政治とカネ」をめぐる問題や大臣の資質といった事柄までが幅広く議論される．そのため，予算委員会を対象とすることによって，特定の政策分野に限定することなく，与野党関係を総括的に論じることができる．

第三に，予算委員会はその開催頻度が高い．たとえば，2011年常会においては会期中，衆議院で29回開催されており，それは衆議院のすべての常任委員会および特別委員会のうち，議院運営委員会の43回，財務金融委員

22　たとえば，2011年9月に召集された第178回国会（臨時会）において，与党民主党を代表して質問に立った岡田克也衆議院議員は民主党政権の教育政策に関する文部科学大臣の答弁を受けて，「一言で言えば，子供や子育てに対する支援，そこに重点を移していこうということであって，先ほど申し上げましたように，公共事業を毎年一・五兆削減して，その財源をこういったことに振り向けていったということだと思います．それはまさしく民主党がマニフェストの中でお約束した基本的な考え方であって，そういうことについてはしっかりやっているということを，まずテレビを見ている国民の皆さんにも御理解いただきたいと思います」と述べている（「第178回国会衆議院予算委員会議録」第19号）．その一方で，2012年常会において，野党自民党を代表して質問に立った下村博文衆議院議員は「きょうはテレビ入りでもございますので，自民党として，この高校授業料無償化，自民党ならこうするということで御説明を申し上げ，そして野田総理あるいは関係大臣からお聞きしたいというふうに思います」と述べ（「第180回国会衆議院予算委員会議録」第19号），国民に向けて，民主党政権による授業料無償化の問題点を訴え，自党の政策の優位性を主張しようとしている．
23　国会を政党間による討議（deliberation）の場として捉える「討議アリーナ」論に立脚する研究として，福元（2000）がある．

会の36回に次いで3番目に多い．また，委員会の開催時期に関しても，そのほかの常任委員会が常会では通常，予算が衆議院を通過し参議院での審議に入る3月以降に閣法の審査を本格化させるのに対して[24]，予算委員会では1月に国会が召集された直後から予算の審査が開始されるため，3月11日に東日本大震災が発生する直前の与野党関係がどのようなものであったのかを検証するのに適している．

　以上の理由により，ここでは国会における委員会のなかでも予算委員会に焦点をあて，与野党がどのような関係にあるのかを推論する．具体的には，予算委員会における予算の審査を対象として，東日本大震災の発生前後を比較分析するが，さきにも指摘したとおり，分裂議会という国会状況は与野党の力関係に大きな影響をおよぼすと考えられる．そのため，分裂議会が発生した2010年7月以降で，大震災が発生するまでの期間に国会へ提出された予算（2010年度補正予算，2011年度予算）の審査と，大震災が発生してから2012年12月の総選挙によって政権交代が起きるまでの期間に国会へ提出された予算（2011年第1次〜第4次補正予算，2012年度予算，2012年度暫定予算）の審査とを比較する．

2.3　作業仮説とデータ

　本節の最後にこの補論の作業仮説を提示したうえで，その検証に映像資料をどのように活用するかを検討する．まず，ここでは委員会審査における野党の異議申し立てを指標として，与野党対立の深刻さを推論する．予算委員会において質問に立つ質疑者はそれが与野党どちらに所属する議員であれ，みずからの主張を広く国民，あるいは地元選挙区の有権者にアピールするという動機をもっていると考えられる[25]．

　しかし，政府の答弁者からすれば，質疑者が与党議員であるか，それとも野党議員であるかには決定的な差異がある．すなわち，内閣を支える立場に

24　常会における閣法の新規提出はそのほとんどが2月と3月に集中しているが，現行の内閣の法案提出手続が確立する歴史的な経緯や，提出時期と成立率との関係などについては，福元（2007: 第1章）が詳しい．

25　松本・松尾（2010）は委員会における議員の発言量が，①議員の地元への利益の応答，②議派政治，③議員個人の専門性という三つの要素によって決定されることを主張する（99）．

ある与党の議員は通常，政府に対して好意的であり，双方のやりとりを通じて政府の政治方針や政策などをより明確にし，それを簡潔に国民に宣伝しようとする．それに対して，野党の議員はその立場上，政府に対して敵対的であり，その政策の問題点などを追及するとともに，自党の方が政権を担うにふさわしい政党であることを国民に訴えようとする．

そうした野党議員の質疑においては，しばしば委員の間で野次や怒号が飛び交い，審査が中断されるほどの混乱が生じる．そのときに注目されるのが，野党に所属する委員会理事の動きである．委員会の理事は委員長とともに理事会を構成し，委員会の運営にあたるが，とくに野党の理事は質疑者の質問に対する政府側の答弁に満足しない場合，委員会の議事進行にあたる委員長に対して，首相や担当閣僚の再答弁などを要求する．それには，もちろん政府から満足に足る答弁を引き出そうという意図もあろうが，一方において，審議の引き延ばしによって，時間を稼ぎ，反対する議案を審議未了によって廃案に追い込もうという一面もある．いずれにしても，そうした野党理事による異議申し立ては，国会において与野党対立がどれほど深刻なものであるのかを推論し得る，一つの指標ということができ，それを採用することによって，つぎの作業仮説が得られる．それは東日本大震災の発生によって，与野党関係が協調的なものに変化するならば，野党による異議申し立ての件数は減少するというものである．

つぎに，この仮説の検証に映像資料がいかに有用であるかを確認する．委員会審査における野党の異議申し立てについては，国会会議録などの文字資料にも，「発言する者あり」などとして記載されることがあり，それを手がかりとして，委員席などからの野次がどのタイミングで，どれだけ発せられたのかを把握することができる．しかし，不規則に行われる議員の野次の件数を正確にカウントすることは難しく，また国会会議録においても発言者がそれに反応を示したときにその記載がなされる傾向にある．つまり，発言者が野次を無視してみずからの発言をつづけた場合，議事録からは野次の存在を把握することができない．

それに対して，映像資料は文字資料からは観察することができない議員の音声や動作を捉えており，野党の理事は政府側の答弁に問題があると認めた場合，実際に席を立って委員長席に詰め寄り，その不満を委員長に訴えていることが確認される．ここでは，野党による異議申し立ての件数を野党理事

がどれだけ委員長席に詰め寄ったのかによって確定する．そうした異議申し立てによって，実際に委員長が速記を中止させたり，休憩を宣告したりして，委員会の審査が中断されることもあるが，とくに委員長が与党議員である場合はしばしば野党理事の抗議は無視され，質疑が続行される．その場合，文字資料では野党によって異議申し立てが行われたこと自体を見落とすことになり，また審査が中断されたとしても，その時間については知ることができない．この審査の中断時間もまた与野党対立の深刻さを推論することのできる指標といえるため，ここでは映像資料をもとに審査の中断時間を集計する．

3　実証分析

　比較分析を通じた仮説の検証においては，できるかぎり東日本大震災以外の変数を制御しておく必要がある．とくに委員長は審査の議事進行を取り仕切るため，そのポストにある議員は大震災の発生前後において同一であることが望ましい．また，野党理事のパーソナリティもその異議申し立てのあり方に違いを生じさせる可能性があるため，委員会における理事構成にも留意する必要がある．表6-8はこの補論において対象とする予算の審査を行った衆議院予算委員会の役員構成をまとめたものである．それによると，委員長は一貫して与党民主党の中井洽衆議院議員がその職にあったことがわかる．また，野党の理事については，第180回国会において入れ替わりがあるが，それ以外は同一のメンバーである．

　そのうえで，東日本大震災の発生が与野党関係をどのように変化させたのかを確認する．まず，表6-9は予算委員会における異議申し立ての件数などを報告しており，そこからは大震災の発生前後で，野党の異議申し立てに明確な差異があることをみてとることができる[26]．具体的には，震災前と比較して，震災後においては異議申し立ての件数が大きく減少しており，大震災

26　ここでは，予算を議題として開かれた委員会を対象としているが，「予算の実施状況」を審査するために開かれた委員会については分析から除外している．また，委員長に対する異議申し立てはすべて野党理事によってなされたものであり，1件をのぞけば，すべて野党自民党の議員が質問に立っているときに行われたものである．

補論　東日本大震災の発生と与野党関係　　**169**

表6-8　衆議院予算委員会の役員構成

予算	回次	内閣	委員長	与党理事	野党理事
2010年度 補正予算	176	菅	中井洽 (民)	岡島一正(民)，川内博史(民)， 城井崇(民)，小林興起(民)，武 正公一(民)，中川正春(民)	塩崎恭久(自)，武部勤(自)， 富田茂之(公)
2011年度 予算	177	菅	中井洽 (民)	同上	同上
2011年度 補正予算	177	菅	中井洽 (民)	泉健太(民)，城井崇(民)，武正 公一(民)，手塚仁雄(民)，中川 正春(民)，若泉征三(民)	同上
2011年度 第2次補正予算	177	菅	中井洽 (民)	同上	同上
2011年度 第3次補正予算	179	野田	中井洽 (民)	岡田克也(民)，笹木竜三(民)， 武正公一(民)，西村智奈美(民)， 若井康彦(民)，若泉征三(民)	同上
2011年度 第4次補正予算	180	野田	中井洽 (民)	笹木竜三(民)，武正公一(民)， 西村智奈美(民)，鉢呂吉雄(民)， 若井康彦(民)，若泉征三(民)	石破茂(自)，小池百合子(自)， 高木陽介(公)
2012年度 予算	180	野田	中井洽 (民)	同上	同上
2012年度 暫定予算	180	野田	中井洽 (民)	同上	同上

注1：委員会の役員構成は予算審査の開始日時点のもの.
注2：括弧内の民とは民主党を，自とは自民党を，公とは公明党をそれぞれ意味する.
出典：衆議院事務局編『衆議院会議録』(第176回国会，第177回国会，第179回国会，第180回国会)をもとに
　　　筆者作成.

表6-9　予算委員会における異議申し立て

予算		国会 回次	異議申し 立て(回)	速記 中止(回)	中止 時間(分)	審査 時間(分)
震災前	2010年度補正予算	176 (臨)	10	0	0	1,888
	2011年度予算	177 (常)	55	11	50	5,794
震災後	2011年度補正予算	177 (常)	0	0	0	586
	2011年度第2次補正予算	177 (常)	1	0	0	647
	2011年度第3次補正予算	179 (臨)	0	0	0	1,263
	2011年度第4次補正予算	180 (常)	0	0	0	907
	2012年度予算	180 (常)	14	2	12	5,931
	2012年度暫定予算	180 (常)	0	0	0	190

注1：野党理事の異議申し立てによらない速記の中止は除外している.
注2：速記が中止されたのち，審査が同日中に再開されなかった場合は中止時間に含めていない.
注3：審査時間は審査の録画時間.
出典：比較議会情報プロジェクト「国会審議映像検索システム」および衆議院「衆議院インターネッ
　　　ト審議中継」をもとに筆者作成.

発生時に開かれていた第177回国会においては，震災前の2011年度予算の審査において55回の異議申し立てが行われているが，震災後の補正予算の審査においては1回をかぞえるのみになっている．

　ただし，これは本予算と補正予算との比較であるため，おなじく補正予算であり，かつ審査時間も同程度の審査についても比較を行う必要がある．その条件を満たすのは第176国会（臨時会）における2010年度補正予算と，第179回国会（臨時会）における2011年度第3次補正予算の審査であるが，ここでも異議申し立ての件数は震災前の前者が10，震災後の後者が0となっている．また，委員長によって異議申し立てが認められ，実際に速記が中止された回数やその時間をみても，大震災の発生前後で同様の違いが生じていることが確認される．

　それでは，つぎに野党の異議申し立てがどのようなテーマに関連して行われたのかを確認する．表6-10は異議申し立て時における政府側の答弁者とそのときのテーマをまとめたものであり，そこにも大震災の発生によって与野党関係が変化したことを窺わせる結果が示されている．すなわち，大震災が発生する以前の予算委員会においては，年金問題や尖閣問題など，たしかに純粋な政策問題もテーマとなっているが，そのほかにも「政治とカネ」をめぐる問題や委員長の委員会運営に関する問題など，必ずしも政策に直接関係しないテーマをもって，野党が政府を追及している．その一方で，大震災が発生してからは，政策に直接関係しないテーマが激しい対立を招くことはなくなり，そこでの異議申し立てはもっぱら政府の震災対応やマニフェストに掲げられた重要政策をめぐって起こされたものであった．

　最後に，こうした与野党の協調関係がいつまで持続したのかを検討する．この補論のデータが示しているのは，少なくとも震災からの復旧，復興を目的とする2011年度の第1次から第4次にわたる補正予算の審査までは野党が政府に協力的であったということである．ふたたび野党が政府に対して対決姿勢を示すのは，2012年度予算の審査においてであるが，それでも異議申し立てや速記中止の件数は2010年度予算の審査と比較するならば，それほど多いとはいえない．震災発生から1年に満たない時点においては，すでに消費税の税率引き上げなどをめぐる与野党の攻防があったにしても，その対立状況は大震災が発生する以前とは異なるものであったのである．

補論　東日本大震災の発生と与野党関係　　171

表6-10　野党の異議申し立て時における答弁者とテーマ

	予算	委員会開催日	答弁者(テーマ/回数)
震災前	2010年度補正予算	2010/11/8	菅直人首相(国歌に対する姿勢/1)，柳田稔法相(尖閣問題/1)，菅直人首相(政治とカネ/1，尖閣問題/2)
		11/9	菅直人首相(普天間問題/1)，仙谷由人官房長官(国会同意人事/1)
		11/10	鈴木久泰海上保安庁長官(尖閣問題/2)
		11/15	馬淵澄夫国交相(尖閣問題/1)
	2011年度予算	2011/2/1	中井洽委員長(委員会運営/1)，細川律夫厚労相(子ども手当/1)，中井洽委員長(答弁者指名/2)
		2/2	枝野幸男官房長官(最低保障年金/1)，片山善博総務相(一括交付金/5)，菅直人首相(一括交付金/1)
		2/3	松本龍環境相(地球温暖化対策/2)，中井洽委員長(答弁者指名/2)
		2/4	枝野幸男官房長官(経済見通し/1，官僚の天下り/2)
		2/7	前原誠司外相(日米地位協定/1)，枝野幸男官房長官(最低保障年金/1)，片山善博総務相(子ども手当の地方負担/2)
		2/8	菅直人首相(子ども手当/4)，中井洽委員長(答弁者指名/1，委員会運営/1)
		2/9	高木義明文科相(朝鮮人学校授業料無償化/1)，枝野幸男官房長官(朝鮮人学校授業無償化/1)，枝野幸男官房長官(子ども手当/2)
		2/10	藤井裕久官房副長官(政治とカネ/2)
		2/21	藤井裕久官房副長官(政治とカネ/3)，片山善博総務相(政治資金/2)
		2/24	片山善博総務相(年金問題/4)，細川律夫厚労相(年金問題/2)，中井洽委員長(委員会運営/1)
		2/28	片山善博総務相(年金問題/3)，細川律夫厚労相(年金問題/4)，中井洽委員長(委員会運営/2)
震災後	2011年度補正予算		該当なし
	2011年度第2次補正予算	2011/7/19	江田五月環境相(がれき処理/1)
	2011年度第3次補正予算		該当なし
	2011年度第4次補正予算		該当なし
	2012年度予算	2012/2/9	安住淳財務相(消費税関連法案/2)，鹿野道彦農相(農林省対中モデル事業/1)
		2/13	岡田克也副総理(高校授業料無償化/2)，平野博文文科相(高校授業料無償化/1)
		2/15	野田佳彦首相(高校授業料無償化/1)
		2/17	田中直紀防衛相(東日本大震災/1)
		2/21	小川敏夫法相(死刑執行/1)
		2/22	岡田克也副総理(社会保障と税の一体改革/1)
		2/28	安住淳財務相(交付国債/2)，中川正春内閣府特命担当相(交付国債/1)
		3/1	平野博文文科相(朝鮮人学校授業料無償化/1)
	2012年度暫定予算		該当なし

出典：比較議会情報プロジェクト「国会審議映像検索システム」および衆議院「衆議院インターネット審議中継」をもとに筆者作成.

4 補論の知見

　補論においては，2011年3月の東日本大震災の発生が分裂議会のもとで対立していた与野党関係にどのような影響をおよぼしたのかを，国会の映像資料を用いて明らかにしようと試みた．ここでは与野党対立の深刻さを測る指標として，映像資料によってのみ観察が可能となる委員会における野党の異議申し立てを採用し，大震災の発生前後を比較分析した．その結果，大震災の発生前においては，しばしば野党の理事から委員長に対して異議申し立てがなされ，委員長によって実際に速記が中止されることもあったのが，大震災の発生後においては，異議申し立ての件数が大きく減少し，速記の中止もみられなくなった．また，大震災の発生前後で野党が異議申し立てを行ったときの論題にも変化がみられた．具体的には，震災前において野党は政策的なテーマだけでなく，それに直接関係しない問題をも利用して政府を厳しく追及していたのに対して，震災後は後者の問題での政府批判は行われなくなった．こうした野党の協調的な姿勢は少なくとも大震災からの復旧，復興を目的とする第1次から第4次にわたる2011年度補正予算が審査されるまで継続した．これらの知見は，大震災の発生が与野党関係を一時的にではあれ，対立的なものから協調的なものへと変化させたことを示している．

第7章

本書の結論

　本章では，これまでの分析によって得られた知見と，そこから導出し得る
含意をまとめたうえで，分裂議会をどのように評価すべきかについて検討を
加える．本書の目的はあくまでも分裂議会の発生が閣法の立法過程におよぼ
す影響に関する理論的，実証的な知見を提示することであったが，それは分
裂議会に関する規範的な議論と無関係ではいられず，またここでの知見が日
本の統治機構改革などをめぐる実務的な議論に資することも本書の副次的
な目的といえる．そこで，本章ではこれまでの知見をもとに分裂議会を規範
的に評価し，権力の融合と分散という観点から現代日本の二院制がどのよう
に機能しているのかを論じる．以下，第1節では本書の知見とその含意をま
とめる．第2節では本書において残された課題を指摘し，今後の研究課題を
示す．第3節では本書の実証的な知見にもとづいて分裂議会を規範的に評価
し，それが権力の抑制を実質的なものにしていることを主張する．

1　本書の知見と含意

1.1　本書の知見

　本書は，現代日本が経験した分裂議会を対象として，その発生が閣法の立
法過程にどのような影響をおよぼすのかを包括的に捉えようと試みた．その
ために，本書では，①分析の視点を閣法提出者としての内閣および各省庁の
側におき，②国会内過程だけでなく，閣法が国会へ提出される以前の国会前
過程までを射程に入れて，分裂議会の発生が閣法提出者の立法行動にいかな

る変化をもたらしているのかを観察した．具体的には，閣法提出者による①閣法の選別，②閣法の根回し，③閣法の国会提出にそれぞれ焦点をあて，一致議会との比較を通じて，閣法提出者が分裂議会において抑制的な立法行動を余儀なくされていることを明らかにした．

　第一に，閣法の選別については，閣法をその重要度と緊急度とに応じて，優先重要法案，劣後重要法案，優先一般法案，劣後一般法案の四つに類型化したうえで，実際に内閣および各省庁が常会の召集前に準備した法案を，内閣官房内閣総務官室によって編集されている「法案提出時期調」にもとづいて分類した．それをもとに閣法の準備状況を一致議会と分裂議会とで比較した結果，自公政権下の分裂議会においては重要法案が選択的に絞り込まれていることが明らかになった．すなわち，閣法提出者は重要法案のなかでも税制関連法案や歳入関連法案などに代表される，国政担当者として特定の時期までに成立させる必要のある優先重要法案については，一致議会だけでなく，分裂議会においても毎年一定の件数の法案を準備する一方で，必ずしも早期に成立させる必要のない劣後重要法案については，その件数を量的に減らしていた．

　そうした閣法提出者の戦略的な法案選別の結果，自公政権下では一致議会と比較して，分裂議会でも重要法案の成立状況が大きく悪化することはなかったが，そのことは重要法案の生産性が分裂議会になっても維持されるということを意味しない．すなわち，そこで一定程度の重要法案が成立したのはあくまでも閣法提出者によって劣後重要法案に選別される法案の件数が選択的に絞り込まれた結果として，国会を通過する見込みのない劣後重要法案がそもそも国会に提出されなかったからにほかならない．また，ここで振り返っておく必要があるのは，分裂議会において絞り込みの対象となった劣後重要法案には，緊急性こそ低いものの，政権の重要公約を実現するための法案などが含まれていることである．つまり，閣法提出者は分裂議会において優先重要法案の成立を確実なものとするために，みずからの重要政策にかかわる劣後重要法案の推進を断念していたのである．

　第二に，閣法の根回しについては，知見の一般化を追求するために，国会へ提出される大部分の閣法とおなじく，あえて与野党の利害対立が生じない非論争的な法案の立法過程を事例として選択した．具体的には，特許庁が主管する産業財産権四法を対象とし，一致議会下の2006年常会に提出された

意匠法等改正と，分裂議会下の2008年常会に提出された特許法等改正の立法過程において，議員に対する官僚の根回しにどのような差異があるのかを，特許庁が保管する根回しの日程表をもとに検証した．その結果，官僚は一致議会では法案の国会提出前から与党の議員に対して根回しを行う一方，野党の議員に対してはその国会提出後に根回しをはじめていたのが，分裂議会においては野党議員に対しても与党議員と同様に国会提出前から根回しを行っていたことが明らかになった．このことは分裂議会では与党だけでなく，野党もまた官僚によってあらかじめ法案に対する同意を得るべき拒否権プレイヤーとみなされていることを意味している．

　第三に，閣法の国会提出については，内閣および各省庁が国会召集前にどのような法案を準備していたのかを「法案提出時期調」をもとに把握し，その国会提出状況を一致議会と分裂議会とで比較した．その結果，一致議会と比較して，分裂議会においては事前に準備されていたとしても最終的に国会への提出を見送られる法案の割合が増えることが明らかになった．また，さきの分類にしたがって各法案の提出状況を確認したところ，分裂議会において提出が見送られたのはおもに劣後一般法案に分類される法案であることが示された．そのうえで，緊急度の低い劣後法案のなかでも論争的な法案については，分裂議会において国会提出が見送られるということを，内閣と野党をプレイヤーとするゲームによって演繹的に示し，それを2013年12月に与野党が激しく対立するなかで成立した特定秘密保護法案の立法過程を事例として検証した．その結果，特定秘密保護法案は少なくとも国会提出の2年近くまえに準備が整えられていたにもかかわらず，分裂議会のもとでは提出が見送られてきたことが明らかになった．

　以上の分析結果は，いずれも分裂議会において閣法提出者の立法行動が抑制的になっていることを示すものであり，法案が国会に提出されてからの国会内過程に射程を限定した分析では捉えることのできない非決定の一端に光をあてている．また同時に，それは参議院の多数を占めた野党が拒否権プレイヤーとして，閣法の立法過程に大きな影響力をおよぼしていることを示すものでもある．すなわち，野党は閣法提出者に黙示的な影響力を行使することによって，自身が望まない法案を国会前過程に潜在化させうる存在となったのである．

1.2 本書の含意

　本書の分析によって得られた知見は，学術的に以下の三つの含意を有していると考えられる．

　第一は影響力評価に関する含意である．本書は分裂議会における参議院の影響力を評価しようとするものであったが，そこでの知見は広く社会における諸アクターの影響力を精確に理解するうえでの含意をもつ．第1章において指摘したように，これまでの国会研究においても，その影響力を推論しようとするとき，おもに国会の明示的な影響力行使に関心が向けられてきた．すなわち，国会がどれだけの閣法を否決したり，修正したりしたのかという観点からその影響力が推論されてきたのである．しかし，本書は閣法提出者が国会状況に応じて戦略的に法案を準備し，分裂議会においては参議院を通過する見込みのない法案の国会提出を見送る傾向にあることを示した．そうした閣法提出者の行動におよぼす国会の黙示的な影響力を考慮することなしに，その明示的な影響力行使のみにもとづいて国会の影響力を推論することはそれを過小評価することにつながる．このことは，国会以外のアクターの影響力を評価するときにも留意すべき点であるといえ，その明示的な側面に加えて，黙示的な側面をも包括的に考察することがより精確な影響力評価のために不可欠となる．

　第二は拒否権プレイヤーに関する含意である．本書では参議院の影響力の源泉をその強い立法権限に求めたうえで，参議院における多数派を立法上の拒否権プレイヤーとみなした．これにより，分裂議会において示された参議院の影響力を，拒否権プレイヤーである野党の影響力として理解することが可能になり，それに関する本書の知見は拒否権プレイヤーが一般的にどのような影響力をもつのかについて含意を有する．第一の含意との関連でいえば，拒否権プレイヤーの影響力とは拒否権の直接的な行使だけに求められるものではなく，それを背景に議案提出者の行動を制約するという点にも見出されるべきである．具体的には，議案提出者に対して，つねに拒否権プレイヤーの意向に沿うような提案をさせ，それに反する提案は議題にもあがらないようにするといったことが考えられる．こうした観点からは，ある拒否権プレイヤーが議案提出者の提案に対して，日常的に承認しか与えていないとしても，それはその拒否権プレイヤーが影響力をもたないということをただ

ちには意味しないことになる.

　第三は日本の政官関係に関する含意である．本書では閣法を実質的に作成するとともに，関係アクターに対してその根回しを日常的に行うなど，閣法の立法過程に深く関与している官僚を主要な分析対象のひとつとしており，それが分裂議会の発生に対してどのような反応を示すのかを検証した本書は日本の政官関係の実態を知るうえでも含意を有する．日本においては官僚が政治過程において主導的な役割を果たしているという認識が一般に根強く，国会研究でも立法過程におけるその主導性を強調するものが少なからず存在するが，国会を制度的な拒否権プレイヤーとして，また官僚を議案提出者として捉えたとき，国会が大部分の閣法を原案のままで通過させているとしても，それだけではいわゆる官僚主導論を支持する根拠とはなり得ない．さきにも指摘したように，そこで問題となるのは，官僚がいかに国会の意向を忖度して法案を準備しているかという点であるが，本書は官僚が両議院における多数派交代に敏感に反応し，つねに多数派に対して優先的な根回しを行っていることなども明らかにした．官僚主導論が想定する官僚は国会の多数派が交代したとしても，その行動に変化をみせないはずであるが，本書の分析結果はそれとは異なる官僚像を示したといえる．このことは官僚制に対する民主的統制の観点からも重要な意味をもち，選挙における有権者の選択が官僚行動に少なからず影響をおよぼしていることを示唆している．

1.3　本書の応用可能性

　以上の含意に加えて，本書で採用した分析視角は分裂議会と類似した政治現象を観察するうえでも有用である．たとえば，現代日本の地方政府においては首長と議会議員とがそれぞれ住民から直接選出されるため，大統領制を採用する政府とおなじように，首長が所属する政党もしくはそれが支援を受ける政党と，議会の多数派を構成する政党とが異なる分裂政府が生じうる．近年，各部門の党派構成とその相互作用に着目した実証研究も発表されているが[1]，分裂政府の発生が地方政治にもたらす影響を把握しようというときにも議案提出者としての首長およびそれを支える官僚機構の視点に立つことは重要な意味をもつ．分裂政府においては首長の提出した議案が議会によって

1　たとえば，曽我・待鳥(2007)や砂原(2011)を参照.

直接的に否決されることもありうるが，そうした顕在的な事象だけに着目するのではなく，議案提出者がどれだけ議会多数派の意向を忖度した対応をとっているのかを検証してはじめて，分裂政府の政治的影響を包括的に理解することが可能になるのである．

　また，分裂政府は明治憲法下の中央政府において常態的であった．明治憲法体制は諸部門に権力が分散していることをその大きな特徴としていたが2，一方で分散化した権力を統合しうるアクターは安定的に存在しなかった．そのことは明治憲法体制の致命的な問題ともいわれ（坂野 1971），主権者たる天皇の官吏である中央官僚といえども，国政運営には他部門において多数派を確保するという困難な課題に取り組まざるを得なかった．とくに帝国議会については，明治憲法下において天皇の協賛機関と位置づけられ，その権限にはいくつかの制約が設けられていたものの，予算や法律の制定には基本的にその同意を得なければならなかった（5条，37条，64条1項）．一般に明治憲法下では中央官僚が強い主導性をもって国政を運営していたと考えられているが，官僚もまた議案提出者として議会多数派の意向を忖度した行動を余儀なくされていたのではないかという仮説を念頭に官僚主導論を再考する余地は十分に残されていると思われる．

2　残された課題

　ここまで本書の知見とその含意をまとめ，そこで採用した分析視角の応用可能性について述べてきたが，一方で本書には残された研究課題も少なからず存在する．

　第一は，国会提出法案の取捨選択過程の分析である．本書では，閣法として国会へ提出される法案が国会前過程において取捨選択された「結果」を示したが，それが具体的にどのアクターによって，どのように選別されたのかという「過程」については分析の対象外とした．いうまでもなく，閣法の取捨選択は，内閣の自律的な判断に任されているわけではなく，実際には与党との緊密な協議のうえで決定される．とりわけ，そこでは与党国対の役割が

2　Ramseyer and Rosenbluth（1995）は明治憲法体制が権力分散的なものとなった原因を，寡頭政治家の合理的選択の結果に求めている．

重要であり，国会提出法案の決定過程に迫るには与党国対を組み込んだ分析枠組みを構築することが求められる．

第二は，分裂議会における閣法の質的な内容分析である．本書は分裂議会における閣法提出者の立法準備として三つの側面に焦点をあてたが，各省庁は事前に参議院の多数を占める野党の政策選好をも踏まえて閣法の原案を作成している可能性が高い．それを検証するには政策ごとに各アクターの政策選好を同定することが必要となるが，そのことは分裂議会における与野党関係をより精確に理解するうえでも重要である．拒否権プレイヤーに関する理論研究では，その数とともに，拒否権プレイヤー間のイデオロギー距離と拒否権プレイヤー内部の凝集性が考慮に入れられており（Tsebelis 1995; 2002），閣法提出者と野党の政策選好が乖離していればいるほど，分裂議会において両者が合意しうる範囲は狭くなって，妥協点を見出すのが困難になる一方，それが接近していればいるほど，合意しうる範囲は広くなり妥協点を探すことが容易になる．分裂議会における立法的な帰結はあくまでも与野党の相互作用を通じて決まるものである以上，各アクターの政策選好を考慮することは分裂議会に関する実証研究の精緻化をはかるうえで不可欠といえる．

第三は，一致議会における参議院の影響力評価である．これまでにも述べたように，参議院の強い立法権限は一致議会であるか，分裂議会であるかという国会状況にかかわりなく，憲法によって制度的に担保されており，たとえば自民党の参議院内会派である参議院自民党などは一致議会においても特異な存在感を示してきた．なぜ一致議会においても参議院が内閣に対して一定の影響力を行使することができるのかを理解するには，とくにその多数を占める参議院与党に関する独自の分析が不可欠である．参議院自民党については，それが党内の政策決定にどのようにかかわっているのか，あるいは参議院の議事運営にどのような役割を果たしているのかについて検討する必要があろう．

3　分裂議会の評価

本書を結ぶにあたり，その実証的な知見をもとに分裂議会という政治状況をどのように評価すべきかについて検討しよう．

分裂議会に対しては，しばしばその発生が閣法の成立を妨げ，国政を停滞

させるという批判が向けられるが，本書はそうした議論が印象論の域を出ないものであることを示した．すなわち，一致議会と分裂議会とにおける閣法の国会審議結果を比較するならば，分裂議会の発生が閣法の成立率を低下させるとは必ずしもいえず，また参議院において閣法の成立が直接的に拒まれることはまれであることが確認された．しかし，そのことは分裂議会においても閣法の生産性が維持されることを意味せず，国会前過程にまで射程を拡張した分析からは，分裂議会の発生によって閣法提出者の立法行動が抑制的になり，事前に重要法案の件数が選択的に絞り込まれているとともに，より多くの法案が国会に提出されることなく，国会前過程に潜在化していることが明らかになった．

　この知見をもとに，権力の融合と分散という観点から分裂議会を整理すると，それは一致議会との比較において以下のようになる．一致議会においては与党が両議院の多数を占め，その支持のもとに内閣が成立している．そこでは両議院の多数派たる与党を媒介として権力の融合が実現しており，内閣にはその政策を強力に推進するための制度的な基盤が用意されている．それに対して，分裂議会においては野党が参議院の多数派となり，衆議院において三分の二以上の多数が形成されないかぎり，立法上の拒否権を有している．そこでは衆議院に支えられる内閣と参議院との間で権力の分散が生じており，内閣はその政策を参議院の同意のもとに進めることを余儀なくされ，それが反対する法案については推進を断念せざるを得ない．

　このように分裂議会を捉えると，それに対する評価は権力の融合と分散のどちらを重視するかによって大きく分かれることが理解される．つまり，権力融合を重視する立場からすれば，分裂議会は議院内閣制において内閣が集権的に国政を運営するのを阻害するものとして否定的に捉えられる．逆に，権力分散を重視する立場からすれば，分裂議会は内閣の強大な権力を実質的に抑制しうるものとして肯定的に捉えられる．このように，権力のあり方に対する立場の違いによって分裂議会の評価は二分されるものの，実際の権力の運用はきわめて弾力的である点に留意すべきである．すなわち，現代日本においては選挙における国民の選択が権力の運用を決定づけており，主権者たる国民が内閣の強いリーダーシップを求めるのであれば，総選挙において与党となった政党を参議院選挙においても支持して一致議会をつくり，逆に内閣のリーダーシップに歯止めをかけたいのであれば，参議院選挙において

野党を支持して分裂議会を現出させる．たとえば，安倍内閣は2007年参議院選挙によってその権力を大きく制限され，まもなくして総辞職するに至ったが，2012年総選挙によって政権に復帰すると，2013年参議院選挙では逆にその権力を大きく強化された．

　このことは政権の座をめぐって競争を繰り広げる各政党からすれば，強い主導性をもって国政にあたるには総選挙だけでなく，参議院選挙でも国民から多数の支持を得ることがその制度的な要請になっていることを意味している．二院制の意義については，両議院がおなじ決定を繰り返すことにより，慎重な審議が担保されるという指摘もあるが（増山2004; 2008）[3]，権力の委任が総選挙という一度の機会で終わるのではなく，参議院選挙においても国民がおなじ政党に多数の支持を与えたときにはじめて完結するとの考えに立てば，二院制には権力の委任を慎重に行わせるという側面も見出されるであろう．それは分裂議会が内閣の権力を実質的に抑制しうるからこそ成り立つ議論にほかならず，自由な社会を保持するには慎重な権力の委任とその抑制とが不可欠であるとする立場からは分裂議会を否定的に捉えるのは誤りということになる．

　ただし，分裂議会には政治責任の所在に関する内在的な問題も存在する．国政に対する責任は一義的には内閣およびそれを支える与党が負うことになるが，分裂議会における立法は基本的に与野党の協働によって推進される．それゆえに，分裂議会においては野党もまた内閣の政策に対する責任の一端を負うべきことになるが，それは同時に政治責任の所在を不明確で曖昧なものにする．また，そうした政治責任の不明確さは選挙における国民の選択を難しいものにする．一致議会においては，国民は内閣に対する評価にもとづいて与野党のいずれに投票するかを決めることができるが，分裂議会においては，その業績に満足しているにせよ，不満であるにせよ，どちらの場合にもその原因をすべて内閣や与党に求めることができず，選挙では与野党どちらに投票すべきか，難しい選択を迫られることになる．

3　そのほか，増山（2015）は空間理論的に二院制を捉えるハモンドらの議論（Hammond and Miller 1987）を紹介して，二院制には一院では不安定となる意思決定を安定化する作用があるとしている（第5章）．また，近年の二院制に関する実証研究としては，坂井・岩井・浅田（2013）や木下（2015）などがある．

本書において分析の対象とした分裂議会は，第一院のみならず第二院をも公選とする二院制を採用するかぎり，好むと好まざるとにかかわらず，日本では今後も避けることのできない政治現象である．それゆえに，分裂議会に関する理論的，実証的な学術研究は現代日本政治に対する理解を深めるうえで欠かすことのできないものとなるが，その重要性は目のまえで繰り広げられる複雑な政治現象を適切に理解するということにとどまらない．それは本章において考察したとおり，分裂議会が権力の融合と分散という，国家統治のあり方を決定づける基底的な民主主義原理と深く関連しているからであり，その研究から得られる科学的知見は現在，日本において活発化しつつあるものの，ややもすれば整合性に欠ける統治機構改革をめぐる議論において，つねに念頭におかれるべきものとなる．

参考資料

1　両議院における閣法審議結果

年	回次	国会		内閣	新規提出	成立	成立率%	衆議院				参議院			
								修正	継続	否決	未了	修正	継続	否決	未了
1947	1	特		片山	161	150	93.2	35	0	0	4	19	0	0	2
	2	常			225	190	84.4	41	8	0	3	17	0	0	3
1948	3	臨			40	32	80.0	5	0	0	5	0	0	0	3
	4	常			23	22	95.7	2	0	0	1	1	0	0	0
1949	5	特			212	198	93.4	56	3	0	7	26	0	0	4
	6	臨			60	51	85.0	3	0	0	7	4	0	0	1
1950	7	常			196	187	95.4	34	0	0	4	30	0	1	3
	8	常			20	17	85.0	1	2	0	0	3	0	0	1
	9	臨			43	37	86.0	3	0	0	1	1	0	5	0
1951	10	常			181	173	95.6	21	5	0	0	18	1	1	0
	11	臨		吉田	1	0	0.0	0	0	0	1	0	0	0	0
	12	臨			54	51	94.4	5	2	0	0	2	1	0	0
1952	13	常			249	236	94.8	42	8	0	2	77	0	0	1
	14	常	分裂		0	0	—	0	0	0	0	0	0	0	0
	緊急集会				0	0	—	0	0	0	0	0	0	0	0
	15	特			187	50	26.7	9	0	0	82	2	0	0	48
	緊急集会				4	4	100.0	0	0	0	0	0	0	0	0
1953	16	特			169	159	94.1	37	2	0	6	7	0	0	1
	17	臨			15	15	100.0	3	0	0	0	2	0	0	0
	18	臨			10	9	90.0	2	0	0	1	0	0	0	0
1954	19	常			183	176	96.2	49	4	0	1	31	2	0	0
	20	臨			11	10	90.9	2	0	0	0	0	0	0	0
	21	常			0	0	—	0	0	0	0	0	0	0	0
1955	22	特		鳩山	150	135	90.0	36	0	0	7	12	2	0	5
	23	臨			10	10	100.0	1	0	0	0	1	0	0	0
1956	24	常			172	141	82.0	25	17	0	0	9	4	0	9
	25	臨			10	4	40.0	0	6	0	0	0	0	0	0
1957	26	常		石橋	158	145	91.8	29	5	0	1	15	3	0	2
	27	臨			5	5	100.0	0	0	0	0	0	0	0	0
	28	常			159	144	90.6	45	0	0	11	13	0	0	3
1958	29	特			5	5	100.0	0	0	0	0	0	0	0	0
	30	臨		岸	41	6	14.6	2	0	0	21	0	0	0	14
	31	常			185	171	92.4	29	6	0	2	19	1	0	5
1959	32	臨	一致		2	2	100.0	0	0	0	0	0	0	0	0
	33	臨			33	32	97.0	6	0	0	0	0	0	0	0
	34	常			155	124	80.0	23	20	0	7	10	3	0	0
1960	35	臨			0	0	—	0	0	0	0	0	0	0	0
	36	臨		池田	0	0	—	0	0	0	0	0	0	0	0
	37	特			25	23	92.0	4	0	0	2	0	0	0	0
1961	38	常			211	150	71.1	20	0	0	57	16	1	0	2

1 両議院における閣法審議結果（続き）

年	回次	国会	内閣	新規提出	成立	成立率%	衆議院 修正	継続	否決	未了	参議院 修正	継続	否決	未了
1961	39	臨	池田	75	68	90.7	11	4	0	1	1	2	0	0
	40	常		160	138	86.3	24	13	0	5	3	0	0	3
1962	41	臨		3	3	100.0	0	0	0	0	0	0	0	0
	42	臨		11	2	18.2	2	0	0	0	0	0	0	9
	43	常		185	158	85.4	24	0	0	15	3	0	0	11
1963	44	臨		36	1	2.8	0	0	0	32	0	0	0	3
	45	特		13	11	84.6	2	2	0	0	0	0	0	0
1964	46	常	佐藤	174	156	89.7	46	2	0	9	10	7	0	0
	47	臨		10	10	100.0	0	0	0	0	1	0	0	0
	48	常		134	124	92.5	31	4	0	1	8	0	0	5
1965	49	臨		5	3	60.0	0	2	0	0	0	0	0	0
	50	臨		15	3	20.0	0	0	0	12	0	0	0	0
	51	常		156	136	87.2	41	4	0	4	9	7	0	4
1966	52	臨		0	0	—	0	0	0	0	0	0	0	0
	53	臨		11	11	100.0	1	0	0	0	0	0	0	0
	54	常		0	0	—	0	0	0	0	0	0	0	0
1967	55	特		152	131	86.2	20	9	0	9	11	2	0	0
	56	臨		2	1	50.0	1	0	0	0	0	0	0	1
	57	臨		8	7	87.5	0	1	0	0	0	0	0	0
1968	58	常		108	90	83.3	25	7	0	10	3	0	0	1
	59	臨		0	0	—	0	0	0	0	0	0	0	0
	60	臨		9	7	77.8	5	1	0	1	0	0	0	0
1969	61	常		113	63	55.8	31	0	0	18	3	0	0	32
	62	臨		33	26	78.8	2	0	0	7	0	0	0	0
1970	63	特		109	98	89.9	18	3	0	0	1	1	0	7
	64	臨		27	27	100.0	10	0	0	0	0	0	0	0
1971	65	常		105	93	88.6	9	5	0	4	5	1	0	2
	66	臨		0	0	—	0	0	0	0	0	0	0	0
	67	臨		22	14	63.6	1	4	0	0	0	4	0	0
1972	68	常		115	95	82.6	37	8	0	8	4	1	0	3
	69	臨		0	0	—	0	0	0	0	0	0	0	0
	70	臨		9	9	100.0	0	0	0	0	0	0	0	0
1973	71	特	田中	128	103	80.5	39	14	0	4	8	6	0	1
	72	常		95	79	83.2	27	6	0	3	4	0	0	7
1974	73	臨		0	0	—	0	0	0	0	0	0	0	0
	74	臨	三木	14	14	100.0	2	0	0	0	0	0	0	0
1975	75	常		68	43	63.2	10	4	0	0	3	0	0	21
	76	臨		31	30	96.8	2	0	0	0	0	0	0	1
	77	常		69	58	84.1	13	8	0	2	0	1	0	0
1976	78	臨		9	8	88.9	0	0	0	1	0	0	0	0
	79	臨	福田	0	0	—	0	0	0	0	0	0	0	0
1977	80	常		76	65	85.5	16	8	0	3	5	0	0	0
	81	臨		0	0	—	0	0	0	0	0	0	0	0

国会：一致

1 両議院における閣法審議結果（続き）

年	回次	国会	内閣	新規提出	成立	成立率%	衆議院 修正	衆議院 継続	衆議院 否決	衆議院 未了	参議院 修正	参議院 継続	参議院 否決	参議院 未了
1977	82	臨		13	7	53.8	0	1	0	0	0	0	0	5
	83	臨	福田	8	2	25.0	1	0	0	0	0	6	0	0
1978	84	常		82	74	90.2	16	6	0	0	3	1	0	1
	85	臨		13	12	92.3	1	1	0	0	0	0	0	0
	86	臨		0	0	—	0	0	0	0	0	0	0	0
1979	87	常		68	42	61.8	8	0	0	11	2	0	0	15
	88	臨	大平	30	3	10.0	0	0	0	27	0	0	0	0
	89	特		0	0	—	0	0	0	0	0	0	0	0
	90	常		25	15	60.0	5	5	0	0	0	5	0	0
1980	91	常	一致		92	66	71.7	15	0	0	26	2	0	0	0
	92	臨		2	0	0.0	0	2	0	0	0	0	0	0
	93	臨		31	23	74.2	6	7	0	0	0	1	0	0
1981	94	常	鈴木	74	69	93.2	9	3	0	2	2	0	0	0
	95	臨		5	3	60.0	0	0	0	2	0	0	0	0
1982	96	常		81	77	95.1	7	4	0	0	4	0	0	0
	97	臨		5	4	80.0	0	1	0	0	0	0	0	0
1983	98	常		58	51	87.9	6	7	0	0	1	0	0	0
	99	臨		0	0	—	0	0	0	0	0	0	0	0
	100	臨		13	13	100.0	0	0	0	0	0	0	0	0
1984	101	特		84	70	83.3	18	4	0	4	5	6	0	0
1985	102	常		84	77	91.7	16	5	0	2	3	0	0	0
	103	臨	中曽根	12	10	83.3	1	2	0	0	0	0	0	0
1986	104	常		87	73	83.9	7	13	0	1	3	0	0	0
	105	臨		0	0	—	0	0	0	0	0	0	0	0
	106	特		0	0	—	0	0	0	0	0	0	0	0
	107	臨		28	24	85.7	2	1	0	3	1	0	0	0
1987	108	常		100	72	72.0	15	21	0	7	0	0	0	0
	109	臨		9	8	88.9	3	0	0	0	0	1	0	0
	110	臨		0	0	—	0	0	0	0	0	0	0	0
	111	臨	竹下	5	5	100.0	0	0	0	0	0	0	0	0
1988	112	常		83	75	90.4	19	8	0	0	1	0	0	0
	113	臨		17	17	100.0	4	0	0	0	0	0	0	0
1989	114	常		78	60	76.9	7	18	0	0	0	0	0	0
	115	臨	宇野	0	0	—	0	0	0	0	0	0	0	0
	116	臨		8	8	100.0	0	0	0	0	0	0	0	0
	117	常		5	0	0.0	0	0	0	5	0	0	0	0
1990	118	特	分裂	海部	70	66	94.3	9	3	0	0	1	0	0	1
	119	臨		2	1	50.0	0	0	0	1	0	0	0	0
1991	120	常		93	83	89.2	3	10	0	0	2	0	0	0
	121	臨		6	1	16.7	0	2	0	3	0	0	0	0
	122	臨		14	14	100.0	0	0	0	0	0	0	0	0
1992	123	常	宮澤	84	80	95.2	6	4	0	0	0	0	0	0
	124	臨		0	0	—	0	0	0	0	0	0	0	0

1 両議院における閣法審議結果（続き）

年	回次	国会		内閣	新規提出	成立	成立率%	衆議院 修正	衆議院 継続	衆議院 否決	衆議院 未了	参議院 修正	参議院 継続	参議院 否決	参議院 未了
1992	125	臨	分裂	宮澤	10	10	100.0	0	0	0	0	0	0	0	0
	126	常			76	72	94.7	8	0	0	2	0	0	0	2
1993	127	特	一致	細川	0	0	—	0	0	0	0	0	0	0	0
	128	臨			20	17	85.0	3	3	0	0	0	0	4	0
	129	常			75	67	89.3	6	6	0	1	1	1	0	0
1994	130	臨		村山	0	0	—	0	0	0	0	0	0	0	0
	131	臨			19	19	100.0	0	0	0	0	0	0	0	0
	132	常			102	102	100.0	2	0	0	0	1	0	0	0
1995	133	臨			0	0	—	0	0	0	0	0	0	0	0
	134	臨			17	17	100.0	1	0	0	0	0	0	0	0
	135	臨			0	0	—	0	0	0	0	0	0	0	0
	136	常		橋本	99	99	100.0	8	0	0	0	0	0	0	0
1996	137	臨			0	0	—	0	0	0	0	0	0	0	0
	138	特			0	0	—	0	0	0	0	0	0	0	0
	139	臨			12	9	75.0	0	3	0	0	0	0	0	0
1997	140	常			92	90	97.8	4	2	0	0	1	0	0	0
	141	臨			20	20	100.0	1	0	0	0	1	0	0	0
	142	常			117	97	82.9	1	20	0	0	2	0	0	0
1998	143	臨			10	7	70.0	1	1	0	2	0	0	0	0
	144	常	分裂	小渕	6	6	100.0	0	0	0	0	0	0	0	0
1999	145	常	一致		124	110	88.7	4	10	0	0	4	4	0	0
	146	臨			74	74	100.0	3	0	0	0	0	0	0	0
	147	常			97	90	92.8	5	0	0	7	0	0	0	0
2000	148	特		森	0	0	—	0	0	0	0	0	0	0	0
	149	臨			0	0	—	0	0	0	0	0	0	0	0
	150	臨			21	20	95.2	4	1	0	0	0	0	0	0
	151	常			99	92	92.9	11	7	0	0	2	0	0	0
2001	152	臨		小泉	0	0	—	0	0	0	0	0	0	0	0
	153	臨			28	28	100.0	2	0	0	0	0	0	0	0
2002	154	常			104	88	84.6	4	12	0	0	1	4	0	0
	155	臨			71	71	100.0	1	0	0	0	0	0	0	0
2003	156	常			121	118	97.5	13	3	0	0	1	0	0	0
	157	臨			6	6	100.0	0	0	0	0	0	0	0	0
	158	特			0	0	—	0	0	0	0	0	0	0	0
	159	常			127	120	94.5	9	7	0	0	0	0	0	0
2004	160	臨			0	0	—	0	0	0	0	0	0	0	0
	161	臨			20	19	95.0	1	1	0	0	1	0	0	0
2005	162	常			89	75	84.3	12	0	0	6	0	0	6	2
	163	特			24	21	87.5	0	3	0	0	0	0	0	0
2006	164	常			91	82	90.1	2	9	0	0	1	0	0	0
	165	臨		安倍	12	12	100.0	1	0	0	0	0	0	0	0
2007	166	常			97	89	91.8	1	8	0	0	2	0	0	0
	167	臨	分裂		0	0	—	0	0	0	0	0	0	0	0

1　両議院における閣法審議結果（続き）

年	回次	国会	内閣	新規提出	成立	成立率%	衆議院 修正	継続	否決	未了	参議院 修正	継続	否決	未了
2007	168	臨	安倍	10	10	100.0	0	0	0	0	0	0	1	0
2008	169	常	福田	80	63	78.8	13	15	0	0	0	0	1	2
	170	臨	麻生	15	10	66.7	2	4	0	1	1	0	1	0
	171	常	麻生	69	62	89.9	17	0	0	6	0	0	8	1
2009	172	特	鳩山	0	0	—	0	0	0	0	0	0	0	0
	173	臨	鳩山	12	10	83.3	0	2	0	0	0	0	0	0
	174	常		64	35	54.7	6	17	0	1	1	0	0	10
2010	175	臨	菅	0	0	—	0	0	0	0	0	0	0	0
	176	臨	菅	20	11	55.0	2	5	0	1	0	3	0	0
	177	常		90	72	80.0	13	13	0	2	1	1	0	0
2011	178	臨	野田	0	0	—	0	0	0	0	0	0	0	0
	179	臨		16	10	62.5	5	6	0	0	0	0	0	0
	180	常		83	55	66.3	21	20	0	2	2	0	0	4
2012	181	臨		10	5	50.0	1	0	0	5	0	0	0	0
	182	特		0	0	—	0	0	0	0	0	0	0	0
	183	常	安倍	75	63	84.0	13	8	0	0	3	0	0	4
2013	184	臨		0	0	—	0	0	0	0	0	0	0	0
	185	臨		23	20	87.0	5	3	0	0	0	0	0	0
	186	常		81	79	97.5	8	0	0	1	0	1	0	0
2014	187	臨		31	21	67.7	0	0	0	7	0	0	0	3
	188	特		0	0	—	0	0	0	0	0	0	0	0
2015	189	常		75	66	88.0	5	6	0	0	4	3	0	0
	190	常		56	50	89.3	5	6	0	0	2	0	0	0
2016	191	臨		0	0	—	0	0	0	0	0	0	0	0
	192	臨		19	18	94.7	0	1	0	0	0	0	0	0
計				9833	8361	85.0	1428	527	0	520	479	87	28	268

注：審議結果は新規提出法案のみを対象としており，継続法案は含めていない.
出典：参議院議事部議案課「議案審議表」（第1回国会〜第192回国会）をもとに筆者作成.

2 重要法案一覧

常会		件名	主管省庁
2001		個人情報の保護に関する法律案	内閣官房
		銀行法等の一部を改正する法律案	金融
		社債等の振替決済に関する法律案	金融
		株券等の保管及び振替に関する法律等の一部を改正する法律案	金融
	○	地方交付税法等の一部を改正する法律案	総務
	○	地方税法等の一部を改正する法律案	総務
	○	平成13年度における公債の発行の特例に関する法律案	財務
	○	租税特別措置法等の一部を改正する法律案	財務
	○	法人税法等の一部を改正する法律案	財務
	○	関税定率法等の一部を改正する法律案	財務
		税理士法の一部を改正する法律案	財務
		厚生年金保険制度及び農林漁業団体職員共済組合制度の統合を図るための農林漁業団体職員共済組合法等を廃止する等の法律案	厚生労働
		確定給付企業年金法案	厚生労働
		農業者年金基金法の一部を改正する法律案	農林水産
		林業基本法の一部を改正する法律案	農林水産
		水産基本法案	農林水産
2002	○	道路関係四公団民営化推進委員会設置法案	内閣官房
	○	沖縄振興特別措置法案	内閣府
		証券決済制度等の改革による証券市場の整備のための関係法律の整備等に関する法律案	金融
	○	地方税法の一部を改正する法律案	総務
	○	地方交付税法等の一部を改正する法律案	総務
		行政手続における電子情報処理組織の使用等に関する法律案	総務
		行政手続における電子情報処理組織の使用等に関する法律の施行に伴う関係法律の整備に関する法律案	総務
		地方公共団体の行う電子署名の認証業務に関する法律案	総務
		行政機関における個人情報の保護に関する法律案	総務
		独立行政法人等における個人情報の保護に関する法律案	総務
		情報公開・個人情報保護審査会設置法案	総務
		行政機関における個人情報の保護に関する法律等の施行に伴う関係法律の整備に関する法律案	総務
		信書便法案	総務
		信書便法の施行に伴う関係法律の整備等に関する法律	総務
		日本郵政公社法案	総務
		日本郵政公社法の施行に伴う関係法律の整備等に関する法案	総務
		人権擁護法案	法務
		民法及び戸籍法の一部を改正する法律案	法務
		日本電信電話株式会社の株式の売払収入の活用による社会資本の整備の促進に関する特別措置法等の一部を改正する法律案	財務
	○	平成14年度における財政運営のための公債の発行の特例等に関する法律案	財務
	○	租税特別措置法等の一部を改正する法律案	財務
	○	関税定率法及び関税暫定措置法の一部を改正する法律案	財務
		法人税法等の一部を改正する法律案	財務
		健康保険法等の一部を改正する法律案	厚生労働
		使用済自動車の再資源化等に関する法律案	経済産業

2 重要法案一覧（続き）

常会		件名	主管省庁
2002		石油公団法の廃止等に関する法律案	経済産業
		土壌汚染対策法案	環境
		地球温暖化対策の推進に関する法律の一部を改正する法律案	環境
2003		食品安全基本法案	内閣官房
		個人情報の保護に関する法律案	内閣官房
		構造改革特別区域法の一部を改正する法律案	内閣官房
	○	株式会社産業再生機構法案	内閣府
		保険業法の一部を改正する法律案	金融
		証券取引法等の一部を改正する法律案	金融
		公認会計士法の一部を改正する法律案	金融
		地方交付税法等の一部を改正する法律案	総務
	○	地方税法等の一部を改正する法律案	総務
	○	地方交付税法等の一部を改正する法律案	総務
		行政機関の保有する個人情報の保護に関する法律案	総務
		独立行政法人等の保有する個人情報の保護に関する法律案	総務
		情報公開・個人情報保護審査会設置法案	総務
		行政機関の保有する個人情報の保護に関する法律等の施行に伴う関係法律の整備等に関する法律案	総務
		民事訴訟法の一部を改正する法律案	法務
		人事訴訟法案	法務
		担保物権及び民事執行制度の改善のための民法等の一部を改正する法律案	法務
		犯罪の国際化及び組織化に対処するための刑法等の一部を改正する法律案	法務
	○	平成十五年度における公債の発行の特例に関する法律案	財務
	○	平成十五年度税制改正関係の法律案	財務
	○	関税定率法等の一部を改正する法律案	財務
		国立大学法人法案	文部科学
		独立行政法人国立高等専門学校機構法案	文部科学
		独立行政法人大学評価・学位授与機構法案	文部科学
		独立行政法人国立大学財務・経営センター法案	文部科学
		独立行政法人メディア教育開発センター法案	文部科学
		国立大学法人法等の施行に伴う関係法律の整備等に関する法律案	文部科学
		教育基本法案	文部科学
	○	雇用保険法等の一部を改正する法律案	厚生労働
		食品衛生法等の一部を改正する法律案	厚生労働
		主要食糧の需給及び価格の安定に関する法律等の一部を改正する法律案	農林水産
	○	産業活力再生特別措置法の一部を改正する法律案	経済産業
2004		武力攻撃事態等における国民の保護のための措置に関する法律案	内閣官房
		武力攻撃事態等における米軍の行動の円滑化に関する法律案	内閣官房
		武力攻撃事態等における特定公共施設等の利用に関する法律案	内閣官房
		国際人道法の重大な違反行為の処罰に関する法律案	内閣官房
		構造改革特別区域法の一部を改正する法律案	内閣官房
		地域再生関連法律案	内閣官房
		私的独占の禁止及び公正取引の確保に関する法律の一部を改正する法律案	公正取引
		金融機能の強化のための特別措置に関する法律案	金融
		預金保険法の一部を改正する法律案	金融

2 重要法案一覧（続き）

常会	件名	主管省庁
2004	証券取引法等の一部を改正する法律案	金融
	社債等の振替に関する法律等の一部を改正する等の法律案	金融
	信託業法案	金融
	○ 地方税法等の一部を改正する法律案	総務
	○ 所得譲与税法案	総務
	○ 地方交付税法等の一部を改正する法律案	総務
	平成十四年度歳入歳出の決算上の剰余金の処理の特例に関する法律案	財務
	農業共済再保険特別会計の農業勘定における平成十五年度の再保険金の支払財源の不足に充てるために行う積立金の歳入への繰入れに関する法律案	財務
	○ 平成十六年度における財政運営のための公債の発行の特例等に関する法律案	財務
	○ 所得税法等の一部を改正する法律	財務
	○ 関税定率法等の一部を改正する法律案	財務
	国家公務員共済組合法等の一部を改正する法律案	財務
	教育基本法案	文部科学
	国民年金法等の一部を改正する法律案	厚生労働
	武力攻撃事態における外国軍用品等の海上輸送の規制に関する法律案	防衛
	武力攻撃事態等に対処するための自衛隊法及び道路交通法の一部を改正する法律案	防衛
	武力攻撃事態における捕虜等の取扱いに関する法律案	防衛
2005	○ 地域再生法案	内閣官房
	構造改革特別区域法の一部を改正する法律案	内閣官房
	郵政民営化関連法律案	内閣官房
	銀行法等の一部を改正する法律案	金融
	保険業法等の一部を改正する法律案	金融
	証券取引法の一部を改正する法律案	金融
	前払式証票の規制等に関する法律の一部を改正する法律案	金融
	平成十六年度分として交付すべき地方交付税の総額の特例に関する法律案	総務
	○ 地方税法等の一部を改正する法律案	総務
	○ 地方交付税法等の一部を改正する法律案	総務
	人権擁護法案	法務
	○ 平成十七年度における財政運営のための公債の発行の特例等に関する法律案	財務
	○ 所得税法等の一部を改正する法律案	財務
	○ 関税定率法等の一部を改正する法律案	財務
	教育基本法案	文部科学
	介護保険法等の一部を改正する法律案	厚生労働
	障害者自立支援給付法案	厚生労働
2006	皇室典範の一部を改正する法律案	内閣官房
	一般社団法人及び一般財団法人に関する法律案	内閣官房
	公益社団法人及び公益財団法人の認定等に関する法律案	内閣官房
	一般社団法人及び一般財団法人に関する法律及び公益財団法人の認定等に関する法律の施行に伴う関係法律の整備等に関する法律案	内閣官房
	行政改革推進法案	内閣官房
	競争の導入による公共サービスの改革に関する法律案	内閣府
2006	証券取引法等の一部を改正する法律案	金融

2 重要法案一覧(続き)

常会		件名	主管省庁
2006		証券取引法等の一部を改正する法律の施行に伴う関係法律の整備等に関する法律案	金融
		信託業法等の一部を改正する法律案	金融
		平成17年度分として交付すべき地方交付税の総額の特例に関する法律案	総務
	○	地方税法等の一部を改正する法律案	総務
	○	地方交付税法等の一部を改正する法律案	総務
		公職選挙法の一部を改正する法律案	総務
	○	平成18年度における財政運営のための公債の発行の特例等に関する法律案	財務
	○	国有林野事業特別会計法の一部を改正する法律案	財務
	○	所得税法等の一部を改正する等の法律案	財務
	○	関税定率法等の一部を改正する法律案	財務
		国有財産の効率的な活用を推進するための国有財産法等の一部を改正する法律案	財務
		関税暫定措置法の一部を改正する法律案	財務
		教育基本法案	文部科学
		健康保険法等の一部を改正する法律案	厚生労働
		医療法等の一部を改正する法律案	厚生労働
		公的年金事業の適正な運営の確保に関する法律案	厚生労働
		公的年金事業の運営の改善のための国民年金法等の一部を改正する法律案	厚生労働
		石綿による健康被害の救済に関する法律案	環境
2007	○	地域再生法の一部を改正する法律案	内閣官房
	○	構造改革特別区域法の一部を改正する法律案	内閣官房
		株式会社日本政策金融公庫法案	内閣官房
		株式会社日本政策金融公庫法の施行に伴う関係法律の整備に関する法律案	内閣官房
	○	イラクにおける人道復興支援活動及び安全確保支援活動の実施に関する特別措置法の一部を改正する法律案	内閣官房
		公認会計士法等の一部を改正する法律案	金融
		電子登録債権法案	金融
		地方交付税法等の一部を改正する法律案	総務
	○	地方税法の一部を改正する法律案	総務
	○	地方交付税法等の一部を改正する法律案	総務
		放送法等の一部を改正する法律案	総務
		政策金融改革関連法案(公営企業金融公庫関係)	総務
		電子登録債権法案	法務
	○	特別会計に関する法律案	財務
	○	平成19年度における財政運営のための公債の発行の特例等に関する法律案	財務
	○	所得税法等の一部を改正する法律案	財務
	○	関税定率法等の一部を改正する法律案	財務
		株式会社日本政策投資銀行法案	財務
		短時間労働者の雇用管理の改善等に関する法律の一部を改正する法律案	厚生労働
		年金公法人法案	厚生労働
		国民年金事業等の運営の改善のための国民年金法等の一部を改正する法律案	厚生労働
		被用者年金制度の一元化等を図るための厚生年金保険法等の一部を改正する法律案	厚生労働
		駐留軍等の再編の円滑な実施に関する特別措置法案	防衛

2 重要法案一覧（続き）

常会	件名	主管省庁
2007	防衛省設置法及び自衛隊法の一部を改正する法律案	防衛
2008	地域再生法の一部を改正する法律案	内閣官房
	構造改革特別区域法の一部を改正する法律案	内閣官房
	私的独占の禁止及び公正取引の確保に関する法律及び不当景品類及び不当表示防止法の一部を改正する法律案	公正取引
	金融商品取引法等の一部を改正する法律案	金融
	地方交付税法等の一部を改正する法律案	総務
	○ 地方税法等の一部を改正する法律案	総務
	○ 地方法人特別税等に関する暫定措置法案	総務
	○ 地方交付税法等の一部を改正する法律案	総務
	人権擁護法案	法務
	○ 平成20年度における公債の発行の特例に関する法律案	財務
	○ 所得税法等の一部を改正する法律案	財務
	○ 関税定率法等の一部を改正する法律案	財務
	○ 電子情報処理組織による税関手続の特例等に関する法律の一部を改正する法律案	財務
	平成二十年度における政府が管掌する健康保険の事業等に係る健康保険法第百五十三条第一項の規定による国庫補助額の特例に関する法律案	厚生労働
	○ 道路整備費の財源等の特例に関する法律の一部を改正する法律案	国土交通
	地球温暖化対策の推進に関する法律の一部を改正する法律案	環境
2009	構造改革特別区域法及び競争の導入による公共サービスの改革に関する法律の一部を改正する法律案	内閣官房
	私的独占の禁止及び公正取引の確保に関する法律の一部を改正する法律案	公正取引
	金融商品取引法等の一部を改正する法律案	金融
	資金決済に関する法律案	金融
	地方交付税法及び特別会計に関する法律の一部を改正する法律案	総務
	○ 地方税法等の一部を改正する法律案	総務
	○ 地方交付税法等の一部を改正する法律案	総務
	人権擁護法案	法務
	平成20年度における財政運営のための財政投融資特別会計からの繰入れの特例に関する法律案	財務
	○ 財政運営に必要な財源の確保を図るための公債の発行及び財政投融資特別会計からの繰入れの特例に関する法律案	財務
	○ 所得税法等の一部を改正する法律案	財務
	○ 関税定率法等の一部を改正する法律案	財務
	○ 国民年金法等の一部を改正する法律等の一部を改正する法律案	厚生労働
	○ 道路整備事業に係る国の財政上の特別措置に関する法律等の一部を改正する法律案	国土交通
2010	○ 政府の政策決定過程における政治主導の確立のための内閣法等の一部を改正する法律案	内閣官房
	郵政改革法案	内閣官房
	○ 国家公務員法等の一部を改正する法律案	国家公務員制度改革推進本部・内閣府

2 重要法案一覧（続き）

常会		件名	主管省庁
2010		地域主権改革の推進を図るための関係法律の整備に関する法律案	内閣府
		国と地方の協議の場に関する法律案	内閣府
		障がい者制度改革推進法案	内閣府
		金融商品取引法等の一部を改正する法律案	金融
		地方交付税法及び特別会計に関する法律の一部を改正する法律案	総務
	○	地方税法等の一部を改正する法律案	総務
	○	地方交付税法等の一部を改正する法律案	総務
	○	平成22年度における財政運営のための公債の発行の特例等に関する法律案	財務
	○	所得税法等の一部を改正する法律案	財務
	○	関税法及び関税暫定措置法の一部を改正する法律案	財務
	○	公立高等学校に係る授業料の不徴収及び高等学校等就学支援金の支給に関する法律案	文部科学
	○	平成二十二年度における子ども手当の支給に関する法律案	厚生労働
	○	雇用保険法等の一部を改正する法律案	厚生労働
		労働者派遣事業の適正な運営の確保及び派遣労働者の就業条件の整備等に関する法律等の一部を改正する法律案	厚生労働
		職業訓練等を受けることが必要な離職者等に対する給付金の支給に関する法律案	厚生労働
		求職者支援の強化を図るための独立行政法人高齢・障害者雇用支援機構法等の一部を改正する法律案	厚生労働
		農林漁業者等による農林漁業及び関連事業の総合化の促進に関する法律案	農林水産
		農山漁村における生物の多様性の保全及び持続可能な利用の促進に関する法律案	農林水産
		エネルギーをめぐる経済的社会的環境の変化に対応した製造事業の促進に関する法律案	経済産業
		小規模企業共済法の一部を改正する法律案	経済産業
		中小企業倒産防止共済法の一部を改正する法律案	経済産業
		地球温暖化対策基本法案	環境
		生物の多様性の保全のための民間活動の促進に関する法律案	環境
2011		総合特別区域法案	内閣官房
		行政機関の保有する情報の公開に関する法律等の一部を改正する法律案	内閣官房
		国家公務員法等の一部を改正する法律案	国家公務員制度改革推進本部
		国家公務員の労働関係に関する法律案	国家公務員制度改革推進本部
		公務員庁設置法案	国家公務員制度改革推進本部
		国家公務員法等の一部を改正する法律等の施行に伴う関係法律の整備等に関する法律案	国家公務員制度改革推進本部
		障害者基本法の一部を改正する法律案	内閣府
		子ども・子育て支援法案	内閣府

2 重要法案一覧(続き)

常会		件名	主管省庁
2011		こども園法案	内閣府
		子ども・子育て支援法及びこども園法の施行に伴う関係法律の整備等に関する法律案	内閣府
		地域の自主性及び自立性を高めるための改革の推進を図るための関係法律の整備に関する法律案	内閣府
	○	中小企業者等に対する金融の円滑化を図るための臨時措置に関する法律の一部を改正する法律案	金融
		資本市場及び金融業の基盤強化のための金融商品取引法等の一部を改正する法律案	金融
	○	地方税法等の一部を改正する法律案	総務
	○	地方交付税法等の一部を改正する法律案(H23当初法案)	総務
		児童虐待の防止等を図るための民法等の一部を改正する法律案	法務
		情報処理の高度化等に対処するための刑法等の一部を改正する法律案	法務
	○	平成23年度における財政運営のための公債の発行の特例等に関する法律案	財務
	○	所得税法等の一部を改正する法律案	財務
	○	関税定率法等の一部を改正する法律案	財務
	○	公立義務教育諸学校の学級編制及び教職員定数の標準に関する法律の一部を改正する法律案	文部科学
	○	平成二十三年度における子ども手当の支給に関する法律案	厚生労働
	○	国民年金法等の一部を改正する法律等の一部を改正する法律案	厚生労働
		職業訓練の実施等による特定求職者の就職の支援に関する法律案	厚生労働
		雇用保険法及び労働保険の保険料の徴収等に関する法律の一部を改正する法律案	厚生労働
		介護サービスの基盤強化のための介護保険法等の一部を改正する法律案	厚生労働
		家畜伝染病予防法の一部を改正する法律案	農林水産
		特定外国法人による研究開発事業等の促進に関する特別措置法案	経済産業
		電気事業者による再生可能エネルギー電気の調達に関する特別措置法案	経済産業
2012		福島復興再生特別措置法案	内閣官房
	○	原子力の安全の確保に関する組織及び制度の改革を推進するための環境省設置法等の一部を改正する法律案	内閣官房
	○	原子力安全調査委員会設置法案	内閣官房
		行政手続における特定の個人を識別するための番号の利用等に関する法律案	内閣官房
		行政手続における特定の個人を識別するための番号の利用等に関する法律の施行に伴う関係法律の整備等に関する法律案	内閣官房
	○	沖縄振興特別措置法の一部を改正する法律案	内閣府
	○	沖縄県における駐留軍用地の返還に伴う特別措置に関する法律の一部を改正する法律案	内閣府
		子ども・子育て支援法案	内閣府
		総合こども園法案	内閣府
		子ども・子育て支援法及び総合施設法の施行に伴う関係法律の整備等に関する法律案	内閣府
		国の特定地方行政機関の事務等の委譲に関する法律案	内閣府
		災害対策基本法等の一部を改正する法律案	内閣府
		金融商品取引法の一部を改正する法律案	金融
		東日本大震災に対処するための平成二十三年度分の地方交付税の総額の特例等に関する法律の一部を改正する法律案	総務

2 重要法案一覧(続き)

常会	件名	主管省庁
2012	○ 地方税法及び国有資産等所在市町村交付金法の一部を改正する法律案	総務
	○ 地方交付税法等の一部を改正する法律案	総務
	地方公共団体情報処理機構法案	総務
	税制抜本改革関連法案	総務
	○ 平成24年度における公債の発行の特例に関する法律案	財務
	○ 租税特別措置法等の一部を改正する法律案	財務
	○ 関税定率法等の一部を改正する法律案	財務
	特別会計に関する法律の一部を改正する法律案	財務
	税制抜本改革関連法案	財務
	国民年金法等の一部を改正する法律等の一部を改正する法律案	厚生労働
	厚生年金保険法等の一部を改正する法律案	厚生労働
2013	地域の自主性及び自立性を高めるための改革の推進を図るための関係法律の整備に関する法律案	内閣府
	福島復興再生特別措置法の一部を改正する法律案	復興
	地方交付税法及び特別会計に関する法律の一部を改正する法律案	総務
	○ 地方税法の一部を改正する法律案	総務
	○ 地方交付税法及び特別会計に関する法律の一部を改正する法律案(H25当初法案)	総務
	衆議院小選挙区選出議員の選挙区間における人口較差を緊急に是正するための公職選挙法及び衆議院議員選挙区画定審議会設置法の一部を改正する法律の一部を改正する法律案	総務
	○ 所得税法等の一部を改正する法律案	財務
	○ 関税定率法等の一部を改正する法律案	財務
	○ エネルギーの使用の合理化に関する法律の一部を改正する等の法律案	経済産業
	株式会社魅力商品等海外需要開拓支援機構法案	経済産業
	小規模企業の事業活動の活性化のための中小企業基本法等の一部を改正する等の法律案	経済産業
	電気事業法の一部を改正する法律案	経済産業
	建築物の耐震改修の促進の一部を改正する法律案	国土交通
	道路法等の一部を改正する法律案	国土交通
2014	健康・医療戦略推進法案	内閣官房
	独立行政法人日本医療研究開発機構法案	内閣官房
	地域の自主性及び自立性を高めるための改革の推進を図るための関係法律の整備に関する法律案(第4次一括法案)	内閣府
	特定国立研究開発法人に係る独立行政法人通則法の特例に関する法律案	内閣府
	不当景品類及び不当表示防止法の一部を改正する法律案	消費者
	地方交付税法の一部を改正する法律案	総務
	○ 地方税法等の一部を改正する法律案	総務
	○ 地方交付税法等の一部を改正する法律案(H26当初法案)	総務
	地方自治法の一部を改正する法律案	総務
	○ 所得税法等の一部を改正する法律案	財務
	○ 地方法人税法案	財務
	○ 関税定率法及び関税暫定措置法の一部を改正する法律案	財務
	地方教育行政の組織及び運営に関する法律の一部を改正する法律案	文部科学
	○ 雇用保険法の一部を改正する法律案	厚生労働

2 重要法案一覧（続き）

常会	件名	主管省庁
2014	地域における医療及び介護の総合的な確保を推進するための関係法律の一部を改正する法律案	厚生労働
	難病の患者に対する医療等に関する法律案	厚生労働
	児童福祉法の一部を改正する法律案	厚生労働
	次代の社会を担う子どもの健全な育成を図るための次世代育成支援対策推進法等の一部を改正する法律案	厚生労働
	農業の担い手に対する経営安定のための交付金の交付に関する法律の一部を改正する法律案	農林水産
	農業の有する多面的機能の発揮の促進に関する法律案	農林水産
	中心市街地の活性化に関する法律の一部を改正する法律案	経済産業
	電気事業法等の一部を改正する法律案	経済産業
	小規模企業振興基本法案	経済産業
	商工会及び商工会議所による小規模事業者の支援に関する法律の一部を改正する法律案	経済産業
	株式会社海外交通・都市開発事業支援機構法案	国土交通
	都市再生特別措置法等の一部を改正する法律案	国土交通
	地域公共交通の活性化及び再生に関する法律の一部を改正する法律案	国土交通
2015	個人情報の保護に関する法律及び行政手続における特定の個人を識別するための番号の利用等に関する法律の一部を改正する法律案	内閣官房
	女性の職業生活における活躍の推進に関する法律案	内閣官房
	地域再生法の一部を改正する法律案	内閣官房
	内閣の重要政策に関する総合調整等に関する機能のための国家行政組織法等の一部を改正する法律案	内閣官房
	未定（「国の存立を全うし，国民を守るための切れ目のない安全保障法制の整備について」（平成26年7月1日閣議決定）に基づく安全保障法制の整備に関する関連法案）	内閣官房
	地域の自主性及び自立性を高めるための改革の推進を図るための関係法律の整備に関する法律案	内閣府
	国家戦略特別区域法及び構造改革特別区域法の一部を改正する法律案	内閣府
	福島復興再生特別措置法の一部を改正する法律案	復興
	地方交付税法の一部を改正する法律案	総務
	○ 地方税法等の一部を改正する法律案	総務
	○ 地方交付税法等の一部を改正する法律案	総務
	○ 所得税法等の一部を改正する法律案	財務
	○ 関税法及び関税暫定措置法の一部を改正する法律案	財務
	文部科学省設置法の一部を改正する法律案	文部科学
	学校教育法等の一部を改正する法律案	文部科学
	○ 独立行政法人に係る改革を推進するための厚生労働省関係法律の整備に関する法律案	厚生労働
	○ 持続可能な医療保険制度等を構築するための国民健康保険法等の一部を改正する法律案	厚生労働
	青少年の雇用対策を推進するための関係法律の整備等に関する法律案	厚生労働
	社会福祉法等の一部を改正する法律案	厚生労働
	医療法の一部を改正する法律案	厚生労働
	労働者派遣事業の適正な運営の確保及び派遣労働者の保護等に関する法律等の一部を改正する法律案	厚生労働

2 重要法案一覧（続き）

常会	件名	主管省庁
2015	労働基準法等の一部を改正する法律案	厚生労働
	独立行政法人に係る改革を推進するための農林水産省関係法律の整備に関する法律案	農林水産
	農業協同組合法等の一部を改正する等の法律案	農林水産
	官公需についての中小企業者の受注の確保に関する法律等の一部を改正する法律案	経済産業
	電気事業法等の一部を改正する等の法律案	経済産業
	水防法等の一部を改正する法律案	国土交通
	建築物のエネルギー消費性能の向上に関する法律案	国土交通
	独立行政法人に係る改革を推進するための国土交通省関係法律の整備に関する法律案	国土交通
2016	サイバーセキュリティ基本法及び情報処理の促進に関する法律の一部を改正する法律案	内閣官房
	○ 地域再生法の一部を改正する法律案（仮称）	内閣官房
	環太平洋パートナーシップ協定の締結に伴う関係法律の整備に関する法律案（仮称）	内閣官房
	○ 子ども・子育て支援法の一部を改正する法律案（仮称）	内閣府
	特定国立研究開発法人による研究開発等の促進に関する特別措置法案（仮称）	内閣府
	地域の自主性及び自立性を高めるための改革の推進を図るための関係法律の整備に関する法律案（仮称）	内閣府
	国家戦略特別区域法の一部を改正する法律案	内閣府
	特定商取引に関する法律の一部を改正する法律案	消費者
	消費者契約法の一部を改正する法律案	消費者
	地方交付税法の一部を改正する法律案	総務
	○ 地方税法等の一部を改正する等の法律案（仮称）	総務
	○ 地方交付税法等の一部を改正する法律案（仮称）	総務
	○ 東日本大震災からの復興のための施策を実施するために必要な財源の確保に関する特別措置法及び財政運営に必要な財源の確保を図るための公債の発行の特例に関する法律の一部を改正する法律案（仮称）	財務
	○ 所得税法等の一部を改正する法律案（仮称）	財務
	○ 関税定率法等の一部を改正する法律案（仮称）	財務
	○ 株式会社国際協力銀行法の一部を改正する法律案（仮称）	財務
	国立大学法人法の一部を改正する法律案	文部科学
	教育公務員特例法等の一部を改正する法律案（仮称）	文部科学
	○ 雇用保険法等の一部を改正する法律案	厚生労働
	児童扶養手当法の一部を改正する法律案	厚生労働
	公的年金制度の持続可能性の向上等を図るための国民年金法等の一部を改正する法律案	厚生労働
	障害者の日常生活及び社会生活を総合的に支援するための法律及び児童福祉法の一部を改正する法律案	厚生労働
	電気事業者による再生可能エネルギー電気の調達に関する特別措置法等の一部を改正する法律案	経済産業
	中小企業の新たな事業活動の促進に関する法律の一部を改正する法律案	経済産業
	地球温暖化対策の推進に関する法律の一部を改正する法律案	環境

注1：丸印は優先重要法案を示す.
注2：件名については，「時期調」に記載されているとおりとしており，実際に国会へ提出されたときの法案名とは必ずしも一致しない.
出典：内閣官房「法案提出時期調」（2001年常会〜2016年常会）をもとに筆者作成.

3 衆議院における再可決法案一覧

年	回次	国会	内閣	件名	参議院態度
1947	1	特	片山	刑法の一部を改正する法律案	修正
				民法の一部を改正する法律案	修正
1948	2	常	芦田	中小企業庁設置法案	修正
				検察庁法の一部を改正する法律案	修正
1949	5	特	吉田	地方自治庁設置法案	修正
				統計法の一部を改正する法律案	修正
				経済安定本部設置法案	修正
				運輸省設置法案	修正
1950	7	常		経済調査庁法の一部を改正する法律案	修正
1951	10	常		国家行政組織法の一部を改正する法律案	修正
1952	13	常		日本開発銀行法の一部を改正する法律案	修正
				国立病院特別会計所属の資金の譲渡等に関する特別措置法案	議決せず（みなし否決）
1953	16	特		刑事訴訟法の一部を改正する法律案	修正
1955	22	特	鳩山	少年院法の一部を改正する法律案	修正
2008	168	臨	福田	テロ対策海上阻止活動の実施に関する補給支援活動の実施に関する特別措置法案	否決
	169	常		平成二十年度における公債の発行の特例に関する法律案	議決せず（みなし否決）
				所得税法等の一部を改正する法律案	議決せず（みなし否決）
				道路整備費の財源等の特例に関する法律の一部を改正する法律案	否決
				地方税法等の一部を改正する法律案	議決せず（みなし否決）
				地方法人特別税等に関する暫定措置法案	議決せず（みなし否決）
				地方交付税法等の一部を改正する法律案	議決せず（みなし否決）
	170	臨	麻生	テロ対策海上阻止活動に対する補給支援活動の実施に関する特別措置法の一部を改正する法律案	否決
				金融機能の強化のための特別措置に関する法律及び金融機関等の組織再編成の促進に関する特別措置法の一部を改正する法律案	修正
2009	171	常		平成二十年度における財政運営のための財政投融資特別会計からの繰入れの特例に関する法律案	否決
				財政運営に必要な財源の確保をはかるための公債の発行及び財政投融資特別会計からの繰入れの特例に関する法律案	否決
				所得税法等の一部を改正する法律案	否決
				地方税法等の一部を改正する法律案	否決
				地方交付税法等の一部を改正する法律案	否決
				国民年金法等の一部を改正する法律等の一部を改正する法律案	否決

3 衆議院における再可決法案一覧（続き）

年	回次	国会	内閣	件名	参議院態度
2009	171	常	麻生	海賊行為の処罰及び海賊行為への対処に関する法律案	否決
				租税特別措置法の一部を改正する法律案	否決
2013	183	常	安倍	衆議院小選挙区選出議員の選挙区間における人口較差を緊急に是正するための公職選挙法及び衆議院議員選挙区画定審議会設置法の一部を改正する法律の一部を改正する法律案	議決せず（みなし否決）

出典：参議院議事部議案課「議案審議表」をもとに筆者作成．

参考文献

和文

飯尾潤．2007．『日本の統治構造―官僚内閣制から議院内閣制へ』中央公論新社．

――．2008．「衆参における多数派の不一致と議院内閣制」『ジュリスト』1367号，88-94頁．

――．2013．「政権交代と「与党」問題―「政権党」になれなかった民主党」飯尾潤編『政権交代と政党政治』（歴史のなかの日本政治6），中央公論新社，103-137頁．

飯尾潤編．2013．『政権交代と政党政治』（歴史のなかの日本政治6），中央公論新社．

碇建人・柳瀬翔央．2014．「特定秘密保護法の制定と今後の検討課題」『立法と調査』350号，70-85頁．

石橋章市朗．1999．「阪神・淡路大震災における神戸市会議員の行動」『関西大学法学論集』49巻2号，141-212頁．

伊藤和子．2009．「「ねじれ国会」を振り返る」『法学教室』350号，35-42頁．

伊藤光利．1987．「国会のメカニズムと機能―一党優位制における議会」『年報政治学1987』，129-147頁．

伊藤光利．2006．「国会「集合財」モデル」村松岐夫・久米郁男編『日本政治　変動の30年―政治家・官僚・団体調査に見る構造変容』東洋経済新報社，25-48頁．

猪口孝・岩井奉信．1987．『「族議員」の研究―自民党政権を牛耳る主役たち』日本経済新聞社．

今井亮佑・日野愛郎．2011．「「二次的選挙」としての参院選」『選挙研究』27巻2号，5-19頁．

今村都南雄．2006．『官庁セクショナリズム』東京大学出版会．

岩井奉信．1988．『立法過程』東京大学出版会．

上神貴佳・堤英敬編．2011．『民主党の組織と政策―結党から政権交代まで』東洋経済新報社．

内山融．2007．『小泉政権―「パトスの首相」は何を変えたのか』中央公論新社．

大嶽秀夫．1979．『現代日本の政治権力経済権力』三一書房．

――．2003．『日本型ポピュリズム―政治への期待と幻滅』中央公論新社．

――．2006．『小泉純一郎ポピュリズムの研究―その戦略と手法』東洋経済新報社．

大森彌．2006．『官のシステム』東京大学出版会．

大山礼子．1999．「参議院改革と政党政治」『レヴァイアサン』25号，103-122頁．

――．2003．『国会学入門』（第2版），三省堂．

――．2008．「議事手続再考―「ねじれ国会」における審議の実質化をめざして―」『駒澤法学』27号，23-54頁．

――．2011．『日本の国会―審議する立法府へ』岩波書店．

岡田博己．2009．「法令解説　独禁法違反行為への抑止力を強化―課徴金制度等の見直し，不当な取引制限等の罪に対する懲役刑の引上げ，企業結合規制の見直し等」『時の法令』

1848号，6-22頁．

奥健太郎・河野康子編．2015.『自民党政治の源流―事前審査制の史的検証』吉田書店．

梶山知唯．2012.「原子力の「規制と利用の分離」を徹底―あわせて原子力の安全確保事務を原子力規制委員会に集中し，原子力安全行政の機能を強化」『時の法令』1917号，4-23頁．

金子和裕．2012.「独立行政委員会による原子力安全規制行政の再構築―原子力規制委員会設置法案の成立と国会論議」『立法と調査』332号，35-47頁．

上川龍之進．2010.『小泉改革の政治学―小泉純一郎は本当に「強い首相」だったのか』東洋経済新報社．

――．2013.「民主党政権の失敗と一党優位政党制の弊害」『レヴァイアサン』53号，9-34頁．

川人貞史・福元健太郎・増山幹高・待鳥聡史．2002.「国会研究の現状と課題―資料解題を中心として」『成蹊法学』55号，157-200頁．

川人貞史．2002.「議院運営委員会と多数決採決」『レヴァイアサン』30号，7-40頁．

――．2005.『日本の国会制度と政党政治』東京大学出版会．

――．2008.「衆参ねじれ国会における立法的帰結」『法学』72号，505-536頁．

――．2014.「衆参ねじれ国会と政権の運営」西原博史編『立法システムの再構築』（立法学のフロンティア2），ナカニシヤ出版，111-133頁．

――．2015.『議院内閣制』（シリーズ日本の政治1），東京大学出版会．

神原紀之．2014.「法令解説　特定秘密の保護に関する法律の制定」『時の法令』1953号，4-25頁．

北山俊哉．2008.「原子力監督体制の刷新」真渕勝・北山俊哉編『政界再編時の政策過程』慈学社出版，128-135頁．

木下健．2015.『二院制論―行政府監視機能と民主主義』信山社．

京俊介．2011.『著作権法改正の政治学―戦略的相互作用と政策帰結』木鐸社．

久保田卓哉．2014.「法令解説　公正取引委員会の審判制度の廃止，処分前手続の更なる充実・透明化，訴訟手続の整備等」『時の法令』1956号，28-40頁．

久保田哲．2016.「国会―議会の評価と両院制の展望」大石眞監修・縣公一郎・笠原英彦編『なぜ日本型統治システムは疲弊したのか―憲法学・政治学・行政学からのアプローチ』ミネルヴァ書房，73-98頁．

河野勝．2002.『制度』東京大学出版会．

小林良彰．2012.『政権交代―民主党政権とは何であったのか』中央公論新社．

斎藤十朗．2004.『斎藤十朗オーラルヒストリー』政策研究大学院大学．

斎藤十朗・増山幹高．2008.「ねじれ国会，改革の方途を論じる」『議会政治研究』87号，1-11頁．

斉藤淳．2010.『自民党長期政権の政治経済学―利益誘導政治の自己矛盾』勁草書房．

坂井吉良・岩井奉信・浅田義久．2013.「二院制度が民主主義の質と経済的パフォーマンスに与える効果に関する研究」『政経研究』50巻1号，312-287頁．

櫻井敏雄．2014.「公文書をめぐる諸課題―公文書管理法，情報公開法，特定秘密保護法」『立法と調査』348号，3-13頁．

佐藤誠三郎・松崎哲久. 1986.『自民党政権』中央公論社.

佐脇紀代志. 2012.「政権交代・政治主導と官僚組織の「応答性」」御厨貴編『「政治主導」の教訓―政権交代は何をもたらしたのか』勁草書房, 107-131頁.

参議院総務委員会調査室編. 2009.『議会用語辞典』学陽書房.

参議院事務局. 2002.『平成十四年版　参議院改革の経緯と実績』財務省印刷局.

城山英明・鈴木寛・細野助博編. 1999.『中央省庁の政策形成過程―日本官僚制の解剖』中央大学出版部.

城山英明. 2010.「原子力安全委員会の現状と課題」『ジュリスト』1399号, 44-52頁.

城山英明. 2012.「原子力安全規制政策―戦後体制の修正・再編成とそのメカニズム」森田朗・金井利之編『政策変容と制度設計―政界・省庁再編前後の行政』ミネルヴァ書房, 263-288頁.

砂原庸介. 2011.『地方政府の民主主義―財政資源の制約と地方政府の政策選択』有斐閣.

関守. 1984.「内閣提出法律案の立法過程」『ジュリスト』805号, 25-33頁.

曽我謙悟. 2006.「中央省庁の政策形成スタイル」村松岐夫・久米郁男編『日本政治　変動の30年―政治家・官僚・団体調査に見る構造変容』東洋経済新報社, 159-180頁.

曽我謙悟・待鳥聡史. 2007.『日本の地方政治―二元代表制政府の政策選択』名古屋大学出版会.

曽根泰教. 1984.『決定の政治経済学―その理論と実際』有斐閣.

――. 2002.「決定の「場」の移動―与党「事前審査制」の位置づけ」『公共政策の研究』38号, 1-5頁.

――. 2008.「ねじれ国会　活性化の契機」『日本経済新聞』2008年4月21日付朝刊.

曽根泰教・岩井奉信. 1987.「政策過程における議会の役割」『年報政治学1987』, 149-174頁.

高橋和之. 1994.『国民内閣制の理念と運用』有斐閣.

――. 2005.『立憲主義と日本国憲法』有斐閣.

――. 2006.『現代立憲主義の制度構想』有斐閣.

高橋洋. 2009.「内閣官房の組織拡充　閣議事務局から政策の総合調整機関へ」御厨貴編『変貌する日本政治―90年代以後「変革の時代」を読みとく』勁草書房, 127-159頁.

――. 2010.「内閣官房の研究―副長官補室による政策の総合調整の実態」『年報行政研究』45号, 119-138頁.

高安健将. 2009.『首相の権力―日英比較からみる政権党とのダイナミクス』創文社.

武田興欣. 1992.「分割政府論をめぐって」『思想』821号, 143-171頁.

竹中治堅. 2005a.「「日本型分割政府」と参議院の役割」『年報政治学2004』, 99-125頁.

――. 2005b.「日本型分割政府と法案審議―拒否権プレーヤーと「金融国会」再論」『選挙学会紀要』5号, 43-59頁.

――. 2006.『首相支配―日本政治の変貌』中央公論新社.

――. 2008.「首相と参議院の独自性―参議院封じ込め」『選挙研究』23号, 5-19頁.

――. 2010.『参議院とは何か　1947～2010』中央公論新社.

――. 2011.「2010年参院選挙後の政治過程―参議院の影響力は予算にも及ぶのか」『選

挙研究』27巻2号，45-59頁.

高見勝利．2008a．『現代日本の議会政と憲法』岩波書店.

――．2008b．「「ねじれ国会」と憲法」『ジュリスト』1367号，64-79頁.

只野雅人．2010．「参議院の機能と両院制のあり方」『ジュリスト』1395号，44-51頁.

橘幸信．2008．「議員立法から見た「ねじれ国会」・雑感―「ねじれ国会」で何が，どう
　変わったのか？」『ジュリスト』1367号，80-87頁.

建林正彦．2004．『議員行動の政治経済学―自民党支配の制度分析』有斐閣.

建林正彦・曽我謙悟・待鳥聡史．2008．『比較政治制度論』有斐閣.

田中愛治・河野勝・日野愛郎・飯田健・読売新聞世論調査部．2009．『2009年，なぜ政
　権交代だったのか―読売・早稲田の共同調査で読みとく日本政治の転換』勁草書房.

谷勝宏．1995．『現代日本の立法過程――一党優位制議会の実証研究』信山社.

辻清明．1969．『日本官僚制の研究』（新版），東京大学出版会.

特許庁総務部総務課工業所有権制度改正審議室．2006．「意匠法等の一部を改正する法律」
　『ジュリスト』1319号，93-98頁.

――．2007．「法令解説　産業財産権の保護強化と模倣品対策の強化」『時の法令』1778号，
　32-48頁.

友岡史仁．2014．「原子力政策と行政組織」『公共政策研究』14号，78-85頁.

中島誠．2014．『立法学―序論・立法過程論』（第3版），法律文化社.

奈良岡聰智．2009．「1925年中選挙区制導入の背景」『年報政治学2009-Ⅰ』，40-61頁.

成田憲彦．1988．「議会における会派とその役割―日本と諸外国」『レファレンス』38巻
　8号，5-43頁.

――．2005．「「概念としての「政府」，機関としての「政府」―統治機構における「政府」
　の位置づけについて」『駿河台法学』19巻1号，55-91頁.

西田英範．2008．「法令解説　通常実施権等登録制度の見直し―併せて審判請求期間の見
　直し，優先権書類の電子的交換の対象国の拡大，特許・商標関係料金の引下げを実施」
　『時の法令』1814号，35-56頁.

西脇由弘．2014a．「福島事故後の規制制度の改革と今後の課題―原子力規制委員会設置
　法の趣旨は実現されているか」『日本原子力学会誌』56巻3号，70-72頁.

――．2014b．「原子力規制委員会の新設とその在るべき姿－福島第一事故を再発させな
　い規制体制の確立」『公明』100号，30-35頁.

日本経済新聞社編．2010．『政権』日本経済新聞出版社.

野島貞一郎編．1971．『緑風会十八年史』緑風会史編纂委員会.

河世憲．2000．「国会審議過程の変容とその原因」『レヴァイアサン』27号，125-154頁.

濱本真輔．2016．「立法：ねじれ国会下の立法過程」辻中豊編『政治過程と政策』（大震
　災に学ぶ社会科学　第1巻），東洋経済新報社，55-76頁.

原田一明．2008．「衆議院の再議決と憲法五十九条―新たな「ねじれ国会」の中での両院
　関係を考える」『議会政治研究』86号，1-10頁.

坂野潤治．1971．『明治憲法体制の確立―富国強兵と民力休養』東京大学出版会.

廣瀬淳子．2004．『アメリカ連邦議会―世界最強議会の政策形成と政策実現』公人社.

福田恵美子・脇田祐一朗. 2009.「投票力指数による自公連立政権分析」『日本オペレーションズ・リサーチ学会和文論文誌』52巻，38-55頁.

福田知子・西田英範. 2008.「特集・第169回国会主要成立法律　特許法等の一部を改正する法律について」『ジュリスト』1364号，100-107頁.

福永文夫. 1986.「戦後における中選挙区制の形成過程―GHQと国内諸政治勢力」『神戸法学雑誌』36巻3号，403-458頁.

福元健太郎. 2000.『日本の国会政治―全政府立法の分析』東京大学出版会.

――. 2002.「二院制の存在理由」『レヴァイアサン』30号，90-114頁.

――. 2003.「参議院議員は衆議院議員よりもシニアか？」『年報政治学2003』，245-259頁.

――. 2004.「国会は「多数主義」か「討議アリーナ」か　増山幹高著『議会制度と日本政治―議事運営の計量政治学』(木鐸社, 2003年)をめぐって」『レヴァイアサン』35号，152-159頁.

――. 2006.「参議院に存在意義はあるか」『中央公論』1471号，230-239頁.

――. 2007.『立法の制度と過程』木鐸社.

――. 2010.「参議院議員選挙の定数較差の政治学的考察」『ジュリスト』1395号，38-43頁.

――. 2011a.「立法」平野浩・河野勝『アクセス日本政治論』(新版)，日本経済評論社，145-164頁.

――. 2011b.「ねじれ国会」(ゲームで学ぶ政治学6)『UP』40巻12号，36-41頁.

前田幸男・堤英敬編. 2015.『統治の条件―民主党に見る政権運営と党内統治』千倉書房.

牧原出. 2013.『権力移行―何が政治を安定させるのか』NHK出版.

増山幹高. 1999.「立法過程における国会再考」『成蹊法学』50号，278-304頁.

――. 2003.『議会制度と日本政治―議事運営の計量政治学』木鐸社.

――. 2004.「参議院は無用か？」『公共選択の研究』43号，68-71頁.

――. 2008.「日本における二院制の意義と機能」慶應義塾大学法学部編『慶應の政治学　日本政治』慶應義塾大学出版会，267-284頁.

――. 2011.「2010年度書評　竹中治堅『参議院とは何か―1947～2010』」『年報政治学2011-Ⅰ』，293-295頁.

――. 2015.『立法と権力分立』(シリーズ日本の政治7)，東京大学出版会.

待鳥聡史. 1996.「アメリカ連邦議会研究における合理的選択制度論」『阪大法学』46巻3号，69-113頁.

――. 2000.「緑風会の消滅過程―合理的選択制度論からの考察」水口憲人・北原鉄也・久米郁男編『変化をどう説明するか：政治篇』木鐸社，123-145頁.

――. 2001a.「国会研究の新展開」『レヴァイアサン』28号，134-143頁.

――. 2001b.「参議院自民党における閣僚ポスト配分ルールの形成―出発点としての1971年参議院議長選挙」『選挙研究』16号，67-77頁.

――. 2002.「参議院自民党と政党再編」『レヴァイアサン』30号，67-89頁.

――. 2008.「官邸主導の成立と継続―首相動静データからの検討」『レヴァイアサン』43号，22-43頁.

――. 2009a.「分割政府の比較政治学―事例としてのアメリカ」『年報政治学2009-Ⅰ』，

140-161頁.

――. 2009b.『〈代表〉と〈統治〉のアメリカ政治』講談社.

――. 2012.『首相政治の制度分析―現代日本政治の権力基盤形成』千倉書房.

――. 2013.「民主党政権下における官邸主導―首相の面会データから考える」飯尾潤編『政権交代と政党政治』中央公論新社，75-102頁.

――. 2015.『政党システムと政党組織』（シリーズ日本の政治6），東京大学出版会.

松浦淳介. 2009.「2007年「衆参ねじれ」発生前後の国会比較」『KEIO SFC JOURNAL』9巻1号，89-100頁.

――. 2010a.「2007年「衆参ねじれ」における政府の立法戦略」『KEIO SFC JOURNAL』10巻1号，71-81頁.

――. 2010b.「立法過程における参議院再論―2007年「衆参ねじれ」発生前後における内閣の立法行動比較」『法政論叢』47巻1号，142-155頁.

――. 2012a.「分裂議会に対する立法推進者の予測的対応―参議院の黙示的影響力に関する分析」『法学政治学論究』92巻，69-99頁.

――. 2012b.「分裂議会における官僚の立法準備行動―特許庁による法案根回しの実態」『KEIO SFC JOURNAL』12巻1号，85-95頁.

――. 2015.「東日本大震災の発生と日本の国会政治―映像資料を用いた与野党関係の分析」『レヴァイアサン』56号，102-116頁.

――. 2016.「特定秘密保護法案の立法過程―分裂議会における参議院の拒否権と非決定現象」『法政論叢』52巻1号，53-72頁.

松本俊太・松尾晃考. 2010.「国会議員はなぜ委員会で発言するのか？―政党・議員・選挙制度」『選挙研究』26巻2号，84-103頁.

松本博明. 2005.「法令解説　独禁法の執行力・抑止力の強化」『時の法令』1746号，6-27頁.

真渕勝. 2004.「官僚制の変容―委縮する官僚」『レヴァイアサン』34号，20-38頁.

――. 2010.『官僚』（社会科学の理論とモデル8），東京大学出版会.

御厨貴編. 2012.『「政治主導」の教訓―政権交代は何をもたらしたのか』勁草書房.

御厨貴・牧原出編. 2012.『聞き書　野中広務回顧録』岩波書店.

武蔵勝宏. 2010.「政権移行による立法過程の変容」『国際公共政策研究』14巻2号，29-46頁.

――. 2013.「政権交代後の立法過程の変容」『国際公共政策研究』17巻2号，11-27頁.

――. 2016.「国会審議の効率性と代表性―国会審議をどのように変えるべきか」『北大法学論集』66巻5号，1440-1415頁.

武藤滋夫. 1996.「投票による決定制度とシャープレイシュービック指数」『オペレーションズ・リサーチ』41巻12号，691-696頁.

村松岐夫. 1981.『戦後日本の官僚制』東洋経済新報社.

村松岐夫・伊藤光利・辻中豊. 1986.『戦後日本の圧力団体』東洋経済新報社.

村松岐夫・久米郁男編. 2006.『日本政治変動の30年―政治家・官僚・団体調査に見る構造変容』東洋経済新報社.

柳瀬翔央. 2013.「我が国の情報機能・秘密保全―特定秘密の保護に関する法律案をめぐって」『立法と調査』347号，15-33頁.

山口二郎．2007.『内閣制度』東京大学出版会.

山脇岳志．2005.『郵政攻防』朝日新聞社.

読売新聞政治部．2008.『真空国会―福田「漂流政権」の深層』新潮社.

――.2011.『亡国の宰相―官邸機能停止の180日』新潮社.

ラムザイヤー・マーク．2011.「司法」『アクセス日本政治論』（新版），日本経済評論社.

笠京子．2006.「日本官僚制―日本型からウェストミンスター型へ」村松岐夫・久米郁男編『日本政治変動の30年―政治家・官僚・団体調査に見る構造変容』東洋経済新報社，223-255頁.

未公刊

公正取引委員会「独占禁止法改正根回し関係資料」（2004年改正案，2009年改正案，2010年改正案，2013年改正案）.

参議院議事部議案課「議案審議表」（第1回国会～第192回国会）.

参議院事務局『参議院公報』（第1回国会～第192回国会）.

衆議院事務局『衆議院公報』（第1回国会～第192回国会）.

特許庁「意匠法根回し状況」（2006年2月28日版，3月30日版，5月25日版）.

特許庁「特許法等一部改正根回し状況」（2008年1月31日版，2月19日版）.

内閣官房「内閣提出予定法律案等件名・要旨調」（2000年常会～2016年常会）.

内閣官房「法案提出時期調」（2000年常会～2016年常会）.

英文

Bachrach, Peter and Baratz, Morton S. 1962. "Two Faces of Power." *American Political Science Review* 56(4): 947-952.

――. 1963. "Decisions and Nondecisions: An Analytical Framework." *American Political Science Review* 57(3): 632-642.

――. 1970. *Power and Poverty: Theory and Practice*. Oxford: Oxford University Press.

Baerwald, Hans H. 1974. *Japan's Parliament*. London: Cambridge University Press.（橋本彰・中邨章訳『日本人と政治文化』人間の科学社，1974年）

Coleman, John J. 1999. "Unified Government, Divided Government, and Party Responsiveness." *American Political Science Review* 93(4): 821-835.

Conlan, Timothy J. 1991. "Competitive Government in the United States: Policy Promotion and Divided Party Control." *Governance: An International Journal of Policy and Administration* 4(4): 403-419.

Cox, Gary and Mathew McCubbins. 1993. *Legislative Leviathan: Party Government in the House*. Berkeley: University of California Press.

――. 2001. "The Institutional Determinants of Economic Policy Outcomes." in Stephan Haggard and Mathew D. McCubbins, eds. *Presidents, Parliaments, and Policy*. New York: Cambridge University Press.

――. 2005. *Setting the Agenda: Responsible Party Government in the U.S. House of Representatives*. New York: Cambridge University Press.

Cox, Gary, Mikitaka Masuyama, and Mathew McCubbins. 2000. "Agenda Power in the Japanese House of Representatives." *Japanese Journal of Political Science* 1(1): 1-21.

Crenson, Matthew A.1971. *The Un-politics of Air Pollution: A Study of Non-decisionmaking in the Cities*. Baltimore: Johns Hopkins University Press.

Dahl, Robert A. 1957. "The Concept of Power." *Behavioral Science* 2: 201-215.

――. 1991. *Modern Political Analysis*, fifth edition. Englewood Cliffs: Prentice-Hall. （高畠通敏訳『現代政治分析』岩波書店，1999年）

Edwards, George C., Andrew Barrett, and Jeffrey Peake.1997. "The Legislative Impact of Divided Government." *American Journal of Political Science* 41(2): 545-563.

Fiorina, Morris P. 1992. *Divided Government*. New York: Macmillan.

Friedrich, Carl J. 1937. *Constitutional Government and Politics: Nature and Development*. New York: Harper.

――. 1963. *Man and his Government: an empirical theory of politics*. New York: McGraw-Hill.

Hammond, Thomas H. and Gary J. Miller. 1987. "The Core of the Constitution." *American Political Science Review* 81(4): 1155-1174.

Immergut, Ellen M. 1990. "Institutions, Veto Points, and Policy Results: A comparative Analysis of Health Care." *Journal of Public Policy* 10: 391-416.

――. 1992. "The rules of the game: The logic of health policy-making in France, Switzerland and Sweden." in Steinmo, Sven, Kathleen Thelen and Frank Longstreth, eds. *Structuring Politics: Historical Institutionalism in Comparative Analysis*: 57-89.

Jones, Charles O. 1990. "The Politics of Divided Government: An Alternative Perspective." Paper presented at the Annual Meeting of the Japanese Political Science Association. Kumamoto, Japan. （川人貞史訳「分割政府の政治―もう一つの見方」『思想』804号, 105-123頁, 1991年）

――. 1994. *The Presidency in a Separated System*. Washington, D.C.: Brookings Institution.

Lijphart, Arend. 1999. *Patterns of Democracy: Government Forms and Performance in Thirty-Six Countries*. New Haven: Yale University Press. （粕谷祐子訳『民主主義対民主主義―多数決型とコンセンサス型の36ヶ国比較研究』勁草書房，2005年）

Lukes, Steven. 1974. *Power: A Radical View*. London: Macmillan. （中島吉弘訳『現代権力論批判』未来社，1995年）

Mayhew, David R. 1974. *Congress: The Electoral Connection*. New Haven: Yale University Press. （岡山裕訳『アメリカ連邦議会―選挙とのつながりで』勁草書房，2013年）

――. 2005. *Divided We Govern*, second edition. New Haven: Yale University Press.

Mochizuki, Mike Masato. 1982. *Managing and Influencing the Japanese Legislative Process: The Role of the Parties and the National Diet*. Doctoral Dissertation. Harvard University.

Nagel, Jack H. 1975. *The Descriptive Analysis of Power*. New Haven: Yale University Press.

Pempel, T. J. 1974. "The Bureaucratization of Policymaking in Postwar Japan." *American Journal of Political Science* 18: 647-664.

Pierson, Paul. 2004. *Politics in Time: History, Institutions, and Social Analysis*. Princeton: Princeton University Press.（粕谷祐子監訳『ポリティクス・イン・タイム―歴史・制度・社会分析』勁草書房，2010年）

Ramseyer, Mark J. and Frances McCall Rosenbluth. 1993. *Japan's Political Marketplace*. Cambridge: Harvard University Press.（加藤寛監訳『日本政治の経済学―政権政党の合理的選択』弘文堂，1995年）

――.1995. *The Politics of Oligarchy: Institutional Choice in Imperial Japan*. New York: Cambridge University Press.（河野勝監訳『日本政治と合理的選択―寡頭政治の制度的ダイナミクス 1868-1932』勁草書房，2006年）

Ramseyer, Mark J. and Eric B. Rasmusen. 1997. "Judicial Independence in a Civil Law Regime: The Evidence from Japan." *Journal of Law, Economics, and Organization* 13(2): 259-286.（河野勝訳「日本における司法の独立を検証する」『レヴァイアサン』22号，1998年，116-149頁）

Strom, Kaare. 1990. *Minority Government and Majority Rule. New* York: Cambridge University Press.

Sundquist, James L. 1986. *Constitutional Reform and Effective Government*. Washington, D.C.: Brookings Institution.（石田光義監訳『制度改革の政治学―アメリカデモクラシーの活性化へ向けて』成文堂，1991年）

Thies, Michael F. and Yanai Yuki. 2013. "Governance with a Twist: How Bicameralism Affects Japanese Law making." in Robert Pekkanen, Steven R. Reed, and Ethan Scheiner, eds. *Japan Decides 2012: The Japanese General Election*. Basingstoke: Palgrave Macmillan.

――.2014. "Bicameralism vs. Parliamentarism: Lessons from Japan's Twisted Diet." *Senkyo Kenkyu* 30(2): 60-74.

Tsebelis, George. 1995. "Decision Making in Political Systems: Veto Players in Presidentialism, Parliamentarism, Multicameralism and Multipartyism." *British Journal of Political Science* 25: 289-325.

――. 2002. *Veto Players: How Political Institutions Work*. Princeton: Princeton University Press.（眞柄秀子・井戸正伸監訳『拒否権プレイヤー―政治制度はいかに作動するか』早稲田大学出版部，2009年）

あとがき

　本書は，2013年3月に慶應義塾大学から博士（政策・メディア）の学位を授与されるのに先立って提出した学位請求論文を全面的に加筆修正したものである．

　本書の執筆を終えて改めて感じるのは，本研究を進めるうえで，いくつかの重要な幸運に恵まれたということである．筆者が大学院に入学して研究者の道を志したとき，日本は小泉内閣のもとにあった．序章でも触れたように，小泉首相はみずからが推進する政策に反対する勢力を「抵抗勢力」と呼び，道路公団民営化や郵政民営化などに代表される現状変更的な政策を矢継ぎ早に実施し，結果的に一致議会のもとで5年5ヵ月にわたって政権を維持することに成功した．しかし，小泉首相が「首相主導」といわれるほどに強いリーダーシップを発揮した一方で，特異な存在感を維持したのが自民党の参議院内会派である参議院自民党であった．

　そうした政治状況を目の当たりにしたことが参議院を研究対象とする実践的な動機のひとつとなったが，一致議会という一定の国会状況において参議院が閣法提出者の行動におよぼす黙示的な影響力を捕捉するための分析枠組みを構築することは容易でなかった．それはいまも筆者の研究課題として残されたままとなっているが，2007年7月の参議院選挙によって分裂議会が発生して以降，日本では参議院の多数派交代が比較的短期間のうちに繰り返されることになった．それによって，閣法提出者の行動を一致議会と分裂議会とで比較することが可能になり，参議院が閣法提出者にどのような黙示的影響力をおよぼしているかを経験的に検証することができるようになったのである．

　また，本書を完成させる過程において，実に多くの方々の支えに恵まれた．まず，曽根泰教先生には，大学院に進学し指導教員となっていただいてから，これまで厳しくも温かいご指導を頂戴した．先生は筆者が研究に悩んでいるとき，いつも何を明らかにしたいのかを説いて筆者を導いてくださっ

た．そうした先生の長きにわたるご指導なくして，本書の完成はあり得な
かった．また，学位論文の副査の労をお執りくださった草野厚先生，小澤太
郎先生，増山幹高先生からも親身なご指導を賜わった．草野先生には修士
論文につづいて，博士論文の審査もご担当いただき，細部にわたっていくつ
もの有益なコメントを頂戴した．小澤先生には博士課程の入学試験において
研究者としての心構えを説いていただいたとともに，本研究に対してはいつ
もその基本的なスタンスを支持してくださり，本書の完成を温かく見守って
いただいた．増山先生には修士論文の審査をご担当いただいて以来，何かと
お気遣いを頂戴し，映像資料を用いた国会の実証研究にもお声がけいただい
た．そして何よりも，先生からは日本の国会政治をみる重要な視点を学ばせ
ていただいた．

　また，本書の内容については，日本政治学会，日本公共政策学会，日本法
政学会，国会研究会などにおいて報告の機会を得た．とくに，国会研究会に
おいては，坂本孝治郎先生，川人貞史先生，飯尾潤先生，川崎政司先生，村
井良太先生から貴重なご指摘をいくつも頂戴することができた．また，笠原
英彦先生は政官関係に関する共同研究などを通じて，筆者の視野を大きく広
げてくださった．

　こうした学恩に恵まれ本書は完成に至ったが，もともと筆者に研究を志す
きっかけを与えてくださったのが，学部在学中にご指導をいただいた飯田恭
先生であった．先生のゼミに入ることを認めていただき，不躾な質問を繰り
返す私にも真剣に向き合ってくださったことが筆者の土台となっており，人
生において自分の「軸」を築くことの重要性を説かれた先生の教えはいまも
心に深く刻まれている．また，筆者が大学院において所属した曽根研究室の
先輩にあたる青木一益先生，河東賢先生，泰松範行先生，三田妃路佳先生，
柳瀬昇先生，鈴木直人氏にも長らくお世話になっている．柳瀬先生には博士
論文の出版を強く勧めていただいたうえに，木鐸社までご紹介いただいた．
さらに，大学院に在籍中より切磋琢磨してきた土井鉄太郎先生，李崡碩先
生，裵潤先生，鈴木眞志氏，千野啓一氏，沢内俊氏，吉田龍太郎氏にもお礼
を申し上げたい．土井先生には本書の草稿に隅々まで目を通していただき，
有益なコメントの数々を頂戴した．

　一方で，本書を完成させるうえにおいては，実務家の方の協力も欠かせな
いものであった．そのなかでも元参議院自民党政策審議会の遠藤英一氏には

インタビューに応じていただいたのをきっかけに，現在に至るまで惜しみないご支援を頂戴している．また，木鐸社の坂口節子氏には見ず知らずの筆者の論文の出版を引き受けていただき，本書を完成まで導いてくださった．

　最後に，これまで自由に研究をつづけることができたのは，離れて暮らす家族の理解と支援によるところが大きい．直接，感謝の気持ちを伝えるのは気恥ずかしくもあるが，本書はそのためのまことに良い機会を提供してくれた．これからの精進と孝行を心に誓いつつ，本書を父・良彦，母・律子，祖母・美智子，そして今は亡き祖父・良に捧げたい．

2017年2月　東京・馬込にて
松浦　淳介

本書の刊行にあたっては，公益財団法人関記念財団から助成を受けた．
ここに記して感謝申し上げる．

Summary

This book looks at the divided Diet in Japan and whether and how it affects the process of a Cabinet member presenting a bill to the Diet. The approach taken is theoretical and empirical, seeking to clarify the structural repression of conduct of the Cabinet and government bureaus submitting bills to a divided Diet. A divided Diet refers to a situation when the party in power that holds a majority of seats in the Lower House holds a minority of the seats in the Upper House. Since the Liberal Democratic Party (LDP), which had held a majority of seats in both houses, lost its majority of seats in the Upper House in the election of July 1989, a divided Diet has become the status quo in Japan. This is expected to continue so long as Japan has a two-chamber system with public elections in both sections of the legislature. It is important to deepen our understanding of modern Japanese politics as scientific knowledge accumulates regarding a divided Diet, while there are also implications regarding the consequences of bills when there is divided power between the Cabinet and the Upper House.

Chapter 1 confirms that in light of how the Upper House is situated vis-a-vis the political rules of modern Japan, a divided Diet is extremely inconvenient for submitting bills from the Cabinet. In other words, although the Cabinet must submit bills to the Diet to execute governance of the country, the enactment of laws according to the Constitution of Japan requires, in principle, a resolution from both houses (Article 59, Clause 1), unlike budget resolutions (Article 60), treaty approvals (Article 61), and appointment of the prime minister (Article 67). Although a re-vote with two-thirds majority in the Lower House can pass a law that has been approved in the Lower House but rejected in the Upper House (Article 59, Clause 2), it goes without saying that the Upper House practically possesses the power to veto a Cabinet bill as long as a two-thirds majority is not won in the Lower House.

Chapter 1 shows that contrary to popular opinion, a divided Diet does not necessarily decrease the chances of a Cabinet bill passing. A comparison with a unified Diet shows that direct rejection of a Diet bill in the Upper House is rare.

Summary   213

In order to understand that point, this books emphasizes the strategic conduct of Cabinet members trying to get bills through the Diet. Stated differently, in order to succeed, Cabinet members must keenly recognize that agreement is needed in the Upper House as well as the Lower House, and, no matter the nature of their bill, they must surmise ahead of time whether or not they can win support from the majority opposition party in the Upper House, then consider whether or not to draft their bill and when to submit it. Cabinet members' employing a response that anticipates said challenges makes it easier for them to draft bills that will not greatly impinge on the interests of the opposition, and makes it less productive from the outset to submit bills that will be resisted by the opposition. Working from this perspective allows us to understand why there is no appreciable increase in revised and rejected Cabinet bills when a unified Diet transitions to a divided Diet, with the opposition party holding a majority in the Upper House.

In light of this, Chapter 1 points out how most empirical research to date has done a poor job of considering the strategic planning of Cabinet members when submitting their proposals to the Diet. For instance, robust research on the Upper House by Fukumoto (2007) carried out quantitative analysis comparing deliberation on bills in both houses. From his results showing an overwhelming redundancy in the deliberation processes in the two houses, Fukumoto argued that Japan's current two-chamber system is not necessary (Chapter 2). Furthermore, Thies and Yanai's research (2013; 2014) looked directly at the divided Diet and compared the unified Diet with the divided Diet that started from July 1989. Their results showed that bills submitted to the divided Diet decreased, while those that were submitted often underwent revision or were rejected. Their quantitative analysis argued that a divided Diet brought about changes in the process of Cabinet members submitting bills to the Diet.

What these preceding research efforts have in common is that they were limited to the deliberative stage of bills and treated the prior stages as a black box. To comprehensively consider the influence of the Diet, the strategic planning of Cabinet members when submitting their proposals must absolutely be considered. Not only the procedures of the Diet but also the steps leading up to a bill's submission must undergo analysis. Takenaka (2005a; 2008; 2010) has exhibited a dual awareness similar to this and has carried out empirical research trying to examine the influence of the Upper House. Takenaka (2008; 2010) turned attention to the relationship between the prime minister and the Upper House, describing how historical prime ministers have taken great pains to build support for bills with the Upper House, and that, when these efforts failed, bills from the Cabinet showed a lower success rate. Takenaka argues accordingly that the Upper House exercises considerable influence. Although Takenaka (2010: 11-13) is aware of the latent influence of the Upper House, his analysis does not go beyond citing examples of the Upper House, due to its robust strength, blocking the passage of bills from the Cabinet, or forcing the Cabinet to revise bills from the outset. These are examples of the Upper House exercising manifest influence on the Cabinet, but they cannot be taken as evidence of the Upper House's implicit influence. Stated differently, the implicit influence originating from the Upper House's authority to propose bills forces Cabinet members to act in a way that anticipates movements of the Upper House, even if the Upper House does not show overt intentions toward these actors. The Upper House has the authority to prevent from the outset the submission of bills unfavorable to the Upper House.

In this way, Chapter 1 clarifies the central challenge of this book by constructively critiquing foregoing research and presenting a specific angle from which to analyze it. This central challenge is, specifically, to examine how a divided Diet affects the actions of Cabinet members proposing bills, and to clarify the implicit influence the Upper House has on the process by which those members propose bills. To that end, this book broadens the focus of analysis to include (1) the perspective of Cabinet members who submit bills, and (2) the steps preceding a bill's submission to the Diet, in order to differentiate actions during a unified Diet versus a divided Diet. In the process, a problem that presents itself is which actions of the Cabinet members should specifically be examined. Among the steps leading up to a bill proposal being sent to the Diet, there are: (1) the selection process of the various bill ideas in the Cabinet, (2) consensus building for the proposals, and (3) submission of the bill to the Diet, all of which shall be examined.

In Chapter 2, the divided Diets that Japan has experienced under its current constitution will be categorized and winnowed down to the divided Diets since the year 2000, with analysis leading to theories of bill proposal actions by Cabinet members based on a theoretical model of veto rights. In particular, the argument will be made that the costs of proposing a bill for Cabinet members increase when there is a divided Diet with opposition party members holding a majority in the Upper House and becoming veto players, with the Upper House explicitly presenting itself as a veto point. In other words, while Cabinet members must work to pass a bill in both houses by gaining support ahead of time from the party in power in the case of a unified Diet, the situation changes in the case of a divided Diet, at which time Cabinet members must not only gain the support of the ruling party, but must also appeal to the opposition party exercising veto rights in their capacity as veto players in the Upper House.

This means that the number increases by one when counting the actors with whom negotiations must be carried out to gain agreement for a proposal during a divided Diet, and therefore, the temporal costs of negotiations become sizable. However, what is crucial for the Cabinet members in this scenario is the level of difficulty of the negotiations. Clearly, the political distance between the Cabinet members and the ruling party is comparatively smaller, under normal circumstances, than that with the opposition party. Hence, it is far more difficult to hammer out points of compromise when Cabinet members' negotiation party is the opposition rather than the party in power. This increase in negotiation costs when there is a divided Diet applies a restriction on the already time-constrained members of the Cabinet, upon whom it is also incumbent to pass a certain number of laws in their capacity as stewards of the national government. Consequently, it is the central hypothesis of this book that the Cabinet members proposing bills to a divided Diet must, without exception, control the manner of their proposals. Furthermore, there are corollary hypotheses addressing each of: (1) the selection process of the various bill ideas in the Cabinet, (2) consensus building for the proposals, and (3) submission of bills to the Diet.

Starting with (1), I present the theory that a bill selection process is carried out by the Cabinet itself or by each administrative bureau. Of particular interest here is that each Cabinet member has focus bills of high importance, and even if said bills are meticulously prepared and seeded in the divided Diet before submission, the presenters are sufficiently aware of the possibility of failure for that and the other bills. Hence, there are incentives to assiduously reduce energy expended proposing bills other than the specific focus bills that need to be passed quickly. The argument here is that, in a divided Diet, key bills are pre-selected by Cabinet members or bureau administrators in the early stages before submission so that the number of items extraneous to the priority bills can be kept to a minimum.

Regarding (2), I present the theory that there is consensus building carried out by administrators in each bureau. The administrators regularly carry out consensus building, both general and organizational, with actors involved in Diet deliberations for the bills they are in charge of. What must be confirmed in our case, though, is the position of the ruling and opposition parties within this consensus building. Therefore, in a divided Diet, not only with the party in power but also with the opposition party, equal effort is required by administrators to build consensus in order to gain support for bills because the opposition party's backing is needed. The argument here is that bureaucrats need only direct their emphasis to the party in power in a unified Diet, while they must build consensus with the opposition party as well in a divided Diet.

Regarding (3), I present a theory of how the Cabinet submits bills to the Diet. With regard to this as well, if we follow the theory that the number of priority bills submitted to a divided Diet undergoes prior vetting, we can argue the following point. In order to prioritize the passage of key bills, the Cabinet identifies bills with the potential to face obstacles in the Diet and does not hesitate to ultimately withhold submission of such bills even if, for example, the bills have been specifically groomed ahead of time. The argument here is that in a divided Diet compared to a unified Diet, there is a larger number of bills that are voluntarily stalled in the preliminary stages of their lives and are not submitted to the Diet.

Chapters 3 to 5 individually verify the theories presented in Chapter 2. Chapter 3 addresses how the existence of a divided Diet influences the bill selection process carried out by the Cabinet or by each administrative bureau. In this process, bills are treated in accordance with their level of importance and urgency, and sorted into the four categories of priority bills, subordinate priority bills, priority-level general bills, and subordinate general bills. Bills prepared by the Cabinet or by each administrative bureau before a Diet session is convened undergo editing by the Cabinet Secretary and are further sorted based on the official calendar for bill submission. The argument here is that, as the result of comparing preparatory procedures for bills in a divided Diet versus a unified Diet, a clear winnowing process has been selectively carried out in the divided Diet of the LDP-New Komeito coalition. This means that among the important bills there are certain priority bills, such as those relating to taxation and spending, that are crucial for persons in the administration and must be passed by a certain date. In both a unified and divided Diet, approximately the same number of bills exist each year, but with regard to subordinate priority bills that do not necessarily have urgent deadlines, proposers would like to keep their numbers as low as possible.

As a result of corresponding behavior by Cabinet members to select bills strategically, the number of priority bills passed under the divided Diet of the LDP-New Komeito coalition did not significantly fall compared to a unified Diet, although this does not imply that productivity for priority bills under a divided Diet maintains the same levels as under a unified Diet. The passage of a fixed number of priority bills is a result of Cabinet members selectively vetting the number of bills so that priority items have been favored over subordinate items. Subordinate items are deemed to have a poor chance of passing the Diet, thus have not been brought forward in the first place. Furthermore, the subordinate bills that are vetted in times of a divided Diet are not urgent, though they do include items necessary for fulfilling crucial campaign promises. Nevertheless, Cabinet proposers elect to exercise restraint in promoting subordinate bills connected to their key policy issues, in favor of more certain passages of priority bills during a divided Diet.

Chapter 4 addresses how the existence of a divided Diet influences consensus building performed by administrators in each bureau. Examples have been selected of bill proposals that enjoy freedom from controversy and avoid a collision between the interests of the coalition and opposition parties because of efforts to inform all actors of the bills' contents ahead of time, which is actually the case for the majority of bills brought before the Diet. Specifically, certain bills are looked at related to industrial property laws presided over by the Patent Office. Consensus building by bureaucrats with Diet members was verified on the basis of a consensus-building schedule kept by the Patent Office, with attention given to how actions differed between procedures for a proposal to revise part of the Design Act submitted to a unified Diet in 2006 versus procedures for a proposal to revise part of the Patent Act submitted to a divided Diet in 2008. Results showed that while consensus building during the unified Diet was performed by bureaucrats targeting ruling party legislators before submission and opposition party legislators after submission, during the divided Diet, consensus building targeted both opposition and ruling party legislators before the bill was submitted. This provides evidence that during a divided Diet, not only the ruling party but also the opposition party must be courted as veto players by bureaucrats to gain support before a bill is brought forth.

Furthermore, ancillary analysis in Chapter 4 verifies how changes occur to bureaucrats' consensus building for bill proposals during a sweeping change of administration, similar to the situation of a divided Diet, as Japan has repeatedly experienced Lower House majority changes in recent years. Attention is also given in the chapter to the case of a bill proposal to revise the Anti-Monopoly Act under the jurisdiction of the Fair Trade Commission. It is clear from analysis that bureaucrats also have engaged in consensus building focusing on the majority party when there was a change in power in the Lower House.

Chapter 5 examines how the existence of a divided Diet has influenced the way that the Cabinet submits bills to the Diet. Submission procedures during a unified versus a divided Diet are compared, working from an understanding of how the Cabinet or each administrative bureau prepares bills, based on the official calendar for bill submission, before a Diet session is convened. Results clarify that the proportion of bill proposals ultimately tabled, even if they had been groomed for submission, increased under a divided Diet as opposed to a unified Diet. Moreover, following the aforementioned categories, it is evident that the submission factors of each bill are assessed, then those bills that are considered subordinate general bills have largely been the targets of tabling when there has been a divided Diet. Moreover, Chapter 5 verifies that even among subordinate bills with low urgency, controversial bills are also tabled and a game of sorts has developed between the Cabinet and the opposition party, with particularly salient ruling party-opposition party standoffs in December of 2013, during which the proposal for the Act on the Protection of Specially Designated Secrets was brought forward. Despite being groomed for submission to the Diet at least two years or so prior, it becomes clear that the proposal for the Act was tabled before reaching the divided Diet.

Considering the number of important bills that have been passed by a divided Diet, Chapter 6 will attempt to discover the conditions required for enacting such bills in a divided Diet by tracing the legislative process through a theoretical and empirical analysis. Here, two key bills enacted in the divided Diet under the Democratic administration, namely the "Comprehensive Reform of Social Security and Tax" and the "Nuclear Safety Regulation Reform," will be examined using game theory to separate the strategic maneuverers of both the ruling and opposition parties, as well as to substantiate the legislation's outcome. More specifically, this chapter will first establish these two bills as legislation prioritized by the Cabinet and then deduce how the Cabinet incorporated the oppositions' ameliorative amendments in an effort to enact both bills. Further, as reflected by the legislative process of these two bills, the successful enactment of legislation in congress can also indicate the opposition's political preferences. Hence, as opposed to the previous chapters, where the divided Diet is primarily depicted as a factor hindering the Cabinet's legislative actions, this chapter will try to demonstrate the possibility of passing an important bill in a divided Diet under certain preconditions. That is, a bill must 1) be highly prioritized by the Cabinet, 2) be considered ameliorative by both the Cabinet and the opposition, and 3) be modifiable within the scope of that ameliorative nature, if the opposition demands such amendment, before a divided Diet can enact it.

The final chapter provides the insights gained from analysis in the prior chapters and summarizes the corresponding implications, while considering how a divided Diet has to be evaluated. The results of this book's analysis shed light on one part of the non-decision phenomenon that cannot be understood from analysis limited only to processes within the Diet. Self-restrained conduct on the part of Cabinet members submitting bills is demonstrated in a divided Diet, while simultaneously, we see a significant influence on this submission process from opposition party veto players in control of a majority of the Upper House.

Based on this information, if we organize the points about a divided Diet from the perspective of unified or divided political power, the following comparisons can be made vis-a-vis a unified Diet. In a unified Diet, the ruling party has a majority in both houses and the Cabinet is formed on the basis of that support. Political power is unified through the mediation of the ruling party holding a majority in both houses, and an institutional foundation exists for the Cabinet for the purpose of persuasively pushing the administration's policies forward. Conversely, the opposition party has a majority in the Upper House during a divided Diet. As long as a two-thirds majority is not formed in the Lower House, the opposition party holds veto power over proposed bills. In this situation, political power exists between the Upper House and the Cabinet, supported by the Lower House. The Cabinet is forced, without exception, to push forward its policies with approval from the Upper House. Any proposals opposed must be abandoned.

Understanding the divided Diet in this way allows us to see that any evaluations of a divided Diet are cleanly separated according to whether unified or divided political power is emphasized. Basically, a perspective emphasizing political unity takes a negative view of a divided Diet as a phenomenon blocking the Cabinet's administration of government business under Japan's parliamentary cabinet system. Conversely, a perspective emphasizing political division takes an affirmative view of a divided Diet as a phenomenon checking the Cabinet's considerable power. In this way, although differences in views as to how to characterize political power split evaluations of a divided Diet, we must properly bear in mind that there is extreme flexibility in how political power is actually exercised in practice. In modern Japan, the exercise of political power is dictated by citizens voicing their choices in elections. If the voters seek strong leadership from the Cabinet, they vote for a unified Diet by supporting the ruling party in Upper House elections. If they seek to place a check on the Cabinet's leadership, they direct their votes to support the opposition and create a divided Diet in Upper House elections. For example, the authority of the Cabinet of Prime Minister Abe was greatly restricted in the 2007 Upper House election, which shortly thereafter led to Abe's resignation. His administration, however, returned to power in the general election of 2012, and the Upper House election of 2013 actually augmented his administration's authority.

This indicates that from the perspective of each political party continually vying for authority, it is not only the general elections but also the Upper House elections in which the party must make an institutional bid for majority support in order to lead the federal government commandingly. The significance of a two-chamber system is, according to Masuyama (2008), that careful legislative attention is assured by having both houses of the Diet repeat deliberations on the same decisions. If we take the view that authority is vested in the government when a consistent selection is made not only in general elections but also in Upper House elections, then it is arguable that the two-chamber system prudently exercises the power entrusted to it. This is all the more true in the event of a divided Diet that places effective checks on the Cabinet's authority. One must call out a negative view of a divided Diet as a mistaken view from the perspective of the prudent vesting of authority, with prudent checks in place, helping to preserve the free society.

However, there are inherent problems that exist regarding where political responsibility lies within a divided Diet. Responsibility for the governing administration is unambiguously shouldered by the Cabinet or the ruling party supporting the Cabinet, but bill proposals under a divided Diet are basically pushed forward through ruling party-opposition party collaboration. Therefore, under a divided Diet, the opposition party bears some responsibility for Cabinet policies. However, simultaneously, where exactly that political responsibility rests is unclear and opaque. Furthermore, this opacity of responsibility makes choices more difficult for the electorate in political contests. During a unified Diet, the electorate can decide where to cast their votes based on their satisfaction with the current state of affairs. During a divided Diet, however, the electorate, whether satisfied or unsatisfied, cannot cast all faults onto the Cabinet or the party in power. Voting citizens are faced with a problematic choice in these cases as to whether to bestow the ruling party or the opposition party with their support in elections.

索　引

あ行

赤城文書　56
安全保障関連法案　66，68，82
委員会審査　22，28，166-167
異議申し立て　166-168
意匠法等改正法案　95-96
一致議会　13，58-62，180-181
一致政府　66
一党優位　40，43
一般法案　31，75，80，129，140
　優先——　31，68，70，75，80，86，
　　129，174
　劣後——　31，68，75，80，87，98，
　　129，174-175
一票の格差　53
映像資料　160-161
A法案（提出確定法案）　72-73，97，127-128
応答性　33

か行

会期　42，57，144
会期不継続の原則　57
外国人参政権法案　129
解散権　15
開示請求　71，101，113
海上保安庁　133
外務省　67
閣議決定　55，131，156
閣法提出者　13，25-27，30-32，62
寡頭政治家　178
環境省　148，156-157
観察主義　27
完全情報　126
官僚主導（論）　33，74，94，177-178
官僚制　33，177
議案提出者　176-178
議院運営委員会　165
議院内閣制　56，62，180
期限切れ（法案）　72，75，129

議事運営（権）　30，56-58，63，124，131
記名投票　155
逆向き帰納法　126，152
吸収ルール　59
給付つき税額控除　154
共産党　40，51，131，156
行政委員会　110
行政機関の保有する情報の公開に関する法律→
　情報公開法
業績評価　14
拒否権　15-16，41，54，69，94，111-
　112，158，162，176，180
拒否権プレイヤー　54-60，69，101，107，
　112，118，125-126，136，162，175-
　176，179
拒否点　54，69，112
　——の数　54，59-60
　——の場所　54-58
緊急度　31，65，68，129，145，147-150，
　174
金融国会　51
金融再生関連法案　51
金融庁　74
軽減税率　154
経済産業省　95，149，158
形式修正　90
継続審査（閉会中審査）　57，136，158
ゲーム（論）　125-126，151-152
原案作成段階　122
現状維持　54
現状変更的　83-84，159
原子力安全委員会　149，156，158
原子力安全庁　150，156
原子力安全・保安院　149，156
原子力委員会　149，158
原子力規制関連法案　52，148-150
原子力規制委員会　156-158
　——委員長　157-158
原子力規制庁　148，156-158
憲法　15-16，37，56，179

憲法附属法　55
権力の委任　181
権力分散　178，180
権力融合　180
後期高齢者医療制度　153
交渉コスト　60-61，69，144
厚生労働省　82，95
公正取引委員会　109-110
　――委員長　115
　――事務総長　112，115
公務員制度改革　140
公明党　25，40，46，50-51
合理的選択制度論　38
国際原子力機関（IAEA）　156
国対（国会対策委員会）　123，178-179
国民新党　40，46
国民の生活が第一　155
55年体制　28，43，108
国家安全保障会議（日本版NSC）　138
国会会議録　160
国会過程（国会内過程）　28，55-57，122
国会審議映像検索システム　161
国会同意人事　52
国会法　57
国会前過程　27-28，30，32，55，58，60，
　122-123
国会無能論　94
国家公務員法　48，140
国家戦略局　140
子ども手当　89

さ行

在外公館名称位置給与法案　67-68
再可決（権）　15-16，41-42，47，52-53，87-
　90，144
最低保障年金制度　153
歳入関連法案　89，174
財務省　78，81-82
参議院　15-17，28-29
参議院公報　98-99
参議院選挙　14，180-181
　1989年――　13，39-40
　2007年――　17-18
参議院自民党　16-17，26，52，59，179

参議院民主党　106
参議院枠　16
産業財産権四法　95，174
三条委員会　156-158
三党合意
　（自民党・公明党・民社党）　50
　（民主党・自民党・公明党）　52，67，90，
　144-145，154，156
三位一体改革　83
C法案（提出検討中法案）　72，127-129，134
時期調　→法案提出時期調
資源エネルギー庁　149
自公政権　53
自自公連立政権　51
自自連立政権　51
施政方針演説　74，147，149
事前準備法案　122-123，127
実質修正　90，140-141
自民党　13，38-40
　――長期政権　16，49，56
社会党　38，40，43-46，49-51
社会保険庁改革関連法案　136
社会保障・税一体改革関連法案　13，21，
　52，66，145-148，164
社会保障制度改革国民会議　153
社民党　40，131，156
自由党（1950-1955年）　48
自由党（1998-2003年）　40，43，51
衆議院　15-17
衆議院インターネット審議中継　160-161
重要度　31，65，67-68，70-71，129-130，
　145，146-147，149，174
重要法案　31-32，61-62，66-74
　優先――　31-32，68，70，75，78，81，
　85，87-90，126，140，148，150，
　174
　劣後――　31，68，70，75，80，82，85-
　86，143，147-148，150，174
趣旨説明　99-100，153
首長　177
障害物競争モデル　17
小選挙区比例代表並立制　43
常任委員会　165-166
消費税　13，49，145-146

情報公開法　71, 101, 112
条約　15
審議拒否　23
震災関連法案　77
慎重な審議　181
生活の党　131
政官関係　26, 177
政権交代　14, 40-41, 43, 46, 74, 108-
　109, 146, 166
政治改革関連法案　59
政治主導確立法案　82, 140
政治主導（論）　33, 74, 94, 140
政治とカネ　18, 161, 165, 170
政治と司法　26
税制関連法案　67, 89, 174
政党規律　42, 54
政党システム　42-44
政党内部組織　42
政府・与党の「二元体制」　56
政務三役　116-117
全会一致　23-24, 55, 57, 100
尖閣沖漁船衝突事件　132-133, 161
選挙制度改革　43
総合こども園　153
総選挙　40, 43, 180-181
総務省　78, 81-82, 95
速記　168-169

た行

大統領制　177
大連立（構想）　52
多数決　55
多党制　42
地域主権改革関連法案　141
地方政府　32, 177
中選挙区制　43
中断時間　168
帝国議会　52, 56, 178
提出決定段階　123
展開形ゲーム　124, 151
天皇　178
党議拘束　43
東京電力福島第一原発事故→福島第一原発事故
党首討論　18, 164

統治ルール　14-15
投票力指数（シャープレイ・シュービック指数）
　50
特定秘密保護法案　129, 130, 175
特別委員会　165
特例公債法案　19, 41, 52, 67-68, 89,
　161
特許庁　95-96, 174
　──長官　102-106
特許法等改正法案　95-97
独禁法改正法案　109-111

な行

内閣　15-16, 180
内閣官房　82, 140
　──内閣総務官　71
　──内閣総務官室　71, 123, 174
内閣修正　30, 90
内閣府　110, 140, 148-149, 158
内閣法　82
内閣法制局　55
二院制　28, 57, 181-182
二大政党制　42, 52
日程闘争　57
日本維新の会　46, 131
日本国憲法→憲法
日本社会党→社会党
認定こども園　153
根回し　30-32, 56, 61, 100-101
　──の時期　102-103, 112
　──の対象者数　102, 112
　──の担当者　112
ノーリターンルール　158
農林水産省　129

は行

破壊活動防止法案　48
派閥人事　16
阪神・淡路大震災　162
B法案（提出予定法案）　72, 127-128
PKO協力法案　13, 50, 143
東日本大震災　52, 77, 128, 160-161
日切れ（法案）　72-73, 75, 147
日切れ扱い（法案）　72-73, 75, 147, 150

非決定　26，32，135，175
部会　98
福島第一原発事故　148，155
附帯決議　99-100，131，140
部分ゲーム完全均衡　125-126，151-152
部門会議　74，117
部門間対立（大統領と議会）　42
分裂政府　13，42，66，177
分裂議会　13-14，58-62，179-181
　　第1次──（1947-56年）　38，44，47-49
　　第2次──（1989-93年）　40，44-50
　　第3次──（1998-99年）　40，44-48，51
　　第4次──（2007-09年）　40-41，46-48，
　　　52
　　第5次──前期（2010-12年）　41，46-48，
　　　52，144，151
　　第5次──後期（2012-13年）　41，46-48，
　　　53
法案提出時期調　71-75，97-98，123，127，
　　129，134，146-147，150
保革伯仲　39
保守合同　38，43，48
補正予算　166，169-170
本人・代理人モデル　26，94

ま行

マスメディア　14，31
マニフェスト（政権交代）　140-141，145-
　　146，153，170
民社党　43，46，50
民主的統制　33，177
民主党（1998-2016年）　18-19，144
　　──政権　53
民進党　44
みんなの党　46，131，156
民由合併　43
明治憲法体制　178
明示的（な）影響力　29-30，33，141，176
面会記録　112
面接調査　112
黙示的（な）影響力　29-30，33，63，141，
　　175-176
問責決議　19，52
文部科学省　149，158

や行

野次　167
野党の「与党化」　25
野党理事　167-168
有効政党数　42
有事法制　83
郵政解散　85，137
郵政選挙　145
郵政民営化　17，73，83
　　──関連法案　17，59，73，76，82，127
優先一般法案→一般法案
優先重要法案→重要法案
郵政法案　129-130
予算　15，162-163
予算委員会　164-166
　　──委員長　167-168
予算関連法案（※印法案）　72-73，97，162
予測的対応　26，30，32
与党事前審査（与党審査）　16，56，58-59，
　　74，98
与野党協議　51，140-141

ら行

立法コスト　31，61
立法生産性　49
両院協議会　15
良識の府　38
緑風会　38，48
劣後一般法案　→一般法案
劣後重要法案　→重要法案
劣後法案　129-130，175
連立可能政党数　42
ロー・セイリアンス　96
労働者派遣法改正案　141
論争法案（論争的な法案）　27，32，69，87，
　　96，124，126，130-132，136，140-141
　　非──　96，100-101，111

わ行

湾岸戦争　50

著者略歴

松浦淳介（まつうら　じゅんすけ）

1980 年　岡山県笠岡市生まれ
2004 年　慶應義塾大学経済学部卒業
2013 年　慶應義塾大学大学院政策・メディア研究科博士課程修了　博士（政策・メディア）
現在　　慶應義塾大学 SFC 研究所上席所員
専攻　　立法過程論，現代日本政治分析
主要論文
「分裂議会に対する立法推進者の予測的対応—参議院の黙示的影響力に関する分析」
『法学政治学論究』92 巻, 2012 年
「分裂議会における官僚の立法準備行動—特許庁による法案根回しの実態」『KEIO SFC
JOURNAL』12 巻 1 号, 2012 年
「東日本大震災の発生と日本の国会政治—映像資料を用いた与野党関係の分析」『レ
ヴァイアサン』56 号, 2015 年
「特定秘密保護法案の立法過程—分裂議会における参議院の拒否権と非決定現象」『法
政論叢』52 巻 1 号, 2016 年

分裂議会の政治学

－参議院に対する閣法提出者の予測的対応－

2017年3月20日第1版第1刷　印刷発行　Ⓒ

著　者　松　浦　淳　介	
発行者　坂　口　節　子	
発行所　㈲　木　鐸　社	

著者との
了解により
検印省略

印刷　フォーネット　　製　本　高地製本
互　恵　印　刷

〒112－0002　東京都文京区小石川 5-11-15-302
電　話 (03) 3814-4195番　　　振替 00100-5-126746
FAX (03) 3814-4196番　http://www.bokutakusha.com

（乱丁・落丁本はお取替致します）

ISBN-978-4-8332-2507-6　　　C3031

政治学（政治学・政治思想）

議会制度と日本政治　■議事運営の計量政治学

増山幹高著（政策研究大学院大学・慶應義塾大学）

A5判・300頁・4000円（2003年）ISBN978-4-8332-2339-3

　既存研究のように，理念的な議会観に基づく国会無能論やマイク・モチヅキに端を発する行動論的アプローチの限界を突破し，日本の民主主義の根幹が議院内閣制に構造化されていることを再認識する。この議会制度という観点から戦後日本の政治・立法過程の分析を体系的・計量的に展開する画期的試み。

立法の制度と過程

福元健太郎著（学習院大学法学部）

A5判・250頁・3500円（2007年）ISBN978-4-8332-2389-8 C3031

　本書は，国会をテーマに立法の理想と現実を実証的に研究したもの。著者は「制度は過程に影響を与えるが，制度設計者が意図したとおりとは限らない」とする。すなわち［理想のどこに無理があるのか］［現実的対応のどこに問題があるのか］を的確に示すことは難しい。計量的手法も取り入れながら，立法の理想と現実に挑む。

参加のメカニズム

荒井紀一郎著（首都大東京都市教養学部）

A5判・184頁・2800円（2014年）ISBN978-4-8332-2468-0 C3031

■民主主義に適応する市民の動態

　市民による政治参加は民主主義の基盤であり，また現代政治学における重要なテーマであり続けてきた。本書はまず既存のアプローチの問題点を指摘し，強化学習という新たな理論に基づいて投票参加のパラドックスを解明する。さらに投票行動とそれ以外の政治参加を，同一のモデルを用いることによって体系的に説明する。